Adolf Fischhof

Österreich und die Bürgschaften seines Bestandes

politische Studie

Adolf Fischhof

Österreich und die Bürgschaften seines Bestandes
politische Studie

ISBN/EAN: 9783743662681

Hergestellt in Europa, USA, Kanada, Australien, Japan

Cover: Foto ©ninafisch / pixelio.de

Weitere Bücher finden Sie auf **www.hansebooks.com**

Oesterreich

und die

Bürgschaften seines Bestandes.

Politische Studie

von

Dr. Adolph Fischhof.

Zweite Auflage.

Wien, 1870.

Wallishausser'sche Buchhandlung.
(Josef Klemm.)
Stadt, Hoher Markt Nr. 1.

Einleitung.

> „Les politiques, qui prétendent faire abstraction de la diversité des races, errent dans les ténèbres."
>
> „De la race" par Léon van de Kendere.

„Keine der großen Nationalitäten Oesterreichs kann für „sich allein den Bestand der Monarchie sichern, aber jede der„selben vermag durch ihren Widerstand das Reich zu gefährden; „destruktiv eingreifen kann jede einzeln, konstruktiv vorgehen „können nur alle vereint. Wenn Regierung, Volksvertretung „und Publizistik sowohl dies- als jenseits der Leitha in ihrem „Wirken und Schaffen sich diese Wahrheit stets vor Augen „halten, wird Oesterreich sich konsolidiren, wo nicht — nicht."

Mit diesen Worten schloß ich einen am 18. Juli 1867 in der „Neuen Freien Presse" veröffentlichten Artikel, welcher an einer anderen Stelle folgenden Passus enthielt:

„Es ist mißlich, wenn in konstituirenden Versammlungen die „Wünsche der Minorität von der Majorität nicht beachtet werden. „Die Unfruchtbarkeit der meisten dieser Versammlungen hat zu„nächst in dieser Mißachtung ihren Grund. Ist die parlamenta„rische Minorität eine nationale Partei, und steht hinter dieser „die Majorität der Bevölkerung, dann kann diese Mißachtung „geradezu verhängnißvoll werden. Nun, hinter der Minorität „des Reichsrathes steht unzweifelhaft die Majorität der cislei„thanischen Bevölkerung; denn die Zahl der Slaven in den „deutschslavischen Kronländern verhält sich zu jener der Deutschen „daselbst ungefähr wie 10 zu 6."

Diese Sätze fanden ihre Veröffentlichung zu einer Zeit, als der Reichsrath noch nicht die Berathung der neuen Staatsgrundgesetze begonnen hatte und waren nicht das Resultat leidenschaftlicher Voreingenommenheit, sondern das Ergebniß ruhiger Erwägung. Kaum zwei Jahre sind seitdem verstrichen und wie sehr entsprechen die Thatsachen meiner Vorhersage!

Mit Ausnahme einiger kleiner Provinzen ungemischter Nationalität sehen wir überall den alten Hader mit erneuerter Heftigkeit emporlodern. In Böhmen, wie in Mähren hielten sich die Czechen, welche die Majorität beider Länder bilden, während der letzten Session vom Landtage fern; in Galizien sträuben sich die Polen gegen die Verfassung, und die Ruthenen gegen die von den Polen ihrer Sprache angethane Gewalt; in Tirol sind die Italiener mit den Deutschen und dem Reiche noch unausgesöhnt; in Triest und Dalmatien befehden sich die italienischen Stadt- und die slavischen Landbewohner, und in den Provinzen, wo die Slovenen neben den Deutschen wohnen, kommt es zwar nicht zu großen Konflikten, wohl aber zu jenen zahlreichen kleinen Reibungen, welche die Gemüther immer mehr verbittern und die Parteien an einem gedeihlichen Zusammenwirken hindern.

Sind solche Thatsachen nicht geeignet, den theilnehmenden Beobachter auf das Tiefste zu betrüben und den Politiker, der seine Ansicht nicht höher stellt, als das Gemeinwohl, zu ernstem Nachdenken aufzufordern?

Oesterreich ist im Besitze einer Verfassung, welche der Freiheit ein Asyl bietet, Männer von hoher Begabung, sittlichem Ernste und ausdauernder Kraft haben sich am Baue derselben betheiligt. Wie kommt es, daß dieses Gebäude trotz seiner gerühmten Architektur der Mehrzahl derer, die sich darin häuslich niederlassen sollen, nicht wohnlich erscheint? Ist der Grund hiefür wirklich nur im Trotze der zu Beherbergenden, oder vielleicht doch in den Fehlern des Bauplanes, in den Mängeln der Struktur zu suchen? Liegt diese Frage nicht nahe, und ist das Suchen nach einer unbefangenen, ernst erwogenen Antwort nicht eine Gewissenspflicht für Jeden, der die Wahrheit anderswo sucht, als in der flüchtigen Meinung des Tages?

Den Geboten dieser Pflicht gehorchend, wage ich es, an die Analyse dieser Frage zu gehen, und treu den Gewohnheiten meines Berufes, werde ich mir hiebei die Ruhe und Objektivität eines Naturforschers wahren, der, ein organisches Wesen untersuchend, vorerst dessen Bestandtheile, deren Bau, Zusammenhang und Bedeutung prüft, dann das Medium ins Auge faßt, in dem es lebt, sowie die Mittel, durch die es sich erhält, und die feindlichen Kräfte, von denen es bedroht ist, um schließlich aus der Summe des Beobachteten die Bedingungen zu abstrahiren, unter denen dieser Organismus sich gedeihlich entwickeln kann.

Ganz nach dieser Methode will ich den österreichischen Staat untersuchen, der, wie alles Lebende, nur dann sich erhält, wächst und erstarkt, wenn er den Bedingungen seines Daseins entsprechend konstruirt ist, und mit denselben im Einklange lebt. Ich werde, um dessen Existenzbedingungen kennen zu lernen, vor Allem die Elemente, aus denen er besteht, und ihren Zusammenhang einer Prüfung unterziehen, ich werde dann das Medium, nämlich die **geistige Atmosphäre unserer Zeit**, und schließlich die **feindlichen Kräfte** ins Auge fassen, mit denen er in den Kampf treten muß, um dabei zu siegen, oder unterzugehen.

Die Elemente, aus denen der Leib Oesterreichs sich zusammensetzt, sind: ethnisch, seine **Nationalitäten**, territorial, seine **Kronländer**.

Die ethnischen Elemente Oesterreichs sind so heterogener und anscheinend einander so widerstrebender Natur, daß viele Politiker daraus den Schluß zogen: diese Bestandtheile können nicht organisch ineinander gefügt, sondern nur mechanisch aneinander gereiht werden. In unserer Zeit, bei dem lebhaften Drange der Völker, ihre getrennten nationalen Elemente zu sammeln, und durch staatliche Einigung derselben ihre Kräfte zu erhöhen, sei — behaupten sie — ein Aggregat von Volksindividualitäten, wie Oesterreich, dem Untergange geweiht, und werde ein Theil nach dem anderen aus dem losen Gefüge desselben sich herausbröckeln, oder während eines Sturmes der ganze morsche Bau plötzlich aus den Fugen gehen.

Im Gegensatze zu diesen schwarzsehenden Politikern haben die bedeutendsten Staatsmänner Europa's und viele politische Denker nicht nur diesen Staat für lebensfähig erklärt, sondern auch dessen Bestand als die sicherste Bürgschaft des europäischen Gleichgewichts bezeichnet, und hat ein bedeutender Historiker sogar den Satz ausgesprochen, daß, wenn es in Europa kein Oesterreich gäbe, die Diplomatie eines schaffen müßte.

Welche dieser Stimmen haben Recht? Die pessimistischen, oder die optimistischen? Ich glaube die Einen, wie die Anderen, je nachdem die Politik, die Oesterreich befolgt, mit den Bedingungen seines Daseins im Einklange steht, oder nicht.

Oesterreich erinnert an jene großen, aber widerspruchsvollen Naturen, die uns zuweilen begegnen, und in denen die grellen Gegensätze im engen Rahmen einer Menschen-Seele faszinirend wirken. Solche Charaktere ziehen uns an, indem sie uns gleichzeitig abstoßen, und üben auf den aufmerksamen Beobachter eine fast dämonische Gewalt, während sie den flüchtigen Beschauer, je nach der ihm zugewandten dunklen, oder hellen Seite, mit Abscheu, oder mit Bewunderung erfüllen. Eine staatliche Doppelnatur dieser Art ist Oesterreich; es ist bald von hoher sittlicher und Kultur-Bedeutung, bald entsittlichend und den Geistesfortschritt hemmend; es ist bald kraftvoll und ausdauernd, bald hinfällig und schlaff, und all dieß zuweilen in schroffstem, durch keine Uebergänge gemilderten Gegensatze. Es schnellte sich nie so rasch zu ungeahnter Höhe empor, als wenn es am tiefsten gesunken schien, und war nie dem Sturze so nahe, als wenn es sich scheinbar im Zenith seiner Macht befand. Den Forscher reizen diese Kontraste zu sorgfältigem Studium; der große Haufe ist schnell bereit, ein Hosianna, oder ein de profundis anzustimmen.

So heftige und jähe Sprünge im Charakter und Leben eines Staates und in dem Urtheile der öffentlichen Meinung über die sittliche Bedeutung und die Existenzfähigkeit desselben sind aber höchst bedenklich; denn außer der zweifellosen Lebensunfähigkeit gibt es für einen Staat kaum etwas Gefährlicheres, als den häufig wiederkehrenden Zweifel an seiner Lebenskraft; er entmuthigt die Freunde, ermuthigt die Gegner, und untergräbt das Vertrauen in die eigene Kraft.

Solche Widersprüche dürfen daher in unseren Tagen nicht wieder hervortreten; Oesterreich — will es seinen Bestand sichern — muß fortan der Träger eines hohen ethischen Gedankens sein; und unzweifelhaft hat es auch den Beruf hiezu, da Gerechtigkeit die höchste sittliche Idee ist, und es keinen Großstaat in Europa gibt, der seiner innersten Natur nach sich mit derselben so zu identificiren vermag, wie Oesterreich.

In einem einheitlichen Nationalstaate ist der nationale Gedanke der leitende. Der Einheit und der Macht der Nation wird daselbst alles Andere schonungslos untergeordnet, und da in Europa kein einziger Großstaat ohne Beimischung fremder Nationalitäten ist, so findet diese Staatsidee ihre Befriedigung nur auf Kosten der Gerechtigkeit gegen die in der Minorität befindlichen Völkerschaften. So verfährt Frankreich rücksichtslos gegen seine Einwohner nichtfranzösischer Zunge, so Rußland gegen die Polen ꝛc. Oesterreich hingegen, wo kein Volksstamm mächtig genug ist, um die anderen zu unterwerfen und dem Staate sein nationales Gepräge aufzudrücken, wo vielmehr die Völker einander das Gleichgewicht halten, und jedes derselben ein wichtiger Faktor des öffentlichen Lebens ist, Oesterreich, sage ich, wird durch sein eigenstes Interesse darauf hingewiesen, allen Nationalitäten gleich gerecht zu sein. Somit ist dessen leitende Idee die der Gerechtigkeit, und steht es, wenn die Regierungsweise seiner Individualität entspricht, unter den

Großstaaten Europa's in Bezug auf die ethische Bedeutung seines staatlichen Daseins unbedingt obenan.

Gelingt es, nachzuweisen, daß, sobald dieser Gedanke in der Verfassung Oesterreich's zum klaren und bestimmten Ausdrucke gelangt, alle seine Stämme ihren Kulturgang ungestört gehen und ihre geistigen, moralischen und physischen Besitzthümer besser wahren können, als in irgend einem anderen Gemeinwesen, so ist dadurch auch die hohe thatsächliche Bedeutung und mit ihr die Stabilität Oesterreich's außer Zweifel gestellt. Denn haben einmal dessen Völker das Bewußtsein erlangt, daß sie nur in ihrem harmonischen Zusammenleben sich die kostbarsten Lebensgüter zu sichern vermögen, dann stehen sie im Hinblick auf die Solidarität ihrer Interessen auch solidarisch für den Staat ein, welcher dieselben schützt, dann entwickelt sich in ihnen aus der Erkenntniß der Einzelwohlfahrt allgemach die Erkenntniß des Gesammtwohls und das Gefühl der Zusammengehörigkeit, welches diese heterogenen Bestandtheile zu einem organischen Ganzen verbindet und langsam, aber sicher jenes österreichische Bewußtsein wachruft, das gewaltsam einzuimpfen man bisher vergebens sich abgemüht.

Von der höchsten ethischen Idee getragen, im Gesammtbewußtsein seiner Völker die Wurzeln seiner Kraft suchend, ist Oesterreich dann kein zufälliges Conglomerat, sondern ein nothwendiges politisches Gebilde, ein höchst bedeutsames, reichgegliedertes, vielverschlungenes und vollkräftiges Staatswesen.

Ist schließlich noch der Beweis hergestellt, daß bei Zertrümmerung dieses Reiches die deutschen Bewohner der hohen Kulturaufgabe, die ihnen zugewiesen ist, entrückt, und die anderen Volksstämme großentheils arg verstümmelt, oder unbarmherzig niedergetreten werden, daß ferner im Südosten Europa's sich Zustände entwickeln, welche das europäische Gleichgewicht stören und die abendländische Kultur bedrohen, dann ist auch nachgewiesen, daß der Bestand Oesterreich's nicht nur eine lokale, sondern auch eine große europäische Bedeutung hat.

Diese Bedeutung hat Oesterreich aber nur so lange, als es auf seinem ethischen Schwerpunkte fest und unerschütterlich ruht; verrückt es diesen, wenn auch noch so wenig, nach der einen oder anderen Richtung, sei es zu Gunsten dieser oder jener Nationalität, so verliert es sein Gleichgewicht und wird schwankend; sein staatliches Gefüge lockert sich, und die Vorahnung nahen Zerfalles bemächtigt sich der Gemüther.

Wie lehrreich in dieser Beziehung ist die Geschichte der letzten 20 Jahre! Die unaufhörliche Fortdauer der inneren politischen Wirren und die häufige Wiederkehr der Krisen während dieses Zeitraumes haben ihren Grund nur darin, daß man vom 13. März 1848 bis zum Tage von Sadowa den Völkern Oesterreich's nicht gerecht werden konnte, und seit Sadowa denselben nicht gerecht sein wollte, oder wenigstens nicht gerecht zu sein verstand.

Als im Jahre 1848 der mächtige Strom der Zeit Oesterreich mehr als irgend einen Staat durchfluthete und die Nationalitätsidee in dessen entlegenste Länderstriche und zu dessen tiefsten Volksschichten hintrug, ward es klar, daß diesem Reiche eine Last aufgebürdet sei, die seine Schultern nicht zu tragen vermochten. Als ob die Lenker seiner Geschicke nicht genug der Schwierigkeiten im Inneren fänden, sollten sie auch noch seine Stellung als italienische, und seine Rechte als deutsche Macht aufrecht erhalten. Welch ein Chaos von Verhältnissen, welch ein Widerstreit der Forderungen und Wünsche, welche Kollision der Interessen! Wie sollte Oesterreich all dem gerecht, wie sollte es ein Rechtsstaat werden?

Es verwirrte die Zustände überall, in Italien, wie in Deutschland, und am schlimmsten daheim, im eigenen Hause. Es hinderte die Einigung Italiens, indem es ihr entgegen, und die Einigung Deutschlands, indem es ihr beitrat. Es sendete Deputirte nach Frankfurt, Truppen nach Mailand; es siegte da und dort, aber nur um zu siechen. Sein ganzes Staatswesen war tief erkrankt; denn um unhaltbare Stellungen zu behaupten, zersplitterte und erschöpfte es seine Kräfte, verlor es seinen Schwerpunkt im Inneren, all seine Stützpunkte nach Außen; und so ohne jeden Halt, schwankte es hin und her und wäre taumelnd in den Abgrund gestürzt, hätte die Vorsehung ihm nicht Solferino und Königgrätz beschieden. Wie es früher an seinen Siegen erkrankte, so gesundete es jetzt an seinen Niederlagen. Das Schicksal entriß ihm gewaltsam, was es freiwillig hinzugeben nicht die Klugheit hatte.

Oesterreich besitzt nun Provinzen, die sich zwanglos in dasselbe einreihen, Völker, die sich ihm willig anschließen, und wenn es trotzdem wieder von Recidiven bedroht ist, wenn es noch immer den Frieden zwischen seinen Völkern nicht herzustellen vermag, so liegt der Grund hiefür nicht in den Verhältnissen, sondern in jener kurzsichtigen inneren Politik, welche, die Natur Oesterreich's verkennend, eine Verfassung schuf, die, anstatt das Panier des Reiches zu sein, nichts ist, als das Schiboleth der Parteien.

A. Die Volks-Elemente Oesterreichs.

„Suum cuique."

Ich habe in der Einleitung den Beweis zu führen gesucht, daß die Mannigfaltigkeit der Volks-Elemente an und für sich Oesterreich nicht unfähig mache, sich als kräftiger Staatsorganismus zu entwickeln. Es ist nun die Aufgabe der ferneren Untersuchung, jedes Volkselement einzeln ins Auge zu fassen, um aus der Erforschung seiner Natur die Erkenntniß zu gewinnen, ob und unter welchen Bedingungen es sich organisch in Oesterreich einfügen lasse.

Vor Allem wende ich hiebei meine Aufmerksamkeit dem wichtigsten Elemente, dem **deutschen** zu.

1. Die Deutschen.

(Circa 8½ Millionen in der Gesammtmonarchie und 6.9 Millionen in der westlichen Reichshälfte.)

Die Deutschen sind der Kern, an welchen die anderen Völker Oesterreichs kristallinisch anschoßen; sie gaben dem Reiche den Namen, den Völkern die Dynastie, dem Staatskörper den geistigen und sittlichen Gehalt, der Politik die Richtung, der Bildung, dem Gewerbsfleiße und dem Handel den Aufschwung, und so lange sie sich im Zusammenhange mit ihren Stammesbrüdern im Reiche fühlten, so lange die Herrscher Oesterreichs die deutsche Kaiserkrone trugen, oder an der Spitze des deutschen Bundes standen, konnte darüber kein Zweifel entstehen, daß die Deutschen der Monarchie sich als gute Oesterreicher fühlten.

Aber seit dem Prager Friedensschlusse ist in der Stimmung derselben eine mächtige Wandlung eingetreten. Aus einem tausendjährigen Verbande gewaltsam herausgerissen, abgeschnitten von dem politischen Verkehre mit jener großen und edlen Familie, zu deren ältesten Mitgliedern sie zählen, isolirt inmitten zahlreicher, ihnen feindlich sich entgegenstellender Völkerschaften, werden die Deutschen von einem bangen und unheimlichen Gefühle beschlichen. Die unerquicklichen staatsrechtlichen Wirren und der heftige Sprachenhader, in welchem der kostbarste Nationalbesitz, die deutsche Sprache, auf das schnödeste verunglimpft und der deutsche Volkscharakter mit Ingrimm geschmäht wird, wecken die Besorgniß der Kleinmüthigen, die Erbitterung der Leidenschaftlichen und den Widerstand der Männer von Thatkraft. —

Die Frage, wie diesem Zustande abgeholfen werden könne, wird vielfach diskutirt und je nach der Intensität des deutschen National-, oder des österreichischen Heimatsgefühles werden verschiedene Modalitäten der Abhilfe vorgeschlagen.

Die Einen, in deren Herzen das österreichische Gefühl noch warm und lebendig ist, und deren Geist sich der Erkenntniß des hohen Werths nicht verschließt, welchen der Bestand der Monarchie für ihre deutschen Bewohner hat, wünschen ein großes, mächtiges Oesterreich, aber auch die Wiederherstellung des engeren Verbandes mit Deutschland, in welchem allein sie die Sicherheit der Interessen des Reiches und speziell seiner deutschen Bevölkerung zu finden glauben. Sie sind als Großdeutsche erbitterte Gegner Preußens.

Eine zweite Gruppe mißgönnt dem preußischen Staate seine Stellung in Deutschland nicht, wünscht aber, daß Oesterreich zu den süddeutschen Staaten in ein Verhältniß trete, welches dem norddeutschen Bunde analog ist. Sie hofft durch den Zuwachs von 8½ Millionen Deutschen den Kampf mit den Nationalen erfolgreich durchführen und die Stellung der Stammesgenossen in Oesterreich aufrecht erhalten zu können.

Eine dritte Fraktion, die aus den Heißspornen der Deutschen sich zusammensetzt, in denen das ungestüme Drängen der anderen Völkerschaften gleichfalls ein leidenschaftliches Nationalgefühl wachgerufen hat, plaidirt dafür, daß die Deutschösterreicher um jeden Preis in den Schooß der großen deutschen Volks-Familie zurückkehren. Oesterreich ist ihnen gleichgiltig, ja den Fanatikern unter denselben sogar verhaßt. Sie überlassen gerne die anderen Nationalitäten ihrem Schicksale und haben keinen glühenderen Wunsch, als mit den alten deutschen Bundesprovinzen Oesterreichs in Deutschland wieder einzutreten. Ihre Parole ist: „Ein großes einiges Deutschland, gleichviel in welcher Form und unter wessen Führung."

Eine vierte Gruppe endlich, welche von der Idee geleitet wird, daß Deutschland und Oesterreich vorerst von einander getrennt ihre Wege ziehen müssen, wenn Ersterem das Werk der Einigung und Letzterem das der Konsolidirung gelingen soll, ist der Ansicht, daß für den Kaiserstaat zunächst nicht eine Stellung in Deutschland, sondern eine freundschaftliche Stellung zu Deutschland wünschenswerth sei, eine Stellung, welche Beide geistig, sozial, volkswirthschaftlich und völkerrechtlich mit einander in innigsten Zusammenhang bringe. Sie hofft, daß diese freundschaftliche Berührung für beide Theile segensreicher und der Anbahnung einer künftigen ökonomischen und politischen Einigung viel förderlicher sein werde, als jener sterile Bund, bei dessen Auflösung Oesterreich nur einige Besatzungen aus Deutschland zurückzuziehen, etwelche Ausgabsposten im Budget zu streichen, aber nicht ein irgendwie dadurch bedrohtes volkswirthschaftliches Interesse zu wahren, oder auch nur ein Pünktchen auf dem i irgend eines seiner Gesetze zu ändern hatte.

Ich will der Reihe nach diese verschiedenen Bestrebungen innerhalb der deutschen Partei in's Auge fassen und prüfen, in wie weit sie ausführbar erscheinen. Zur Beurtheilung Derjenigen, welche ein großes, mit Deutschland verbundenes Oesterreich wünschen, habe ich schon in meiner (September 1866) erschienenen Schrift: „Ein Blick auf Oesterreichs Lage," Folgendes ausgesprochen:

„Die Deutschen in Oesterreich wollen und können keine andere staatsrechtliche Verbindung mit Deutschland anstreben, als die, welche den Bedürfnissen eines so hoch gebildeten Volkes entspricht; sie können somit den Bau nur auf konstitutionellen und parlamentarischen Grundlagen aufführen. Dieß ist aber nicht anders möglich, als indem unsere zum deutschen Bunde gehörigen Provinzen mit den übrigen Kronländern in Personalunion treten. Ich spreche hier nicht meine Ansicht aus, sondern zitire nur den Ausspruch der hiezu kompetentesten Versammlung: des deutschen Parlaments in Frankfurt, in dessen Schooß die berühmtesten Legisten, die hervorragendsten Staatsrechtslehrer, Historiker und Denker Teutschlands sich befanden*), und Jeder, der über diese Frage ernstlich nachgedacht, wird diesem Ausspruche unbedingt beistimmen. Wer einen andern Modus vorschlägt, täuscht sich, oder sucht Andere zu täuschen und wird bei praktischer Anwendung desselben nichts herbeiführen, als staatsrechtliche Irrungen und Verwirrungen, die jeder gesunden freiheitlichen Entwicklung störend entgegentreten, hüben und drüben."

„Die Personalunion der deutsch-österreichischen Provinzen müßte nothwendiger Weise auch die Personalunion Ungarns und des gleichfalls nicht zum deutschen Bunde gehörigen Galiziens nach sich ziehen. Und vorausgesetzt, daß die Krone je ein so loses Gefüge ihrer Hausmacht zugeben möchte, kenne ich keine Fraktion der deutschen Partei, deren politischen Anschauungen es entspräche, vor die Krone mit einem solchen Vorschlage hinzutreten**)."

„Dem staatsrechtlichen Ideale der zentralistisch gesinnten Deutschen liegt doch wahrhaftig nichts ferner, als die lose Berührung der Reichstheile durch die Personalunion pure et simple."

*) Die §§. 2 und 3 der deutschen Reichsverfassung, welche die hierauf bezüglichen Bestimmungen enthalten, wurden in der Sitzung vom 27. Oktober 1848 in Frankfurt mit imposanter Majorität, und zwar §. 2 mit 380 gegen 76, und §. 3 mit einer Majorität von 316 gegen 90 Stimmen angenommen.

**) Hätte Oesterreich im Jahre 1848, zur Zeit, als die Sympathien für dasselbe in Deutschland ihren Höhepunkt erreicht hatten und ein österreichischer Prinz als Reichsverweser nach Frankfurt berufen wurde, während in Preußen ein schwankender, unentschlossener Monarch regierte, hätte, sage ich, damals Oesterreich, auf die Idee der Personalunion eingehend, die italienischen Provinzen gegen Entschädigung freigegeben, Galizien föderativ den Ländern der ungarischen Krone beigesellt und mit den deutsch-österreichischen Provinzen sich dem deutschen Bundesstaate eingefügt, hätte Oesterreich damals die Leitung Teutschlands in seine Hand genommen und sein Herrscher die Krone des heil. römischen Reiches sich auf's Haupt gesetzt, so wäre dieß wohl eine waghalsige Politik gewesen, aber wenn geglückt, hätte sie den Gebieter zweier so mächtiger Reiche zum Herrn der Geschicke Europa's gemacht. Doch an eine so kühne Benützung des Moments dachte in jenen Tagen Niemand, weder im Volke, noch in den Kreisen der Regierung.

„Auch die Autonomisten, denen schon die Föderation als ein zu lockeres Band erscheint, und welche trotz ihrer Annäherung an die ungarische Rechtsanschauung den Dualismus nur dann annehmbar erachten, wenn er nicht die Personal-, sondern die Realunion gewährt, auch die Autonomisten, sage ich, können einen solchen Bund nicht anstreben*)."

„Es erhellt hieraus, daß, abgesehen von den durch die Abneigung der Slaven hervorgerufenen Schwierigkeiten, selbst die Deutschen den einzigen Weg, der zur befriedigenden Lösung der deutschen Frage führt, nicht betreten können, ohne mit ihren so laut verkündeten Prinzipien in argen Widerspruch zu gerathen."

„Und in der That, so oft die Politiker Oesterreichs, das nebelhafte Gebiet der Sympathien und Hoffnungen verlassend, den realen Boden praktischer Politik betraten und ihren staatsrechtlichen Gedanken eine bestimmte Form zu geben genöthigt waren, verschwand plötzlich die deutsche Frage wie durch Eskamotage."

„Pillersdorf, der im Jahre 1848 das deutsche Parlament durch österreichische Deputirte beschickte und einen österreichischen Erzherzog als Reichsverweser nach Frankfurt ziehen ließ, erinnerte in seiner Verfassung vom 25. April auch nicht durch ein Wort an den deutsch-österreichischen Verband. Der Verfassungsausschuß des konstituirenden österreichischen Reichstages, der gleichzeitig mit dem Frankfurter Parlamente tagte, in welch letzterem auch die Oesterreicher Sitz und Stimme hatten, ignorirte Deutschland ganz und gar in seinem Kremsierer Entwurfe, obschon die Deutschen hervorragenden Antheil an dessen Ausarbeitung nahmen. Ebenso schweigsam in diesem Punkte sind Bach's Verfassung vom 4. März, das Oktoberdiplom und das Werk des ci-devant deutschen Reichsministers: Die Verfassung vom 26. Februar."

„Aber man umging nicht blos die deutsche Frage in diesen Urkunden, sondern man fügte mit schonungsloser Hand denselben zahlreiche Bestimmungen ein, die eine freiheitliche, den konstitutionellen Bedürfnissen des deutschen Volkes entsprechende Lösung von vornherein unmöglich machten. Denn der Wirkungskreis, welcher in diesen Verfassungen den verschiedenen gesetzgebenden Körpern angewiesen ist, läßt einer deutschen Reichsvertretung nicht den geringsten Spielraum für irgend eine parlamentarische Thätigkeit, und so fruchtbar auch die letzten Jahre an Protesten, Erklärungen und Adressen waren, eine Kundgebung der Deutschen, in welcher sie über eine so schwere Kränkung ihrer Rechte Klage geführt, sucht man vergebens. Findet sich doch selbst in keinem der Programme der Deutsch-Oesterreicher, in keiner der Wahl- und Parlamentsreden ihrer hervorragendsten Führer eine klar formulirte,

---

*) Es erhellt dies aus der berühmten Rede Kaiserfeld's vom 4. Dez. 1864, welche folgenden Passus enthält: „Die abstrakte Personalunion ist schon perhorreszirt durch die pragmatische Sanktion selbst, der Versuch aber, sie durchzuführen, würde allein schon zum Beweise der Undurchführbarkeit derselben führen, denn es würden die innigsten und unauflöslichen Verhältnisse auf das Schmerzlichste zerrissen werden müssen."

der Kritik zu unterziehende Lösungsformel für die ihre nationalen Interessen so tief berührende Frage, während über das Verhältniß Ungarns zur westlichen Reichshälfte, sowie über die konstitutiven Fragen der letzteren, eine lange Reihe der schärfsten und eingehendsten Enunziationen sowohl aus dem zentralistischen, als auch aus dem Lager der Autonomisten zu verzeichnen ist. Auch in den vielgelesenen Schriften des deutschen Baron Andrian*) und in dem oft zitirten Werke Eötvös'**), der in seinen parlamentarischen Reden die enge Verbindung Oesterreichs mit Deutschland so scharf akzentuirte, findet dort, wo die Lineamente der Gestaltung Oesterreichs mit staatsmännischer Hand gezeichnet werden, die deutsche Stellung Oesterreichs nicht die mindeste Beachtung."

„Nur zweimal seit den großen Bewegungen des Jahres 1848 wurde der Versuch gemacht, die österreichisch-deutschen Verfassungsfragen zu lösen, und zwar einmal von den Völkern selbst durch ihre Vertretung in der Frankfurter Reichsversammlung. Das Resultat war eine parlamentarische Niederlage, nicht viel geringer als unsere letzte militärische. Oesterreich ward aus Deutschland hinaus votirt und der König von Preußen als deutscher Kaiser ausgerufen.***) Den zweiten Versuch machte die österreichische Regierung unter großer Pompentwicklung zur Zeit der Kaiserreise nach Frankfurt. Der Verfassungsentwurf, von Herrn von Biegeleben keineswegs mit staatsmännischer Weisheit erdacht, wohl aber mit diplomatischem Raffinement ausgeklügelt, warf dem hungernden deutschen Volke einige kümmerliche konstitutionelle Brosamen, wie ein Almosen hin. Und der Erfolg? Im letzten Akte, dessen Schauplatz Königgrätz war, fand das Stück seinen tragischen Abschluß, dessen erster Akt durch seine glänzende mise-en-scène das große europäische Publikum so sehr gefesselt; denn es unterliegt kaum einem Zweifel, daß das verunglückte Experiment Oesterreichs, Deutschland ohne vorhergehende Zustimmung Preußens zu konstituiren, einen tiefen Stachel in der Brust des Königs Wilhelm zurückließ und ihn in seinem 70. Lebensjahre zu dem Wagestück drängte, Deutsch land ohne Oesterreich neu zu gestalten."

*) In „Oesterreich und dessen Zukunft" und in der „Denkschrift über die Verfassungs- und Verwaltungsfrage in Oesterreich."
**) „Die Bedingungen der Macht und Einheit Oesterreichs."
***) Ich zähle hierher nicht den Versuch zur Durchführung des Unions-Projectes von Radowitz, mit dem Preußen sich ein Jahr lang (von Mai 1849 bis Mai 1850) vergeblich abmühte. Nach diesem Entwurfe sollte Oesterreich nicht aus Deutschland scheiden, sondern als Gesammtreich mit dem aus Preußen und den übrigen deutschen Staaten gebildeten Bundesstaate einen Staatenbund schließen. Ich zähle ihn nicht hieher, weil Oesterreich diesem Vorschlag seine Zustimmung entschieden versagte und weil er bei dem Zusammentritte des Erfurter Parlamentes nach Durchlaufung vieler diplomatischer Stadien zu einem armseligen Sonderbundesprojecte zusammengeschrumpft war. Daß dieser Versuch für Preußen die Demütigung in Olmütz zur Folge hatte, ist bekannt genug.

Von den gleichfalls erfolglosen Dresdner Konferenzen (vom Dezember 1850 bis Mai 1851) schweige ich, da hier von konstitutionellen Bestrebungen die Rede ist, und jene nur als würdige Einleitung zur Reaktivirung des Bundestages angesehen werden können.

„Ich habe vor meinen Lesern ein kleines, aber lehr- und schmerzensreiches Stück österreichisch-deutscher Verfassungsgeschichte aufgerollt, um zu zeigen, daß ein den modernen Anschauungen entsprechender politischer Aufbau Deutschlands mit Einbeziehung Oesterreichs, so oft er seit 18 Jahren versucht wurde, mißlang, daß man daher der Lösung dieser Aufgabe, oder auch nur der klaren präzisen Erörterung derselben, vorsorglich aus dem Wege ging*). Selbst die hellsten denkendsten Männer liebten es, wenn dieses Thema berührt wurde, sich im clairobscur vager Redensarten träumerisch zu ergehen."**)

---

*) Beispielsweise citire ich die Schlußworte der Einleitung zur Schrift: „Entwurf einer Verfassungs-Urkunde für den Kaiserstaat Oesterreich", welche Mühlfeld im März 1849, als Mitglied der deutschen Nationalversammlung, gemeinschaftlich mit Dr. Egger, in Frankfurt erscheinen ließ. Die Schlußworte lauten wie folgt: „Das Verhältniß Oesterreichs zu Deutschland haben wir außerhalb der Grenzen unserer Aufgabe gestellt, die auf die innere Organisation des österreichischen Kaiserstaates beschränkt wurde."

**) So steril die politische Literatur Oesterreichs an Einigungs-Projecten ist, so fruchtbar im Gegensatze ist die Deutschlands, und es bedürfte eines umfangreichen Buches, um dieselben eingehend zu besprechen. Ich beschränke mich daher auf die Beurtheilung des Programmes, welches der wackere Redacteur des Stuttgarter Journals: „Der Beobachter", Herr Karl Mayer, während des Wiener Schützenfestes im Namen der süddeutschen Volks-Partei von der Tribüne herab verkündete, weil in diesem Programme — wie der Redner wahrheitsgetreu angab — nur die allerbescheidenste und loseste der denkbaren parlamentarischen Verbindungen Oesterreich's und Deutschland's angestrebt wird, und somit durch dessen Widerlegung auch die Unausführbarkeit der übrigen Projecte nachgewiesen ist, welche alle einen engeren parlamentarischen Verband zum Ziele haben. Ex hoc uno disce omnes.

Der Wortführer der süddeutschen Volkspartei erklärte, daß diese sich damit zufrieden gäbe, wenn die gemeinsamen Angelegenheiten der deutschen Nation durch Delegationen der drei Reichstage: des österreichischen, des norddeutschen und des zu schaffenden süddeutschen geordnet würden (siehe „Neue Freie Presse" vom 29. Juni 1868).

Wir fragen vor Allem: Was bezeichnet Herr Mayer mit den Worten „österreichischer Reichstag"? Denkt er dabei an die gemeinsame Vertretung des Kaiserstaates, an die vereinten Delegationen, oder nur an die Vertretung der westlichen Reichshälfte, an den Reichsrath? Im ersten Falle glaubt er, daß die vereinten Magyaren, Kroaten, Serben, Rumänen, Slovaken, Czechen, Polen, Ruthenen und Italiener, welche sich zu den Deutschen in Oesterreich verhalten, wie 27 zu 8, die Beschickung der groß-deutschen Delegation zugeben werden, und daß andererseits Preußen die kaum 30 Millionen vertretende Delegation des Nordbundes durch eine Vertretung von 35 Millionen großentheils nicht deutschen Oesterreichern werde majorisiren und in Bahnen leiten lassen, welche seinen Interessen zuwiderlaufen?

Im zweiten Falle, wenn nämlich nur der Reichsrath die groß-deutsche Delegation beschicken soll, was fängt Herr Mayer mit den im Reichsrathe vertretenen Polen und Dalmatinern an, die nicht zum deutschen Bunde gehören? Wie besiegt er den Widerstand der Czechen, Slovenen und Italiener? Aber nehmen wir auch an, daß diese Schwierigkeiten zu besiegen, oder besiegt seien, wie denkt sich Herr Mayer das Regieren in Oesterreich? Sollen die Beschlüsse der vereinten deutschen Delegationen in den höchsten politischen Fragen für ganz Oesterreich bindend sein und somit die Länder der ungarischen Krone, Galizien und Dalmatien auf den wichtigsten Gebieten des Staatslebens für rechtlos erklärt werden? Oder soll über dieselben Fragen zugleich in den vereinten österreichischen und in den

Den hier zitirten Bemerkungen und thatsächlichen Angaben habe ich jetzt noch Folgendes hinzuzufügen:

Seit der Publikation jener Schrift fand bei uns neuerdings eine Revision der Verfassung statt. Nichts hinderte dabei die deutschen Abgeordneten, aus derselben Alles zu beseitigen, was dem künftigen Wiedereintritte Oesterreichs in Deutschland hinderlich werden könnte. Die Ungarn verlangten für sich nichts Besseres, als die Personalunion, auch die entente cordiale zwischen Deutschen und Polen wäre durch die Lockerung des staatsrechtlichen Bandes nichts weniger als getrübt worden. Die einzigen Störefriede der deutschen Einheit, die Czechen, blieben dem Reichsrathe fern; die deutschen Abgeordneten beriethen somit fast en famille. Wie kommt es, daß der deutsche Gedanke der Verfassung vom 21. Dezember so ferne blieb, wie der Mann im Monde, und daß man gegen Deutschland, welches man nicht zärtlich genug umfangen kann im Rausche der Tafelfreuden, kalt, theilnahmslos und spröde wird, sobald man sich ernüchtert hat? Wie erklärt es sich, daß das Wort der Einigung, das im Munde Aller ist bei heiterem Gespräche und einem Glase Wein, auf jeder Lippe erstirbt im großen Rathe der Nation, im Ernste der Debatte?

vereinten deutschen Delegationen berathen und beschlossen werden? Oder endlich, wünscht Herr Mayer, daß den ungarischen, galizischen und dalmatinischen Landtagen gleiche Rechte, wie der großen deutschen Delegation eingeräumt werden und die österreichischen Staatsmänner dazu verurtheilt seien, ihre Politik gleichzeitig nach den möglicherweise kontradiktorischen Beschlüssen all' dieser Legislativkörperschaften einzurichten?

Aber selbst abgesehen von diesem tollen Wirrwarr, hat denn Herr Mayer vergessen, daß die österreichisch-deutsche Delegation, nach Ausschluß der nicht zum deutschen Bunde gehörigen Provinzen, nur 16 Millionen verträte und von der fast 30 Millionen repräsentirenden norddeutschen Delegation majorisirt würde, daß somit Oesterreich zum Schleppträger der preußischen Politik herabsinken müßte, da dieses ungünstige Verhältniß nicht einmal wesentlich verbessert würde, wenn die Delegirten der 8½ Millionen Süddeutschen stets mit Oesterreich stimmten. Oder wünscht Herr Mayer, um dies zu verhindern, daß jede der drei deutschen Gruppen, trotz der enormen Zahlendifferenz ihrer Bevölkerungen, eine gleiche Anzahl von Delegirten entsende: oder gedenkt er, um der Majorisirung einer Gruppe durch die anderen vorzubeugen, jeder der drei Delegationen ein liberum veto zu geben und die Vertretung der großen deutschen Nation in einen polnischen Landtag zu verwandeln?

Es gäbe der Fragen noch manche, doch mag ich die Leser nicht weiter ermüden; wollte ich doch nur durch die Kritik des einen Programmes die Werthlosigkeit aller ähnlichen nachweisen.

Man kann nicht scharf genug betonen, daß es in Wirklichkeit nur zwei Wege gibt, um Deutsch-Oesterreich, ohne die Monarchie zu zertrümmern, mit Deutschland zu vereinigen. Der eine ist der von der Frankfurter Reichsversammlung proponirte. Um diesen aber jetzt einzuschlagen, wo wir außerhalb Deutschlands stehen, müßten wir unsere Grundgesetze in ihren Fundamenten zerstören und mit dem Einsatze des ganzen Vermögens in die Lotterie spielen. Der zweite Weg führt zum alten deutschen Bundestage, d. i. zur absolutistischen Spitze, zur Tödtung aller Freiheit, sowohl bei uns, als in Deutschland. Wollen die Deutsch-Oesterreicher die Einigung um diesen Preis? Und wenn sie ihn zu bezahlen bereit wären, könnten sie solche Opferfreudigkeit auch den anderen Völkern des Reiches und den Deutschen außerhalb desselben zumuthen?

Die Erklärung hiefür liegt im Widerstreit der nationalen Gefühle und des staatlichen Bewußtseins. Da, wo die Phantasie poetisch waltet, in festlichen Räumen, steigt der nationale Bau gar rasch in lustiger Höhe empor; dort aber, wo der Verstand bedächtig schafft, im ernsten Berathungssaale, dort, wo man einen politischen Bau nach wohlbedachtem Plane führt, sucht man festen Grund auf dem Boden Oesterreichs. Der nationalen Liebe genügen Betheuerungen, aber die politische Ehe erheischt Pacten, denn sie gewährt Rechte, bedingt Pflichten und jene vertragsmäßige Ordnung derselben, welche in unserem Falle von den Staatskundigen seit zwanzig Jahren wiederholt angestrebt, aber niemals erzielt wurde.

Wer somit zugleich die Aufrechthaltung der jetzigen Staatsgrundgesetze und die parlamentarische Einigung mit Deutschland anstrebt, sucht die Quadratur des Cirkels. Die österreichische Monarchie ist trotz des Dualismus in Bezug auf die wesentlichsten politischen Angelegenheiten eine einheitliche; Eine Exekutivgewalt leitet die äußeren Angelegenheiten, lenkt die Heeresmacht, verwaltet den Reichssäckel und ist dafür in letzter Linie einer einheitlich abstimmenden Volksvertretung verantwortlich. Diesen Reichskörper, den einfachsten Naturgesetzen zuwider, gleichzeitig außerhalb und innerhalb Deutschland's zu stellen, ist ein Kunststück, an dessen Ausführung sich nur politische Schwachköpfe oder Charlatane wagen.

Der Hauptirrthum der zugleich groß-deutschen und groß-österreichischen Partei besteht darin, daß sie für einen unglücklichen Zufall hält, was das nothwendige Resultat der Verirrungen unserer Politik und der konstitutionellen Zustände in Oesterreich und Deutschland ist. Preußen exekutirte im Jahre 1866 nur militärisch, was die Mehrheit der deutschen Nationalvertretung im Jahre 1848 parlamentarisch dekretirte.

„Wohlan denn", sagt die zweite Fraktion der deutschen Partei, „wenn die Vereinigung mit der ganzen deutschen Nation unmöglich ist, so suchen wir mindestens mit den isolirt stehenden und in dieser Isolirtheit gleich uns gefährdeten süddeutschen Staaten in eine dem Nordbunde ähnliche Verbindung zu treten. Die Deutschen im Süden sind durch Stammesverwandtschaft, Mundart, Sitte und Konfession uns näher gerückt, als die im Norden, und mit ihnen im Bunde würden wir die stattliche Zahl von 16½ Millionen ausmachen und den nationalen Gegnern in Oesterreich die Stirne zu bieten im Stande sein."

Betrachten wir dieses Projekt etwas näher und fragen wir vor Allem: Ist es zu erwarten, daß die süddeutschen Völker und Regierungen sich freiwillig zum Eintritt in einen solchen Bund entschließen werden?

Die sanguinischen Vertheidiger dieses Bündnisses rechnen mit großer Zuversicht auf einen solchen Entschluß, da die süddeutsche Bevölkerung sich stets sympathisch zu Oesterreich hingezogen fühlte. Sie vergessen hiebei nur, daß diese Sympathie großentheils den Deutsch-

Oesterreichern und nur im geringen Maße dem gesammten Oesterreich gilt. Die Baiern, Würtemberger und Badenser sind wohl wie zu Hause in Salzburg, Linz, Graz und Wien, aber kaum heimischer, als in Debreczin, Agram und Lemberg würden sie sich in einem Reichstage fühlen, wo sie mit Polen, Czechen und Ruthenen Schulter an Schulter säßen. Das süddeutsche Volk wünscht die Deutsch-Oesterreicher neben sich in einem deutschen Parlamente zu sehen, um durch sie verstärkt ein größeres Gewicht in die Wagschale der Entscheidung zu legen. Nicht minder erwünscht wäre es ihm, wenn ein großes Oesterreich dem Votum dieser vereinten Stimmen einen kräftigen Rückhalt böte. Auch für die süddeutschen Regierungen wäre der Wiedereintritt Oesterreichs von hohem Werthe, da sie hiedurch vor der Absorbirung, oder Mediatisirung durch Preußen geschützt, zwischen den zwei rivalisirenden Großmächten eine überaus vortheilhafte Stellung und eine politische Bedeutung gewännen, die sie in ihrer jetzigen Isolirtheit schmerzlich entbehren. Aber es ist irrig, hieraus den Schluß zu ziehen, daß sie ebenso geneigt seien, zu uns herüber zu kommen. Wenn heute die Süddeutschen vor der Alternative stünden, entweder dem norddeutschen Bunde beizutreten, oder einen Bundesvertrag mit Oesterreich abzuschließen, so würden die Regierungen nicht minder, als die Männer jener Volkspartei, die jetzt für uns so große Sympathien an den Tag legt, wenn auch schweren Herzens, sich für die Trennung von uns und für den Anschluß an Norddeutschland erklären, denn die handelspolitischen und volkswirthschaftlichen Interessen der Zollvereinsländer sind so in einander verwachsen, daß selbst nach dem letzten Kriege, trotz der Erbitterung der südwestlichen Völker und Regierungen, der Zollverband nicht nur nicht gelockert, sondern durch das Zollparlament noch fester geknüpft wurde.

Ueberdies sind es auch noch gewichtige staatsrechtliche Motive, welche Süddeutschland nach Preußen hin, und von Oesterreich ablenken.

Preußen mit circa 23 Millionen Einwohnern bewilligte den 21 verbündeten Staaten mit einer Gesammtbevölkerung von wenig mehr als 6 Millionen, in der obersten Exekutivbehörde des norddeutschen Bundes 26 Stimmen, während es sich nur 17 vorbehielt. Es bot somit seinen Bundesgenossen eine sehr hohe Begünstigung. Wenn Oesterreich mit 35 Millionen Einwohnern, seine süddeutschen Alliirten mit einer Bevölkerung von 8½ Millionen Seelen im selben Maße begünstigen will, muß es ihnen in der obersten Exekutive 37 Stimmen einräumen und sich nur 17 vorbehalten. Kann Oesterreich ohne große Gefahr bei der Vertheilung der Stimmen in der vollziehenden Bundesgewalt mit solcher Liberalität wie Preußen vorgehen? Die preußischen Verbündeten sind, mit Ausnahme Sachsens, Duodezstaaten. Die meisten dieser Ländchen sind Enklaven Preußens, im höchsten Grade unselbstständig und widerstandsunfähig, und bei der Identität der politischen Interessen, hat dieses eine ernste Opposition in wichtigen internationalen Fragen von ihnen nicht zu gewärtigen. Sie können ihre Majorität höchstens bei ökonomischen und administrativen Fragen geltend machen, was ihnen

Preußen, in Anbetracht der großen Vortheile, die ihm aus dem Bunde erwachsen, gerne zugesteht.

Ganz anders im Bunde Oesterreichs mit Süddeutschland. Die Länder des Letzteren sind keine Miniaturstaaten, und vereint bildeten sie eine ziemlich respektable Macht, deren Bedeutung dadurch erhöht würde, daß sie, vom österreichischen Gebiete nicht umschlossen, im Westen an das jederzeit auf Deutschlands Hader lauernde Frankreich, im Norden an das ländergierige Preußen gränzen, und so, falls sie einen Majoritätsbeschluß gegen Oesterreich fassen würden, auch in die Lage kämen, diesem ihrem Beschlusse Nachdruck zu geben. Da nun Oesterreich als Nachbarstaat Italiens, Rußlands und der Türkei gar manche Interessen zu wahren hat, für welche seine Alliirten sich nicht zu erwärmen vermöchten, so könnte es gerade in den entscheidendsten Momenten von seinen Alliirten zum Nachtheile für seine europäische Stellung majorisirt werden.

Solchen Gefahren darf sich Oesterreich nicht Preis geben. Selbst eine den Verbündeten eingeräumte Parität der Stimmen wäre zu gefährlich, da man in kritischen Momenten bei Stimmengleichheit rath- und thatlos dastünde. Ebensowenig können andererseits die süddeutschen Verbündeten sich im Bundesrathe von vornherein in die Minorität versetzen lassen; denn eine Vereinigung unter solchen Bedingungen wäre für sie kein Bündniß, sondern eine Unterwerfung.

Soweit die Schwierigkeiten in der Exekutive. Nicht minder groß wären die Mißstände in der Legislative.

Im norddeutschen Parlamente ist jeder Staat nach Maßgabe seiner Bevölkerung vertreten. Auch in der süddeutsch-österreichischen Föderation müßten die Delegirten der Bundesländer proportional der Bevölkerungszahl repräsentirt sein. Es würden somit an der Bundesgesetzgebung die Delegirten von $8\frac{1}{2}$ Millionen Süddeutschen und die von 35 Mill. Oesterreichern sich betheiligen. Die Süddeutschen wären also im Verhältnisse von 1:5 vertreten, welches Verhältniß jedoch durch die der ungarischen Delegation eingeräumte Parität so wesentlich zu Ungunsten unserer Verbündeten alterirt würde, daß ihre Stimmen zur Gesammtstimmenzahl sich in Wirklichkeit nur wie 1 zu 7 verhielten*), während sie im Parlamente des norddeutschen Bundes in Proportion von 1 zu $4\frac{1}{2}$ vertreten wären**), somit viel größeren Einfluß übten, als im Verbande mit Oesterreich, und dabei kaum je Gefahr liefen, mit der Politik Preußens in Kollision zu gerathen.

„Nun denn," rufen die deutschen Heißsporne aus, „sind nicht alle Argumente, die hier vorgebracht wurden, die schwerwiegendsten Beweise dafür, daß der Fortbestand Oesterreichs für uns Deutsche eine

---

*) Die ungarische Delegation repräsentirt circa 14 Millionen, die cisleithanische würde mit Einschluß der Süddeutschen circa $29\frac{1}{2}$ Millionen vertreten; da aber erstere nicht im Verhältnisse von 14 zu $29\frac{1}{2}$, sondern im paritätischen Verhältnisse, d. i. wie $29\frac{1}{2}$ zu $29\frac{1}{2}$ votirte, so verhielte sich die Zahl der süddeutschen Stimmen wie $8\frac{1}{2}$ zu 59, d. i. circa wie 1 zu 7.

**) Die Süddeutschen zählen $8\frac{1}{2}$ Mill., die Norddeutschen 29 Millionen, in Summa $37\frac{1}{2}$ Mill., $8\frac{1}{2}$ zu $37\frac{1}{2}$ verhalten sich ungefähr wie 1 zu $4\frac{1}{2}$.

Kalamität sei? Wir sind vom Mutterlande abgeschnitten, in unseren Rechten gekränkt, in unserer Sprache bedroht, in unserem Nationalgefühle verletzt, wir haben keine Gemeinschaft mit jenen, die stumpf sind gegen Alles, was unserem Herzen so nahe liegt. Wir wollen nicht länger verwaist und heimatlos herumirren in einem uns fremd gewordenen Staate, sondern zurückkehren in den Schooß unserer Volksfamilie!"

Dieser Schmerzensruf erscheint uns ungegründet.

„Der Deutsch-Oesterreicher ist kein verwaistes Kind, er ist ein Mann, der im Laufe der Zeiten einen eigenen großen Hausstand gebildet und eine so zahlreiche Völker-Familie um sich groß gezogen hat, daß für ihn im väterlichen Hause kein Platz mehr ist. So lange am Bundestage nur die Hausväter patriarchalisch zusammentraten, um Angelegenheiten ihrer Familien zu besorgen, während letztere getrennt in ihren Wohnstätten blieben, trat dieses Mißverhältniß nicht hervor; als aber die deutschen Völker-Familien am gemeinsamen Herde sich enger an einander schließen wollten, zeigte es sich, daß für den österreichischen Sohn, wenn er anders seinen Hausstand nicht aufgeben wollte, der Raum zu knapp sei. Aber wenn der selbstständig gewordene Sohn das Vaterhaus verläßt, sind darum alle Bande gelöst, ist darum jede Liebe gewichen, jede Gemeinschaft aufgehoben?

Sind die politischen Schranken zugleich die Marken deutschen Geistes, deutschen Empfindens und deutscher Sitte? Wird denn durch diese Trennung das deutsche Idiom von einem slavischen verdrängt, wird die Donau ein Nebenfluß der Moldau? Wahrlich, in unserer Furcht liegt viel Beschämendes. Aus unserer Geschichte sowohl, als aus der der gesammten Menschheit hätten wir es lernen müssen, daß selbst erobernde Völker Sprache und Sitten der Unterworfenen sich aneigneten, wenn diese ihnen an Kultur überlegen waren — und noch zählen wir nicht zu den Unterworfenen.

Der Flügelschlag des deutschen Genius wird uns immer mehr emportragen auf die Höhen der Kultur, und die geistigen Bande, welche uns an die alma mater knüpfen, werden sich immer inniger und fester um uns schlingen. Deutsche Hochschulen werden, nach wie vor, der wißbegierigen österreichischen Jugend offen stehen und die Lehranstalten Deutsch-Oesterreichs werden glänzenden deutschen Lehrkräften immer freudiger geöffnet werden. Wissenschaftliche, künstlerische und der sozialen Veredlung gewidmete Wanderversammlungen werden erhöhte gastliche Aufnahme finden, kurz, die Pulse deutschen Lebens werden fortan in unseren Adern kräftiger schlagen, denn je.

Unsere Isolirung wird sogar vortheilhaft auf die Entwicklung unseres Charakters wirken, denn, gestehen wir es uns, das bequeme Anlehen an die außerösterreichischen Stammesgenossen machte den Charakter des Deutsch-Oesterreichers etwas schlaff und behäbig. Wir liebten es, uns als Gourmands an die reichbesetzte Tafel deutscher Bildung zu setzen und sorg- und mühelos schwelgerische Mahle zu halten. Jetzt, im Kampfe gegen die numerisch überlegenen Völker nur auf unsere geistige Ueberlegenheit angewiesen, werden wir uns genöthigt sehen, auch mit Hand anzulegen an die geistige Arbeit der Nation. Durch die Arbeit wird unsere Faser straff, unsere Kraft gestählt werden, und das gehobene Bewußtsein wird uns jene moralische Superiorität verleihen, der sich Jedermann fügt, auch ohne Protektion der hohen Regierung. Kein das deutsche Selbstgefühl verletzenderes Schauspiel gab es, als wenn Herr v. Bach und Herr v. Schmerling die Sprache Luther's und Goethe's mit ihrer hohen Gönnerschaft beglückten und den Völkern deutsche Kultur auf dem Präsentirteller des Belagerungszustandes durch czechische Staatsdiener serviren ließen!

Ja, der Kampf mit den widerstrebenden Elementen erhöht unsere Kraft, und alle Nationen von welthistorischer Bedeutung erwarben sich diese im Ringen mit dem Widerstande. Nur Völker mit Expansivkraft sind Aufgangsvölker; wen es nicht hinausdrängt in's Weite, wer mit dickbäuchiger Behäbigkeit im engen Kreise sich glücklich fühlt, ist von Haus aus schlaff und weichlich, oder hat das Alter der Thatkraft hinter sich.

Blicken wir nach Deutschland, so bemerken wir nicht ohne ein Gefühl großer Beunruhigung, daß ihm diese Expansivkraft fehlt. Fast alle Staaten Europa's haben Kolonien, England, Frankreich, Rußland, Spanien, Portugal, selbst das kleine Holland und Dänemark; nur Deutschland, das große Deutschland besitzt kein überseeisches Gebiet, nicht ein einziges Eiland im großen weiten Ozean, auf dem es seine Flagge aufpflanzen könnte. Ja es hat nicht nur keine Kolonien erworben, sondern im Laufe der Zeiten, bei verhältnißmäßig geringer Erweiterung seines Umfanges, große Strecken seines Gebietes nach und nach eingebüßt. Wer einen Blick auf die europäische Karte des eilften Jahrhunderts wirft, wie wohlgerundet, wie üppig treten ihm die Formen des heil. römischen Reichs entgegen, und wie engbrüstig präsentirt sich daneben der dürftige Staatsleib Frankreichs! Und heute, „das römische Reich, daß Gott erbarm' sollte jetzt heißen römisch arm!" und Frankreich hat seine schlanke Taille verloren und auf Kosten Deutschlands seinen Leib behaglichst arrondirt. Ganze Länderstriche Deutschlands, die Niederlande, Lothringen, Elsaß und die Schweiz, sie gingen verloren. Die von einem kräftigen Bürgerthume an der deutschen Nordküste gemachten maritimen Anstrengungen, welche ihm eine gebieterische Stellung in Europa hätten erwerben können, wurden vom Dünkel kurzsichtiger Junker mißachtet, und Deutschland, ohne imponirende Seemacht und ohne Kolonien, im Osten an ein kolossales, raubgieriges Reich gränzend, westlich der Nachbar einer beutelustigen, mächtigen Nation, müßte, eingezwängt, wie es ist und fast ohne Möglichkeit sich auszudehnen, politisch stagniren und später Rückschritte machen, wenn — es keine Deutsch-Oesterreicher, wenn es kein Oesterreich gäbe.

Was man auch den Habsburgern nachsagen mag, das läßt sich nicht leugnen, daß sie unter den deutschen Regenten die ausgreifendsten waren. Die preußischen Fürsten, wenn sie auch außerdeutschen Länder-Raub nicht verschmähten, gleichen doch im Großen und Ganzen mehr jenen Raubfischen, die mit Vorliebe ihre eigene Spezies verzehren. Die Habsburger hingegen trugen die deutsche Sprache und die deutsche Macht weit hinaus über die Ostmarken des Reiches; sie boten der Energie des deutschen Volkes eine große Arena und der zivilisatorischen Kraft der deutschen Sprache ein riesiges Feld der Thätigkeit.

Thaten sie dies auch nicht mit deutschem Bewußtsein, sondern lediglich zur Vergrößerung ihrer Hausmacht, der sie manch deutschen Besitz zum Opfer gebracht, so hat doch die Ausbreitung ihrer Herrschaft die deutschen Interessen mächtig gefördert. Ueberall sonst in der Fremde wirkt die Ueberzahl der Bevölkerung Deutschlands und die Ueberkraft deutschen Geistes, da ihnen kein nationaler Tummelplatz in einer Kolonie sich öffnet, zum Vortheile anderer Völker, und die Bildung, der Fleiß und das Talent des Deutschen sind Waffen, die er häufig gegen sein Volk kehrt. So in Rußland, wo nicht selten deutsche Staatsmänner, deutsche Gelehrte und Feldherren der Idee des Panslavismus dienen. So in Nordamerika, wo der Geist deutscher Humanität in der Sklavereifrage den Sieg davontrug, aber nur zur Ehre der angelsächsischen Race. In Oesterreich hingegen war und ist der deutsche Geist schöpferisch im Interesse deutscher Kultur, deutschen Wohlstandes und deutscher Gewerbsamkeit. Oesterreich erweiterte den zivilisatorischen Wirkungskreis der deutschen Sprache um Tausende von Quadratmeilen; denn im jetzigen Umfange des Reiches ist, mit wenigen Ausnahmen, kein Fleckchen Erde, wo es einen Gebildeten gäbe, mit dem ein Deutscher Gedanken und Empfindungen nicht im deutschen Idiome auszutauschen vermöchte; und mit der deutschen Sprache in Oesterreich verbreiteten sich deutsche Sitten und zum großen Theile auch die politischen, ethischen, ästhetischen und sozialen Anschauungen des deutschen Volkes. Daß ohne den vermittelnden Einfluß Oesterreichs die deutsche Sprache nie dahin gelangt wäre, beweisen die dicht an Oesterreichs Grenzen liegenden Donaufürstenthümer, wo die französische Sprache die zivilisatorische Aufgabe übernommen und politische Neigungen geweckt hat, welche den deutschen Strebungen daselbst nichts weniger als förderlich waren. Welcher Einfluß einem Volke aus der Verbreitung seiner Sprache erwächst, beweist die Weltherrschaft des französischen Idioms, welche der französischen Literatur, dem französischen Geschmacke, den sozialen und politischen Einrichtungen dieser Nation Eingang in alle Theile der zivilisirten Welt verschaffte, und durch die erweckte Verwandtschaft des Denkens und Empfindens den Franzosen Sympathien schuf, die von den wichtigsten politischen Folgen sind.

In ähnlicher Weise haben die 8 Millionen Deutsch-Oesterreicher den 27 Millionen verschiedener Nationalität allmälig etwas vom Gepräge ihres Geistes aufgedrückt, und den Respekt vor deutscher Bildung weiter verbreitet, als irgend ein anderer deutscher Volksstamm. Der Deutsch-Oesterreicher hat dadurch den Völkern des Reiches, aber auch sich selbst genützt; denn er eröffnete sich Absatzwege für das durch seinen Fleiß Geschaffene, ergänzte die Lücken seiner Bodenproduktion, sendete aus dem Ueberflusse deutscher Bevölkerung in alle Theile des Reiches

Ansiedler, die als Missionäre deutscher Gesinnung wirkten, und schuf sich so in den Provinzen die Vortheile von Kolonien. Sind nicht Galizien und Ungarn die besten Märkte für die Erzeugnisse deutscher Arbeit?

„Aber all das Große zu vollbringen" -- wird vielfach eingewendet -- „vermochten wir nur im politischen Zusammenhange mit dem Mutterlande; jetzt sind die 8 Millionen Deutsch-Oesterreicher den 27 Millionen Nichtdeutschen gegenüber nicht stark genug zur Erfüllung dieser Mission."

Ist dieser Einwand richtig? Gilt es denn die Provinzen Oesterreichs neu zu erobern, die Völker derselben zu unterjochen, haben wir einem Kreuzzuge der Nationalitäten verzweifelten Widerstand entgegenzusetzen? Und wäre dieß auch der Fall, stände da nicht die ganze deutsche Nation an unserer Seite, auch ohne politische Einigung? Glücklicherweise ist der bevorstehende Kampf ein unblutiger, ein Kampf, den wir mit geistigen und moralischen Waffen durchkämpfen müssen, und dabei handelt es sich nicht um physische Ueberzahl, sondern um geistiges Uebergewicht und moralische Ueberlegenheit; und diese wahren wir uns auch ohne politische Gemeinsamkeit, durch die Gemeinschaft des Denkens und durch das Zusammenwirken mit der deutschen Nation in jeder Sphäre des Wissens, auf allen Gebieten des Schaffens.

Wenn wir uns diese Zusammengehörigkeit wahren, wenn wir mit deutscher Humanität die Rechte der anderen Nationalitäten achten, ihre Sprach- und Kulturentwickelung fördern, dann werden wir die Völker Oesterreichs zwar nicht besiegen, aber gewinnen, nicht unterwerfen, aber unterweisen, nicht beherrschen, aber führen; und wenn es rühmlicher ist, freie Völker um seine Fahne zu schaaren, als unterworfene, oder hintangesetzte niederzuhalten, so ist die Aufgabe, welche nach unserer Ansicht den Deutschen zufällt, um vieles glorreicher, als die, welche von fanatischen Rathgebern ihnen zugemuthet wird.

„Das ist ein Ideal, aber unpraktisch," höre ich ausrufen; „Nichts von dem, was um uns her geschieht, deutet auch nur im entferntesten darauf hin, daß die Nationalitäten die Absicht hegen, sich unserer Führung anzuvertrauen; vielmehr stellen sich Alle uns trotzig entgegen, und entreißt jeder Tag der deutschen Sprache und dem deutschen Einflusse ein Stück des mühsam gewonnenen Terrains. Wir sind in der Defensive, wir kämpfen um unsere Existenz, wir müssen siegen oder untergehen. Und damit letzteres nicht geschehe, folgen wir dem Beispiele praktischer und kräftiger Völker und lernen wir von ihnen den Trotz der Störrigen beugen und den nationalen Widerstand brechen. Die Franzosen verwälschen rücksichtslos die Deutschen ihres Landes, der Preuße germanisirt frischweg die Polen, der Moskowite russificirt unbarmherzig, was sich national ihm entgegenstellt. Warum sollten denn gerade wir so zimperlich sein?"

Beim Anführen dieser Beispiele vergißt man, daß es auch in der Politik physikalische Gesetze gibt, die man nicht mißachten darf. Wenn 50 Millionen Russen auf 5 Millionen Polen einen gewaltigen Druck ausüben, und diesen mit dem nöthigen Grade von Grausamkeit und

Ausdauer fortsetzen, bringen sie es vielleicht dahin, daß die Polen ihren nationalen Geist aushauchen und entseelt zu ihren Füßen sinken. Mit einem je größeren Aufgebote von Kraft hingegen 8 Millionen Deutsche auf 27 Millionen Nichtdeutsche einen Druck üben, desto rascher müssen sie durch das Uebermaß der Anstrengung erschöpft, dem übermächtigen Gegendruck der bedrohten Völker erliegen.

„Nun denn, wie sollen wir unsere Aufgabe erfüllen, unsere Stellung wahren?"

Ich antworte, indem wir unser Verfahren den Umständen, unsere Anstrengungen unseren Kräften anpassen. Der Appetit darf eben nicht stärker sein als die Verdauung, und da wir die Völker nicht verschlingen, nicht politisch absorbiren können, so suchen wir sie uns geistig zu assimiliren, nicht durch Tödtung, sondern durch Belebung ihres nationalen Geistes und ihrer nationalen Sprache. Statt wie bisher die Völker gewaltsam durch die deutsche Sprache zur Kultur zu drängen, lenken wir sie durch die in ihrem Idiome gewonnene Bildung sachte zur deutschen Sprache hin. Die geistige Nahrung, die wir ihnen bisher in dem verhaßten Gefäße einer fremden Sprache dargereicht, nahmen sie in sich auf, aber nur, um sich dadurch zum Kampfe gegen uns zu stärken, und ihre Defensiv- und Offensivkraft zu erhöhen. Aus unseren Arsenalen entlehnen sie die Waffen, die sie gegen uns kehren, und die deutsche Sprache ist es, in welcher die deutsche Sprache gelästert wird. Kann eine Politik gut sein, die solche Früchte trägt?

„Nun, welche Politik ist die bessere?"

Jene, welche die Gebote der Natur und die Lehren der Geschichte beachtet.

„Und welche sind diese Gebote und Lehren?"

Ganz einfach Folgende:

Man kann ein Volk in einer fremden Sprache unterrichten, aber nicht bilden; die Bildung erblüht nur auf dem Boden der eigenen Sprache, aus dem ureigenen Genius jedes Volkes. Indem Ihr sein Wissen in einem fremden Idiome erhöht, erniedrigt Ihr seinen Charakter, verkrüppelt Ihr seinen nationalen Geist, und glaubt Ihr aus verkrüppelten Völkern einen kräftigen Staat bilden zu können?

Und wie die sittlich entarteten, sind auch die unreifen, ungebildeten Völker für den Staat eine Gefahr. Lassen wir beispielsweise unsere südslavischen Völkerschaften in ihrem primitiven Zustande, und sie werden die Beute des Panslavismus, die Opfer Rußlands.

Völker, wie Einzelne, verlernen in ihrer Kindheit ebenso schnell ihre Muttersprache, als sie eine fremde, besonders eine verwandte erlernen. Ihr dürftiger Vorrath von Vorstellungen und Empfindungen ist ebenso rasch in der einen, wie in der anderen untergebracht. Ein reifer Mann und ein reifes Volk hingegen verlernen nie ihre Sprache, denn sie enthält die Geschichte ihres Denkens und Fühlens, den inneren Reichthum ihres Daseins. Ein slavischer Volksstamm, dessen Leben ohne höheren Gehalt und ohne klares Selbstbewußtsein, und dessen Sprache ohne Literatur ist, wie leicht wird er nicht von russischen Sendlingen gegaugelt durch den Köder der Raceneinheit! Gebet hingegen den slavischen Stämmen ein mächtiges Selbstgefühl, ihrem Volksleben einen kräftig pulsirenden Mittelpunkt und ihrer Sprache eine Geschichte, und sie werden ihre Individualität selber wahren und sich nicht einstampfen lassen in den großen moskowitischen Racenbrei; denn die Race ist nur die äußerste Rückzugslinie eines bedrängten Volkes; kein tiefer Herzensdrang zieht es dahin. So hat die Raceneinheit der Franzosen, Italiener und Spanier, und die der Deutschen und Engländer nie die Idee des Panromanismus, oder Pangermanismus gefördert, da nicht die Verwandtschaft, sondern die Identität der Sprache und Literatur ein Volk organisch zusammenhält.

Wenn somit sprachlich entartete und völlig ungebildete Völker uns gleich gefährlich sind, ist uns da der Weg nicht klar vorgezeichnet, den wir gehen müssen?

Anstatt gegen die Völker Front zu machen, oder mit verdrossener, grämlicher Miene uns Konzession nach Konzession abringen zu lassen, müssen wir uns freundschaftlich und liebevoll ihnen beigesellen und rasch, freudig und beherzt gewähren, was zu fordern sie berechtigt sind. Lassen wir nicht ihre Sprache verkümmern im Souterrain des niedersten Volkslebens, oder sich nur dürftig entwickeln im Erdgeschoße der Volksschule, sondern sorgen wir dafür, daß sie frisch und froh sich emporhebe in alle Etagen des Staates, in die luftigen freien Räume des öffentlichen Lebens, damit sie auf diesem großen Tummelplatze durch Bewegung und den Sporn des Ehrgeizes sich kräftige, entwickle und gedeihe; denn die Völker entwickeln sich mit ihrer Sprache, und um tüchtige Staatselemente zu sein, müssen sie nicht nur leben, sondern auch erstarken. Also in der Schule, in der Kirche, in der Verwaltung, im Gerichtssaale, in der Gesetzgebung gewähren wir ihnen freien Spielraum, und gar bald werden wir zu unserer Freude bemerken, daß die Völker freiwillig der deutschen Sprache sich nähern, von der ferne zu bleiben sie nur durch den Zwang sich veranlaßt sehen; denn um mit der Zeitkultur gleichen Schritt zu halten, wird diesen kleinen Völkerschaften ihre Muttersprache nimmer genügen. Den großen Aufgaben der Zivilisation sind jetzt nur große Nationen gewachsen. Es ist in unserer Zeit nicht mehr möglich, daß kleine hochbegabte Völker, wie im Alterthume, mit großen zu rivalisiren und dieselben zu überragen vermöchten. Die moderne geistige Thätigkeit bewegt sich auf breiter demokratischer Grundlage, und nicht blos, was einige bevorzugte Geister geschaffen, sondern Alles, was Fleiß und Studium auf allen Gebieten des Wissens geerntet hat, bildet den ideellen Reichthum der Menschheit. Nicht nur die Kronjuwelen der Könige im Reiche des Gedankens, sondern auch die hochaufgespeicherten Erzeugnisse emsigen, bürgerlichen Forschens sind der kostbare Inhalt der modernen literarischen Schatzkammern, und da die Zahl der Erzeuger und die Summe des Erzeugten zum großen Theile auch von der Bevölkerungsmasse eines Stammes abhängen, so müssen die kleinen Völker den großen gegenüber stets im Nachtheile bleiben. Ist ja auch die Theilung der Arbeit, durch welche die Wissenschaft eben so gefördert wird, wie die Industrie, nur bei jener Fülle arbeitender Kräfte möglich, die kleinen Völkern nicht zu Gebote steht; Letztere werden daher stets einer Hilfssprache bedürfen. Ihr Idiom, und sei es noch so sehr entwickelt, wird nur genügen, ihren Wissensdurst zu wecken; um ihn zu löschen, werden sie aus reicherer Quelle schöpfen müssen und, wenn nicht von antipathischen Gefühlen geleitet, werden sie sich der deutschen Sprache zuwenden, welche die nächste ist und an Reichthum und Fülle hervorragt unter den Sprachen Europa's.

Und nicht nur unsere eigenen, sondern auch die ihnen verwandten Volksstämme an unserer südöstlichen Grenze werden wir durch gerechtes und vernünftiges Vorgehen dem Deutschthume gewinnen. Gelingt es der serbischen und rumänischen Regierung, uns in der Errichtung guter höherer und mittlerer Lehranstalten zuvorzukommen, lenken sie allgemach den Strom der nationalen Jugend nach ihren Ländern, so werden unsere Serben und Rumänen gar bald hinüber gravitiren, denn der politische Schwerpunkt eines Volkes fällt mit seinem geistigen zusammen. Kommen wir hingegen Jenen zuvor, errichten wir höhere südslavische und romanische Lehranstalten, technische, Gewerbs-, Ackerbau- und Handelsschulen, dann pilgert die Jugend jener Länder zu uns und fühlt sich von einem Staate angezogen, der seinen Völkern so reiche Mittel geistiger Entwicklung bietet.

Ja, man muß es mit Nachdruck sagen, weit mehr als von einer guten Wehrverfassung hängt die Zukunft Oesterreichs von einer guten Lehrverfassung ab. Das Unterrichtsbudget ist wichtiger, als das des Krieges; für jede Million, die Ihr mehr in jenem verausgabt, könnt Ihr das Mehrfache in diesem ersparen, und zwei nationale Hochschulen an der unteren Donau ersparen Euch einst zwei Armeecorps an derselben. Oesterreich muß seine Länder in allen Radien, bis an die äußerste Peripherie mit Nationalschulen übersäen und zugleich in Wien die hervorragendsten Männer deutscher Kunst und Wissenschaft um sich schaaren. Eine solche Ansammlung geistiger Kräfte wird weit mehr, als die Konzentration politischer Gewalt, das deutsche Wien zum Mittelpunkte des Staatslebens und zur Metropole des Reiches machen.

Wenn Ihr aber dem Rathe nationaler Heißsporne folgend, das mühsame Werk von Generationen und die Kultursaaten der Jahrhunderte dem Verderben preisgebet, wenn Ihr Oesterreich den Rücken wendet, und wie enterbte Söhne heimkehrt in den Schooß der deutschen Familie, dann wird man Euch wohl von Herzen willkommen heißen, aber das Gefühl der Achtung werdet Ihr vergeblich suchen in den Herzen Eurer Brüder; und das, wofür Ihr Ruhm und Besitz so leichten Kaufes hingegeben: die Behaglichkeit der Ruhe, sie wird Euch nimmer werden im Sturme der Zeiten. Euern Vortrab auf den früheren Kulturmärschen nach dem Osten: sechzehnhunderttausend Deutsche in Galizien, Ungarn und Siebenbürgen lasset Ihr zurück, unbeschützt auf den bedrohtesten Punkten, und anstatt der preisgegebenen Brüder führt Ihr mit Euch in den neuen Bund dessen erbittertste Gegner, die Czechoslaven, die Slovenen, die Wälschen im Norden der Adria und südlich vom Brenner, Keime des Zwiespaltes im Inneren, und der Verwicklungen nach Außen. Die zwei vorgeschobenen Posten des Abendlandes, die Magyaren und Polen, sie stehen dann isolirt und auf ihre Kräfte angewiesen, mächtigen Feinden gegenüber. Erstere, von den Slaven und Rumänen fast ringförmig umklammert, werden fortgesetzten konzentrischen Angriffen ihrer von Rußland aufgestachelten und unterstützten Gegner nach hartnäckigen Kämpfen früher oder später erliegen; Letztere, die Polen, von ihrer ländlichen Bevölkerung kaum unterstützt und von den Ruthenen in Schach gehalten, fügen sich entweder den Rathschlägen eines Wielopolski der Zukunft, oder werden niedergeworfen durch die Gewalt russischer Bajonette. Sind diese zwei wichtigen Bollwerke des Occidents gegen die moskowitische Uebermacht gefallen, dann ist Rußland, das inzwischen sein Eisenbahnnetz vollendet hat, durch Nichts daran gehindert, mit riesigen Heeressäulen im Südosten gegen Konstantinopel und das mittelländische Meer, im Südwesten gegen Illyrien vorzurücken, dort den Slaven die Hand zu bieten und Deutschland vom adriatischen Meere zu einer Zeit abzuschneiden, wo dieses nach Herstellung des Suezkanals wieder die Bedeutung einer Welthandelsstraße erlangt. Im Nordwesten deckt es von Galizien und Nordungarn her die Czechen mit seinem mächtigen Schilde, und an der Ostsee vordringend erinnert es sich vielleicht auch daran, daß Ostpreußen ein polnisches Lehen und der Nordosten Deutschlands einst der Sitz slavischer Stämme gewesen.

So mit weitgreifenden Armen, von der Ostsee bis zur Adria, Deutschland an seinen Riesenleib pressend, wird es jede selbstständige Bewegung desselben hindern und den Moment herbeiführen, in welchem, nach Napoleons düsterer Vorhersage, Europa kosakisch ist. Zu spät werden die Deutsch-Oesterreicher dann es einsehen lernen, um wieviel es besser wäre, wenn die hunderttausende von Kriegern, die den Winken des Czar's gehorchend, gegen Westen ziehen, unter Oesterreichs Fahne Front gegen Osten machten; viel zu spät werden sie zur Erkenntniß gelangen, daß es vortheilhafter gewesen wäre, den Kampf gegen Rußland an der unteren Donau, am Pruth und an der Weichsel, als an der oberen Donau, an der Oder und Elbe aufzunehmen. Wien als deutsche Grenzstadt und die Gefilde Deutsch-Oesterreichs und Süddeutschlands werden, wie einst von Hunnen, Avaren und Magyaren, von Kosaken und Baschkiren durchstreift und verwüstet werden.

Wer von der Geschichte als Schildwache auf einen wichtigen Posten gestellt, diesen verläßt, macht sich eines schweren Verbrechens schuldig, und die Strafe entspricht der Schuld!

Ich habe hier die schlimmen Folgen skizzirt, welche mit Wahrscheinlichkeit eintreten würden, falls die Deutschen dem alten Donaureiche den Rücken kehrten; im Gegensatze hiezu habe ich ihnen die großen Ziele vor Augen gestellt, denen sie entgegengehen, falls sie, ihrem historischen Berufe getreu, in Oesterreich verbleiben, und wenn hiebei auch ausgesprochen werden mußte, daß zu Erreichung derselben Oesterreich vorerst allein und unbeirrt seinen Weg ziehen müsse, so wurde damit nicht auch gesagt, daß dieser, und der Weg, der dem geeinigten Deutschland vorgezeichnet ist, stets neben einander, oder gar auseinander gehen werden. Im Gegentheile ist Niemand mehr, als ich, von der Ueberzeugung durchdrungen, daß sie konvergiren und schließlich wieder in einander münden müssen, wenn auch nicht so rasch, als unsere sanguinischen Politiker wünschen und hoffen.

Ich bin somit völlig im Einklange mit der (Seite 12) charakterisirten **vierten Fraktion** der deutschen Partei, deren Ansicht auch von der österreichischen Regierung getheilt wurde, als sie am 27. November 1849 sich zu folgender Deklaration ermannte: „**Erst wenn das verjüngte Oesterreich und das verjüngte Deutschland zu neuen festen Formen gelangt sind, wird es möglich sein, ihre gegenseitigen Beziehungen staatlich zu bestimmen.**" Leider blieben die österreichischen Staatsmänner ihrem Vorsatze nur kurze Zeit getreu, und beeilten sich, den alten Bundestag, dieses Zerrbild der deutschen Einheit, wieder herzustellen.

In gleichem Sinne, wie diese Deklaration, spricht sich der weitblickendste unserer politischen Schriftsteller, Baron Andrian aus, der seine anonym erschienene Schrift: „**Zentralisation und Dezentralisation in Oesterreich, Wien 1850**," mit den Worten schließt: „Es liegt in Oesterreichs Interesse, daß sich Deutschland einig und kräftig konstituire, aber auch eben so sehr, daß es sich mit diesem neuen Deutschland auf einen guten Fuß setze, wodurch alle Reibung und Feindschaft vermieden werden kann. Dieser aber ist einzig und allein der eines innigen völkerrechtlichen Verhältnisses. Mit frommen Wünschen und sentimentalen Anschauungen regiert man nicht — am allerwenigsten in Zeiten, wie die unserigen sind."

Daß aus diesem völkerrechtlichen Verhältnisse mit der Zeit sich ein staatsrechtliches entwickle, muß die Hauptaufgabe deutscher und österreichischer Staatsmänner sein. Vorerst gilt es, die volkswirthschaftliche Verbindung der beiden Zoll- und Handels-Gebiete immer enger zu knüpfen, Münz-, Maß- und Gewichts-Einheit und eine Konformität in den Einrichtungen des Post-, Telegrafen- und Eisenbahnwesens herzustellen, und so allgemach Oesterreich und Deutschland in **ein großes Zollgebiet** umzuwandeln.

Sind beide Reiche volkswirthschaftlich geeinigt, haben sie sich im Inneren konsolidirt, ist das Mißtrauen unserer Nationalitäten gewichen, fühlen sich diese durch stabile und weise Staatseinrichtungen in ihrer Stammes-Existenz gesichert, dann wird durch die Solidarität der beiderseitigen Interessen, durch die vielfachen Wechselbeziehungen des geistigen und materiellen Verkehrs, sowie durch die Gemeinsamkeit der Gefahren und die Rücksicht auf eine kräftigere und minder kostspielige Vertheidigung zu Land und zur See, der Gedanke einer **mitteleuropäischen Föderation** zur Ausführung gelangen. Und dieser Bund, weil auf fester ökonomischer und politischer Grundlage aufgerichtet, wird in sich die Gewähr des Bestandes tragen.

„Nur ein Stück Gegenwart wird der Zukunft zum Opfer gefallen sein; und was die Väter gewünscht, haben die Söhne in Fülle!"

2. Die Slaven.

Wie die Deutschen an Intelligenz und Bildung, so sind die Slaven an Volkszahl den anderen Nationalitäten der Monarchie überlegen. Rußland ausgenommen, zählt kein Staat so viele slavische Bewohner, wie Oesterreich. Von der Gesammtziffer der Bevölkerung der Monarchie in der Höhe von ungefähr 34½ Millionen Seelen *) entfallen circa 16 Millionen auf die Angehörigen der slavischen Race. Sie sind somit nahe daran, die Hälfte der Einwohner Oesterreichs zu bilden. Ihre Zahl ist fast doppelt so groß, als die der Deutschen in Oesterreich, übersteigt um das Dreifache die der Magyaren, um mehr als das 5½fache die der Rumänen und fast um das 27fache die der Italiener in Oesterreich. In Bezug auf das Zahlenverhältniß der Slaven zur übrigen Bevölkerung findet zwischen den beiden Reichshälften ein bedeutender Unterschied statt, und zwar ist diese Proportion in der westlichen Reichshälfte ungleich günstiger für die Slaven, als in der östlichen; denn während in den Ländern der ungarischen Krone (mit Einschluß der Militärgrenze) von der mehr als 14¾ Millionen zählenden Einwohnerschaft 4¾ Millionen, somit nur ein Drittel, Slaven sind, kommen diesseits der Leitha auf eine Gesammtbevölkerung von 19.₆ Millionen circa 11¼ Millionen Slaven. Noch mehr differirt das numerische Verhältniß zwischen den Slaven und Deutschen diesseits, und zwischen den Slaven und Magyaren jenseits der Leitha. In den ungarischen Kronländern kommen auf 5.₃ Millionen Magyaren 4.₇ Millionen Slaven, und wenn man die slavische Bevölkerung der Militärgrenze abrechnet, gar nur 3.₇ Millionen; die Slaven sind somit den Magyaren gegenüber in der Minorität, während in den cisleithanischen Ländern die circa 6.₉ Millionen Deutschen, gegenüber den 11¼ Millionen Slaven, sich in eklatanter Minorität befinden**). Von den cisleithanischen Kronländern sind vier: Tirol, Vorarlberg, Salzburg und Oberösterreich ganz ohne slavische Bevölkerung; in einer Provinz, in Niederösterreich sind die Slaven in ganz unbeträchtlicher Zahl angesiedelt (circa 20.000); in Steiermark und Kärnten bilden sie eine ansehnliche Minorität***); in Schlesien und in der Bukowina stehen sie der übrigen Bevölkerung an Zahl fast gleich†); in acht Provinzen: in Galizien, Böhmen, Mähren, Krain,

---

*) Die Daten sind dem statistischen Jahrbuch der österreichischen Monarchie für das Jahr 1866 und dem offiziellen statistischen Handbüchlein der österreichischen Monarchie entnommen.
**) Das Verhältniß ist wie 1 zu 1.₆₄.
***) In ersterem verhält sie sich zur deutschen Bevölkerung circa wie 1 zu 2, in dem zweiten circa wie 1 zu 2.₆.
†) In ersterem wie 1 zu 1.₀₇, in letzterer wie 0.₉ zu 1.

Istrien, Görz und Gradiska, Triest und seinem Gebiete, und in Dalmatien sind sie in entschiedener Majorität*).

Wenn die Slaven im Reichsrathe, der 203 Abgeordnete zählt, im Verhältniß zu ihrer Populationsstärke vertreten wären, müßten auf sie 117, und auf die anderen Nationalitäten zusammen 86 Deputirte entfallen.

Ich habe diese Zahlen hier neben einander gestellt, weil sie zur Beurtheilung unserer Verfassungskämpfe von Wichtigkeit sind, und ich auf dieselben später zurückkommen werde.

Aus den angeführten statistischen Daten geht hervor, daß die Slaven in der Gesammtmonarchie numerisch der übrigen Bevölkerung nahezu gleichstehen und in der Westhälfte die ansehnliche Mehrzahl bilden. Wie kommt es, daß sie selbst in jenen cisleithanischen Provinzen, wo sie eine bedeutende Majorität bilden, den ihnen an Zahl nachstehenden Nationalitäten, den Deutschen und Italienern, politisch subordinirt sind? Die Ursachen hievon liegen in historischen, geografischen, ethnografischen, konfessionellen und sozialen Verhältnissen.

Die anderen Nationalitäten standen ihnen historisch als Eroberer gegenüber, so die Italiener in Istrien und Dalmatien, so die Deutschen in den übrigen westlichen Provinzen. Die Sieger haben im öffentlichen und sozialen Leben sich und ihrer Sprache eine Suprematie errungen, aus welcher sie durch ein in der Kultur zurückgebliebenes Volk sich nicht leicht verdrängen lassen. Ein zweiter Grund der Ohnmacht der Slaven ist ihre unglückliche geografische Vertheilung. Die nördlichen und südlichen Slaven in Oesterreich sind durch die zwischen sie hineingeschobenen Deutschen und Magyaren von einander getrennt; und durch die historische Zweitheilung der Monarchie blieben selbst die benachbarten Slaven (wie beispielsweise die Czechen und Slovaken, die Slovenen und Kroaten) ohne politischen Kontakt. Auch die sprachliche Verschiedenheit der einzelnen slavischen Stämme trug dazu bei, sie ihren Nachbarn gegenüber in Nachtheil zu bringen. Ich habe schon oben bemerkt, daß nur die Identität der Sprache und Literatur ein Volk organisch einige; durch diese Identität waren Italiener und Deutsche ihnen gegenüber stets im Vortheile, da sich jene an ihre Stammesbrüder außerhalb Oesterreichs lehnten, und aus dem sprachlichen Zusammenhange mit denselben immer neuen Kulturzuwachs erhielten, während die österreichischen Slaven aus ihrer Stammesverwandtschaft mit den außerösterreichischen Slaven, selbst mit den Russen, bis jetzt keinen Vortheil zogen, weil deren Sprache und zum Theil auch deren Schriftzeichen von den ihrigen differiren und deren Bildung ihnen keinen geistigen Succurs ermöglichte.

Auch die konfessionelle Verschiedenheit bildet eine Scheidewand zwischen Stamm und Stamm. Wie die Nordslaven von den Südslaven

---

*) In Galizien verhalten sie sich zur übrigen Bevölkerung wie 7,2 zu 1, in Böhmen wie 1,5 zu 1, in Mähren wie 2,6 zu 1, in Krain wie 12,5 zu 1, im Küstenlande (Istrien, Görz, Gradiska und Triest mit seinem Gebiete) wie 1,8 zu 1, und in Dalmatien wie 6,8 zu 1.

durch die eingeschobenen anderen Nationalitäten, so sind die östlichen von den westlichen Slaven durch die Konfession geschieden, so die Ruthenen in Ostgalizien, von den Mazuren im Westen des Landes, so die Russinen im Nordosten, von den Slovaken im Nordwesten Ungarn's, und die Serben im Südosten, von den Kroaten im Südwesten desselben Landes. Diese Verschiedenheit ist von Einfluß selbst bei hochgebildeten Völkern und trägt nicht wenig dazu bei, die Beziehungen zwischen Nord- und Süddeutschland etwas frostig zu machen und die Irländer den Briten zu entfremden.

Ganz besonders ist zwischen den Bekennern der starren orientalischen Kirche und denen der lebensvollen und belebenden abendländischen Kirchen eine nicht zu verkennende Differenz, welche auf den Charakter und die gegenseitigen Beziehungen der Slaven von Einfluß ist. Die Kluft zwischen Polen und Rußland hat in dieser Verschiedenheit mit ihren Grund, und Rußland ist in seinem polnischen Besitze eben so sehr bestrebt, die katholische Religion, wie die polnische Sprache zu entwurzeln. Der katholische Kroate fühlt sich zu seinem nächsten Stammverwandten, dem orthodoxen Serben nur wenig hingezogen und in den blutigen Fehden der Magyaren und Serben während des Jahres 1848 kämpfte der katholische Theil*) der Letzteren in den Reihen der Magyaren.

Auch das Zurückbleiben der Mehrzahl der Slaven in der Kultur stand ihrer politischen Entwicklung hindernd im Wege; und daß sie zurückgeblieben, ist großentheils nicht ihre Schuld. Der Eroberer zwang ihnen nicht nur seine Gesetze, sondern in Schule und Amt auch seine Sprache auf, und dieser Sprachenzwang wirkte viel nachtheiliger auf ihre geistige Entwicklung und ihren Charakter, als der politische Druck; denn die aufgezwungene Herrschaft demüthigt ein Volk, die aufgedrungene Sprache demoralisirt es. Vieles, was man am Charakter der Slaven tadelt und als Nationalfehler bezeichnet, ist auf Rechnung des ihnen angethanenen Zwanges zu stellen, und es geht den Slaven, wie den Juden, denen auch gewaltsame Fehler aufgepfropft wurden, um sie dann all das entgelten zu lassen, was man an ihnen verbrochen.

Daß in dem hier Gesagten keine willkürliche Behauptung enthalten sei, beweist das einstimmige warme Lob, welches Reisende dem im Inneren Rußlands wohnenden slavischen Kernvolke spenden, dessen Kraft, Schönheit und Charaktertüchtigkeit von Allen hervorgehoben wird.

Auch der unfertige soziale Zustand erschwert es den Slaven, mit ihren Nachbarn gleichen Schritt zu halten. Je harmonischer die soziale Gliederung in einem Volksstamme ist, desto fester ist die Grundlage, auf der seine nationale Existenz ruht, desto gesicherter ist seine politische Stellung und Bedeutung.

Unter allen Nationalitäten Oesterreich's stehen in Bezug auf ihre gesellschaftliche Struktur die Deutschen oben an. Auf einer kräftigen ländlichen Bevölkerung, als auf einer sicheren breiten Grundlage, erhebt

---

*) Die Scholaczen.

sich der Quaderbau eines hochgebildeten selbstbewußten Bürgerthums, und damit es diesem staatlichen Gebäude an einem schönen architektonischen Abschlusse nicht fehle, ragt über demselben als schmucker Giebel, der historische Adel empor. Der magyarische Stamm hat gleichfalls in seinem männlich kräftigen Landvolke ein sicheres Fundament, auch der Giebel erhebt sich stolz in die Lüfte, aber statt des reichgestaltigen Bürgerthums ist im Mitteltrakte nur der kleine gebildete Adel, die Gentry des Landes. Der Bau ist wohl kräftig und imposant, aber monoton; ihm fehlt die harmonische Mannigfaltigkeit des deutschen. Die Slaven in Oesterreich haben gesellschaftliche Bruchstücke, aber noch keine Gesellschaft. Die Czechen, wie die Südslaven haben ein tüchtiges Bauernthum, aber keinen geistig hochentwickelten Bürgerstand und keinen nationalen Adel, denn was sich von diesem an sie anschließt, thut dies aus Berechnung und nicht, wie der magyarische, mit nationalem Bewußtsein und tiefer nationaler Empfindung. Im Gegensatze zu den Czechen und Südslaven haben die Polen einen Adel, aber weder ein Bürgerthum, noch ein national bewußtes Landvolk. Statt eines Gebäudes bietet sich dem Auge in seltsam abenteuerlicher Weise ein stolzer Giebel dar, welcher auf einigen schwachen Pfeilern von Intelligenz und Halbintelligenz höchst unsicher ruht. Die Slaven werden daher, um mit den anderen Nationalitäten erfolgreich wetteifern zu können, vorerst ihre gesellschaftlichen Elemente ebenmäßig entwickeln müssen.

Einen nicht geringen Einfluß auf die Beeinträchtigung der politischen Position der Slaven hat die allgemein verbreitete Ansicht, daß sie der Freiheit von Haus aus abhold seien, da sie in ihrer Mehrzahl seit 20 Jahren mit der Reaktion Hand in Hand gingen. Diese Vorwürfe haben ihren Grund in den Erscheinungen des öffentlichen Lebens, deren Ursachen zu erforschen nur Wenige sich die Mühe geben. Ich will, da nur das Verständniß zur Verständigung führt, mich dieser Mühe unterziehen, und einen flüchtigen Rückblick auf die politischen Wandlungen der letzten 20 Jahre werfen, um nachzuweisen, daß die Slaven nicht durch ihr Verschulden, sondern durch die Verhältnisse in die Arme der Reaktion gedrängt wurden.

Die slavische Nationalbewegung in Oesterreich begann lange vor dem Jahre 1848 und war vorherrschend politisch in Kroatien, das allein unter den slavischen Ländern Oesterreichs damals ein entwickeltes öffentliches Leben hatte, und vorwiegend literarisch im Westen der Monarchie.

Durch Männer wie Kollar, Palacký, Šafařik, Gaj, Hanka, Havliček ꝛc., wurde die slavische Jugend begeistert und in ihr die Hoffnung auf eine große Zukunft ihrer Race wachgerufen. In diesem Zustande nationaler Erregtheit traf das Jahr 1848 die Slaven; und wie alle Völker, wurden auch sie von der Bewegung ergriffen, um so mächtiger ergriffen, als sie, die Hintangesetzten, am meisten bei derselben zu gewinnen hofften. Freudetrunken begrüßten sie jene Tage der Verheißung. Da usurpirten jenseits der Leitha die Magyaren die Alleinherrschaft ihrer Sprache noch entschiedener, als in den früheren Jahren; da wurden diesseits der Leitha in den deutsch-slavischen Kronländern die Wahlen in's Frankfurter Parlament ausgeschrieben, in jene National-Versammlung, welche die deutsche Einheit herbeiführen sollte. Die Slaven Deutsch-Oesterreichs, welche in dieser das Grab ihrer nationalen Existenz erblickten, wurden auf das tiefste beunruhigt, und unzweifelhaft waren es diese Wahl-Ausschreibungen, welche zumeist die Saat des Hasses zwischen die beiden Völker dieser Kronländer streuten und Folgen hervorriefen, an denen unser Staatsleben noch heute krankt.

Durch die vorzugsweise von den Deutschen und Magyaren in den Vordergrund gestellte nationale Idee erhielten die Bestrebungen der österreichischen Völker seitdem verschiedene, oft entgegengesetzte Ziele, und was die Deutschen und Magyaren als Freiheit betrachteten, das erschien den Slaven als unerträglicher Druck, gegen den sie reagirten. Diese Reaktion entstand somit nicht aus Mangel an Freiheitsliebe, sondern aus Abneigung gegen eine Freiheit, deren Früchte nur Anderen in den Schooß fielen. Und so kam es, daß die Bewegung des Jahres 1848 uns, statt der Segnungen des Fortschrittes, nur den Fluch des Racenhaders brachte.

Am entschiedensten im Kampfe der Slaven gegen die Deutschen traten im Westen des Reiches die Czechen hervor. Von deutscher Kultur unter allen österreichischen Slaven am meisten umspült, und darum in ihrer Nationalität am schwersten bedroht, setzten sie sich auch am hartnäckigsten zur Wehre.

Zur Charakterisirung der einzelnen slavischen Volksstämme mögen folgende Skizzen dienen:

a) Die Czechen.

(Gesammtzahl circa 6.530,000. Hievon entfallen auf Böhmen circa 3.170,000, auf Mähren 1.440,000, auf Schlesien 100,000, auf Ungarn 1.790,000 (Slovaken), auf die übrigen Kronländer 30,000.)

Kein Volk in Oesterreich hat ein stärkeres österreichisches Bewußtsein, als die Czechen, denn nur in diesem Staate sind sie ein nicht unwichtiger Faktor des öffentlichen Lebens. Der Untergang Oesterreichs wäre identisch mit dem ihrigen. Wer auch immer die Erbschaft der von ihnen bewohnten Provinzen antreten möge, sie sind verloren. In Deutschland gingen sie mit der Zeit vollkommen unter, wie alle Slaven, die auf deutschem Gebiete wohnten und wohnen, in Rußland retteten sie wohl ihre Race, aber nur auf Kosten ihrer Stammes-Eigenheit. Oesterreich, falls es ihnen die Entwicklung ihrer Individualität gönnt, wird in ihnen stets anhängliche Staatsbürger finden. Ihr Ehrgeiz ist, sich an die Spitze der österreichischen Slaven zu stellen. Die Zweitheilung der Monarchie, welche sie daran hindert, ist ihnen daher ein Gräuel, und als die heftigsten Gegner des Dualismus boten sie auch im Bunde mit den deutschen Zentralisten der Regierung im Jahre 1848 bereitwilligst alle Mittel dar, um die Magyaren niederzuwerfen.

Die Czechen waren sich hiebei vollkommen dessen bewußt, was sie anstrebten. Eine einheitliche Vertretung der gesammten Monarchie war und ist ihr Ideal. Die Repräsentanten von 16 Millionen Slaven in Einem Parlamente zu versammeln, die Nachtheile der geographischen Zersplitterung durch parlamentarische Einigung auszugleichen und dem Slaventhume die Präponderanz in Oesterreich zu sichern, war für sie ein höchst verlockender Gedanke, der überdieß ein Relief durch die Hoffnung erhielt, daß hiebei ihnen, als den Gebildetsten unter ihren Stammesgenossen, die Führerschaft von selbst zufallen würde. Ist aber ihr Ideal unerreichbar, ist die dualistische Gestaltung der Monarchie nicht zu verhindern, erlangen die Magyaren in der Vertretung der östlichen, und die Deutschen in jener der westlichen Reichshälfte das Uebergewicht, dann bleibt den Czechen nichts übrig, als in die Defensive überzugehen und sich in den engeren Raum einer befestigten Position zurückzuziehen, wo sie mit geringerer Macht den Angriffen der Deutschen zu trotzen vermögen. Eine solche Position bietet ihnen der mit der weitgehendsten Autonomie ausgestattete böhmische und mährische Landtag, und womöglich der General-Landtag der böhmischen Kronländer. Diese ihnen durch die Natur der Dinge vorgezeichnete Politik verfolgen die Czechen mit großer Konsequenz.

Doch nun wieder zur Rückschau:

Die Czechen und die deutschen Zentralisten unterstützten, wie ich oben erzählte, die Regierung in ihren Bestrebungen gegen Ungarn, und schaarten sich noch enger um dieselbe, als nach den Oktobertagen des Jahres 1848 die Niederwerfung dieses Landes eine beschlossene Thatsache war. Das Ministerium nützte ihren Eifer gehörig aus, nahm, um den Slaven eine Bürgschaft künftiger weiterer Konzessionen zu geben, Baron Kulmer als kroatischen Minister in seine Mitte auf, und ernannte zur Befriedigung czechischer Eitelkeit den Parteigenossen Helfert zum Unterstaatssekretär im Ministerium des Unterrichts. Als nach dem vermeintlichen Siege bei Kapolna die kühner gewordene Reaktion die gewaltsame Auflösung des Reichstages durchsetzte, und die Gemüther selbst der regierungsfreundlichsten Abgeordneten sich beängstigt fühlten, ward zur Beruhigung derselben offiziell auf die Reichseinheit hingewiesen, welche fortan von der Freiheit unzertrennlich sein werde. Die Verfassung vom 4. März wurde auf dem Präsentirteller eines verheißungsvollen Manifestes herumgereicht, natürlich nur als Schaugericht, damit das lüsterne Auge der Zentralisten und Czechen am Anblicke dieses antidualistischen Leckerbissens sich erlabe. Nicht allzulange, und die Konstitution vom 4. März nahm jenen Weg zur Bach'schen Kanzlei, auf welchem man von der Freiheit viele Spuren sah, die hinein-, aber keine, die herausführten.

Es trat nun jene dumpfe, schwüle Zeit Bach'scher Gleichberechtigung ein, in welcher ein Magyare, von einem Kroaten um die Stimmung Ungarns befragt, antworten konnte: „Sind wir sehr zufrieden, denn haben wir bekommen als Bestrafung, was habt Ihr bekommen als Belohnung." Lange blieb es stille, unheimlich stille in Oesterreich. Das Volk war stumm, die Regierung taub, bis eines Tages der

Kanonendonner von Solferino tief erschütternd dröhnte, und der Regierung ihr Gehör und dem Volke wieder seine Sprache gab. Man fing nun an, sich gegenseitig ein wenig zu verstehen; und die Völker erhielten in Anerkennung ihrer mühevollen und kostspieligen staatsrechtlichen Studien und als Lohn für die überstandenen strengen Prüfungen ein Diplom, das Diplom vom 20. Oktober. Große Unzufriedenheit unter den Deutschen, welche darin nicht die Freiheit, große Enttäuschung der Magyaren, welche darin nicht ihr Recht fanden, hingegen nicht geringe Befriedigung im Lager der Slaven, welche in demselben die Idee der Reichseinheit und des Föderalismus verwirklicht sahen.

Sie athmeten wieder auf, dachten sich der deutschen Vormundschaft entrückt und blickten hoffnungsvoll in die Zukunft. Neue bittere Enttäuschung. Im Kampfe der Nationalitäten siegten die Deutschen, und die Trophäe dieses Sieges war ihr Freiheitspatent, das Patent vom 26. Februar. Die Slaven fühlten sich verletzt, und ganz besonders erbittert und mit Recht erbittert waren die Czechen; denn ein erkünsteltes Wahlgesetz brachte sie, welche in Böhmen drei Fünftel und in Mähren drei Viertel der Bevölkerung bilden, den Deutschen gegenüber in Nachtheil, was sie um so schmerzlicher empfanden, als die pittoreske Abwechslung, welche der ruthenische Bauernkittel dem Bilde des hohen Reichsrathes verlieh, nur zu sehr verrieth, daß das Motiv ihrer Hintansetzung anderswo, als im Interesse für höhere Kultur zu suchen war. Dennoch traten die Czechen in den Reichsrath. So lange sie hoffen durften, daß aus der Gesammtmonarchie Vertreter im Reichsrathe erscheinen werden, hielten sie ihre Sache nicht für verloren und war für sie noch immer Aussicht vorhanden, im Vereine mit den übrigen Slaven um so eher die deutsche Hegemonie zu brechen, als sie hiebei selbst auf die Unterstützung der Magyaren, im Falle ihres Eintritts rechnen durften. Als aber aus den ungarischen Kronländern Niemand erschien (die Siebenbürger wurden erst viel später von Nadasdy dem Reichsrathe annektirt) und Schmerling Miene machte, den engeren Reichsrath in den weiteren umzuwandeln, oder mit anderen Worten, der deutschen Majorität die Entscheidung über die Geschicke beider Reichshälften in die Hand zu legen, als die Czechen sahen, daß nicht eine Machteinengung, sondern eine Machterweiterung der Deutschen das Resultat der Februarverfassung sei, und daß sie durch ihre fernere Anwesenheit der für sie so gefährlichen Schmerling'schen Fiktion nur größere Rechtskraft verleihen würden, traten sie aus dem Reichsrathssaale, um ihn seitdem nie wieder zu betreten.

Ein Deutscher mag dieses Verfahren von seinem Standpunkte aus höchst unangenehm finden, aber es ist offenbar unrecht, die Czechen darob des Illiberalismus zu zeihen; Niemand liebt es, am Triumphwagen des Gegners zu ziehen.

Mehrere Jahre verflossen, und wieder sollten den Czechen einige Tage der Freude gegönnt sein. Die Thatsachen waren stärker geworden, als die Schmerling'sche Fiktion; der durch Nadasdy's Künste erwirkte Eintritt der Siebenbürger konnte die Autorität des Reichsrathes nicht erhöhen, die Tage des Februarpatentes waren gezählt, Schmerling fiel und sein Nachfolger Belcredi sistirte die Verfassung. Jetzt war die Reihe des Trauerns an die Deutschen gekommen. Diese waren nichts weniger als schwärmerische Anhänger des Februar-Statuts, dessen enges Portale der Freiheit zu wenig — und dessen zahlreiche Hinterpförtchen der Willkür zu viel Einlaß gestatteten; aber es war ein Rechtsboden, ein unterhöhlter und unterwaschener zwar, jedoch der beste, weil der einzige. Die Slaven jubelten, sie träumten von einer neuen pragmatischen Sanktion, von Lösung der Verfassungswirren durch die Landtage. Die Czechen hatten schon gegen Ende der Schmerling'schen Verwaltung durch den Zuwachs von Feudalstimmen die Majorität im böhmischen Landtage erlangt und die Flitterwochen ihrer Landtagsherrschaft dazu benützt, das Sprachenzwangsgesetz zu votiren. Im Besitz der Landtagsmajorität hofften sie wieder Macht und Einfluß zu erlangen. Der Krieg im Jahre 1866 brachte ihnen wohl harte Bedrängnisse; aber dafür befreite sie der Prager Friedensschluß vom Alp der deutschen Einheit, und als am 2. Jänner 1867 der außerordentliche Reichsrath einberufen wurde, standen sie im Zenith ihres Glücks. Im böhmischen und mährischen Landtage eine ansehnliche Mehrheit bildend, mit den Polen, Slovenen und Deutschtirolern im Hasse gegen die Februar-Verfassung übereinstimmend, konnten sie hoffen, im außerordentlichen Reichsrathe das bisher von den Deutschen okkupirte Terrain zu gewinnen, und einerseits im Bunde mit den übrigen Slaven die Zentralisation, und andererseits im Vereine mit den Zentralisten den Dualismus erfolgreich zu bekämpfen. Aber das gelobte Land des außerordentlichen Reichsrathes, das so schön vor ihnen ausgebreitet lag, sie sollten es nicht betreten, und was den Schmerz noch brennender machte: ein Deutscher aus der Fremde war es, der ihnen den Weg dazu verrammelte. Der ordentliche Reichsrath wurde einberufen; die Neuwahlen in Böhmen und Mähren, bei denen durch große Anstrengungen und hohe Einflüsse einige aristokratische Stimmen den Deutschen zugeführt wurden, brachten die Czechen wieder in die Minorität. Sie zogen sich grollend in ihr Lager zurück. Der Ausgleich mit Ungarn ward vom Reichsrathe gutgeheißen und die Verfassung vom 21. Dezember legte davon Zeugniß ab, daß die Deutschen auf der ganzen Linie Sieger geblieben.

Aus dieser Darstellung geht hervor, daß die Czechen seit mehr als 19 Jahren: vom 13. März 1848 bis zum 21. Dezember 1867, nach kurzem Wahne stets nur schmerzliche Enttäuschung erfuhren, und es ist natürlich, daß ihr Gemüth dabei stets verbitterter wurde, und daß sie sich endlich von einer parlamentarischen Aktion ferne hielten, in welcher Plan und Führung Händen anvertraut waren, deren unsanften Druck sie schon in der Heimat empfunden. Doch selbst in dieser Heimat, in ihren eigenen Landtagen sollten sie durch eine zur parlamentarischen Mehrheit künstlich hinaufgeschraubte Minorität niedergehalten werden. Amboß im eigenen Lande zu sein, nachdem sie kurz vorher in einer Reichsvertretung Hammer zu sein erwartet hatten, das war für sie des Kränkenden zu viel, und sie zogen es vor, sich während der letzten Session auch von den Sitzungen ihrer Landtage fern zu halten.

Andere Völker würden in ähnlicher Lage kaum anders vorgegangen sein, als die Czechen. Wenn beispielsweise in Käruthen, wo die Slovenen gerade so, wie die Deutschen in Mähren approximativ den vierten Theil der Bevölkerung bilden, wenn, sage ich, die Slovenen durch ein mit Raffinement ersonnenes Wahlgesetz im Landtage die Majorität besäßen und stets im Namen des Landes das große Wort führten, würden die Deutschen das ruhig hinnehmen? Man sagt allerdings, die Slovenen seien nicht mit den Deutschen in Mähren zu vergleichen, welche als die Träger der Kultur, der Großindustrie und des Handels ein Recht auf besondere Rücksichtnahme hätten. Das ist richtig, aber wird diese Berücksichtigung nicht zur schreienden Ungerechtigkeit, wenn sie so weit geht, ein Viertel der Bevölkerung zum Herrn der Geschicke von drei Vierteln derselben zu machen? Daß es übrigens ganz andere Rücksichten, als die für höhere Bildung waren, welche bei der Festsetzung der Wahlgesetze zur Richtschnur dienten, beweist die Thatsache, daß derselbe Minister, welcher die Wahlnormen der Februar-Verfassung entwarf, in Siebenbürgen zur Erzielung eines gefügigen Landtags ein Wahlstatut oktroyirte, das keine Gruppenwahlen kannte, und in welchem den auf tiefster Kulturstufe stehenden Rumänen ein fast allgemeines Stimmrecht eingeräumt wurde.

Ueberdieß muß man, um gerecht zu sein, wohl zugestehen, daß die Czechen in Bezug auf Kulturentwicklung ebenso wenig mit den Slovenen in eine Linie zu stellen seien, wie die Deutschen. Der Volksunterricht ist bei den Czechen nahezu auf derselben Höhe, wie in den vorgeschrittenen deutschen Provinzen. 97% der schulpflichtigen Kinder in Böhmen, und in Mähren sogar 100%, besuchen die Schulen; die Bodenkultur ist in hohem Grade entwickelt, der Gewerbefleiß ist auch den Czechen nicht fremd und in Bezug auf Organisation der Arbeit sind sie sogar den Deutschen weit voran; denn während es in den deutschen Provinzen Oesterreichs noch bis vor Kurzem keine Schulze-Delitzsch'sche Assoziation gab, zählt die czechische Bevölkerung deren 248, werden in Böhmen Runkelrüben-Zuckerfabriken auf Aktien durch Bauern angelegt. Die czechische Landbevölkerung liest die politischen Zeitungen, folgt der politischen Bewegung mit Eifer und hat ein lebhaftes nationales Bewußtsein. Glaubt man wirklich der ihrer Ueberzahl sich bewußten slavischen Bevölkerung Böhmens und Mährens zumuthen zu dürfen, daß sie die Unbill des bestehenden Wahlgesetzes mit stummer Devotion ertrage, eines Wahlgesetzes, dessen Aufhebung unter gewissen Modalitäten ohne Nachtheil für die Deutschen möglich wäre, wie ich später nachweisen werde.

b) Die Polen.

(Gesammtzahl circa 2,328,000. Davon entfallen auf Galizien 2,184,000, auf Schlesien 139,000, auf die Bukowina 5000.)

Während die erhofften Zukunftsgüter der Czechen innerhalb der Grenzen Oesterreichs liegen, schweben die polnischen Luftschlösser stets außerhalb derselben. Die Polen beschäftigt nur Eine Idee, erfüllt nur Eine Sehnsucht. Die grausame Secirkunst der Diplomatie vermochte wohl den Leib Polens zu zergliedern, über dem Leichname aber schwebt die Seele des Dahingeschiedenen, die nicht zur Ruhe kommende Seele eines heroischen Volkes. Ohne Gegenwart, wie die Polen sind, leben sie von den Erinnerungen an die Vergangenheit, von den Hoffnungen auf die Zukunft, unstet von der Einen zur Anderen irrend. Die größten Sanguiniker Europa's, sehen sie dieses stets an der Schwelle großer Ereignisse und sich selbst an der Pforte ihrer verjüngten Heimat. Jedes Wölkchen am politischen Himmel halten sie für den Vorboten eines Gewitters und jede alarmirende Zeitungsente für eine Möve, die unzweifelhaft nahen Sturm verkündet. Wie die Czechen von der österreichischen Reaktion, erwarten sie all ihr Heil von der europäischen Konflagration. Sie sparen nicht mit ihrer Zeit, nicht mit ihrem Gelde, nicht mit ihrem Blute. Wer wird auch knausern am Vorabende einer großen Erbschaft! Sie lieben Oesterreich nicht als ihre Heimat, aber sie schätzen es als ihr Asyl. Die Geschicke desselben betrachten sie stets aus der polnischen Perspektive, und ihre politische Inkonsequenz hat ihren Grund nur in der Konsequenz ihres letzten Gedankens. Ungleich den Czechen sind sie Freunde des Dualismus, weil sie mehr Sympathie für ihre antimoskowitischen Gefühle und Bestrebungen bei einem magyarischen Landtage und einer deutschen Reichsrathsmajorität, als bei einer slavisch gefärbten Reichsvertretung zu finden hoffen, und darum standen sie im Gegensatze zu den übrigen Slaven, im Jahre 1848 und seit Beginn des Reichsrathes, stets für die Rechte der Magyaren ein. Sie sind auch nicht, wie die Czechen, leidenschaftliche Gegner der Einigung Oesterreichs mit Deutschland, da sie nicht, wie jene, von der Einverleibung in den deutschen Bund bedroht sind, sondern hiebei sogar eine Sonderstellung in Aussicht haben. Die Frage, in der sie sich von den Deutschen trennen und eines Sinnes mit den anderen Slaven sind, ist die der Autonomie, aber je nach der politischen Konstellation vertheidigen sie dieselbe mit größerer oder geringerer Wärme. Dünkt ihnen die Auferstehung Polens nahe, sind sie nachgiebig. Wozu auch viel Worte machen, wenn man reisefertig ist! So waren sie im Kremsierer Verfassungsausschusse höchst gemäßigt. Der politische Horizont war eben damals umwölkt, und Louis Bonaparte, der neugewählte Präsident, mußte als Erbe der Idées Napoléoniennes die Wiederherstellung Polens erstreben. So auch während der letzten Verfassungsberathungen im Jahre 1867; denn zur Zeit der Luxemburger Affaire und lange nachher war es die fixe Idee der Polen, daß sie der Erreichung ihres Zieles näher seien, denn je. Sie zeigten sich daher, um die Freundschaft der Regierung und der Deutschen nicht zu verscherzen, wenn auch grollend, zur Nachgiebigkeit bereit. Wenn aber in Europa Windstille herrscht, oder wenn sie von den luftigen Höhen der großen Politik hinabsteigen in ihren Landtag, und einen Augenblick lang über die misère ihres Daseins nachdenken, wie dieß während der letzten Session der Fall gewesen zu sein scheint, dann raffen sie sich zu gewaltigen Anstrengungen auf und suchen durch Ungestüm die Versäumnisse früherer Tage gut zu machen. Uebrigens sind sie fester an die Geschicke Oesterreichs gekettet, als sie glauben, und durch den Selbsterhaltungstrieb noch lange gedrängt, für dessen Macht und Integrität energisch einzustehen. Es ist auch von großer Wichtigkeit, sie durch kluge Behandlung enger an uns zu knüpfen; denn sie sind der herausgebrochene Ring aus der slavischen Kette, mit der Rußland uns zu umschlingen gedenkt; und im Falle moskowitischen Vordringens gegen den Süden, sind sie befähigt, in gefährlicher Weise seine rechte Flanke zu bedrohen.

c) Die Ruthenen.

(Gesammtzahl circa 3,000,000. Hievon entfallen auf Galizien 2,300,000, auf die Bukowina 230,000, auf Ungarn 470,000.)

Dem Polen am nächsten, mindestens räumlich, steht der Ruthene. Sie sind Brüder, aber feindliche. Nicht Deutsche und Slaven widerstreben einander so, wie Polen und Ruthenen, und wenn der Zwist zwischen Fremden ein Unglück, so ist er zwischen Brüdern ein Fluch. Das von Stadion, wie die Polen sagen, erfundene, aber in der That nur vorgefundene und schlau ausgenützte ruthenische Volk besteht aus Bauern und Popen, und der Kampf zwischen diesen und den Polen ist mehr sozial und konfessionell, als national; der ruthenische Bauer ist lüstern nach den fetten Weiden des polnischen Edelmannes und der ruthenische Pope nach den fetten Pfründen der katholischen Klerisei. Diese Sehnsucht mit einigen nationalen Instinkten verquickt, bildet den Inhalt der ruthenischen Frage. Eine eigene bestimmte Politik, wie die übrigen Slaven, haben die Ruthenen nicht. Sie wollen immer nur das, was die Polen nicht wollen. Als die Polen Oesterreich haßten, waren sie gut kaiserlich; jetzt, wo die Polen gut kaiserlich, sind sie antiösterreichisch. Die Polen sind Autonomisten, also sind die Ruthenen Zentralisten; die Polen remonstriren gegen die Verfassung, also remonstriren die Ruthenen für dieselbe. Sie sind voll bitterer Klagen, das versteht sich bei uns von selbst, denn wer klagt nicht in Oesterreich; aber das Schlimme dabei ist, daß der Mangel an Voraussicht in Wien und Lemberg den Klagen der Ruthenen tiefe Berechtigung verleiht; denn durch eine jener plumpen Schwenkungen, die sich in den letzten 20 Jahren bei uns periodisch vollziehen, wurden seit 1865 die Polen auf Kosten der früher verhätschelten Ruthenen begünstigt und so das Volk, welches, nach

Springer's Ausdruck, das loyalste Oesterreich's war, in die Arme Rußland's getrieben.

Unklar im leitenden Gedanken und darum stets unsicher und schwankend in der Ausführung, zerstört die österreichische Staatskunst heute, was sie gestern mühsam aufgerichtet, entfremdet sie dem Reiche seine treuesten Bürger, und wie sie Zwietracht säet zwischen Reich und Provinzen, so streut sie Unfrieden zwischen Nachbar und Nachbar im engen Rahmen fast jedes Kronlands!

d) Die Slovenen.

(Gesammtzahl circa 1.200,000. Hievon entfallen auf Steiermark 400,000, auf Kärnthen 100,000, auf Krain 420,000, auf das Küstenland 220,000, auf Ungarn und Kroatien 60,000.)

Der Slovene ist der mindest zahlreich Vertretene in der österreichisch-slavischen Volksfamilie. Er hat keine so thatenreiche Vergangenheit, wie der Pole und Czeche, dafür deutet er mit Selbstgefühl auf seine glänzende Zukunft hin. Er ist ohne große Ahnen, aber er hofft auf ruhmvolle Enkel. Von den Deutschen und Italienern hat er gar manche Zurücksetzung zu erleiden, aber durch eine seltsame Laune des Schicksals ist gerade dieses schmächtige Söhnlein der Mutter Slava dazu ausersehen, seine Stammesgenossen an ihren germanischen Drängern zu rächen. Im Landtage von Krain, wo die Slovenen die überwiegende Majorität bilden, imitiren sie ihre deutschen Vorbilder mit jenem komischen Ernste, der uns ein Lächeln abzwingen müßte, läge darin nicht ein schmerzlicher Beweis für die Kurzsichtigkeit unserer inneren Politik. Der jugendliche Ungestüm dieses Völkchens darf uns jedoch nicht gegen seine Bedeutung blind machen, denn die Slovenen sind das Kernvolk unseres nur am Saume von Italienern bewohnten Küstenlandes, und vernünftig behandelt, sind sie ein bedeutendes Gegengewicht gegen die Italianissimi, und haben überdies den Beruf, im illyrischen Dreiecke Oesterreich dereinst große Dienste zu leisten*).

3. Die Italiener.

Seit der Abtretung des lombardisch-venetianischen Königreiches hat Oesterreich eine italienische Bevölkerung nur an der adriatischen Küste und im Süden von Tirol. Sie ist im Ganzen 587,000 Seelen stark, von denen 55,000 auf Dalmatien, 184,000 auf das Küstenland

---

*) Der Charakteristik der cisleithanischen Slaven sollte nun die der transleithanischen folgen, doch hat diese Broschüre gegen meine ursprüngliche Absicht unter der Feder Dimensionen erlangt, welche mich veranlassen, die Würdigung der Volksstämme Ungarns und seiner Nebenländer aus derselben auszuscheiden, und sie einer besonderen Schrift: „Ueber die Nationalitätenfrage in Ungarn" vorzubehalten, welche ich später als Ergänzung dieser „Studie" zu veröffentlichen gedenke, und in der auch die kroatisch-serbische Bevölkerung Dalmatiens ihre Besprechung finden wird.

(Istrien, Görz, Gradiska, Triest und sein Gebiet) und 348,000 auf Südtirol entfallen.

Die Italiener Istriens und Dalmatiens bevölkern vorzugsweise den Küstensaum und sind eben so sehr durch die geographische Lage ihres Wohngebiets, als durch ihre materiellen Interessen an Oesterreich geknüpft; die Bestrebungen der Italianissimi haben somit für die Monarchie wenig Bedrohliches. Italien vermöchte dauernd im Besitze Istriens sich selbst dann nicht zu behaupten, wenn ihm dessen Eroberung gelänge, da das Küstengebiet stets der integrirende Bestandtheil des Landes ist, dessen Saum es bildet. So mußten die Normandie und die Bretagne von England, so Pommern und Finnland von Schweden, so Taurien von der Türkei geräumt und den Ländern abgetreten werden, mit denen sie geographisch zusammenhängen. Ueberdieß würde die slavische Bevölkerung dieses Gebiets, welche daselbst die Mehrzahl bildet, den etwaigen separatistischen Bestrebungen der Italiener mit Entschiedenheit entgegentreten.

Um vieles bedrohlicher ist die Haltung der Italiener in Südtirol, deren Trennungsgelüste durch nachbarliche Annexionsgier gesteigert wird; und es ist höchst unerfreulich, konstatiren zu müssen, daß seit dem Jahre 1848 die Zustände Wälschtirols sich verschlimmert haben, da es in den damaligen Reichstag mehrere Abgeordnete entsendete, während seine Interessen im jetzigen Reichsrathe kaum vertreten sind. Der Kremsierer Verfassungsausschuß, die Gefahren in's Auge fassend, welche dem Reiche aus dem Hader der Deutsch- und Wälschtiroler zu erwachsen drohten, beschloß, dem Reichstage die Konstituirung Wälschtirols als eigenes Kronland zu empfehlen. Die Drohung der Deutschtiroler, im Falle der Aufrechthaltung des Beschlusses aus der Vertretung zu scheiden, nöthigte den Ausschuß, welcher der Regierung keinen Vorwand zur Parlamentsauflösung bieten wollte, sein Votum zurückzunehmen.

Seit jener Zeit hatten Regierung und Vertretung stets eine unverkennbare Scheu vor dem Hinantreten an diese Frage, für deren Lösbarkeit die benachbarte Schweiz uns den glänzendsten Beweis vor Augen stellt.

Der Kanton Tessin, welcher sich ganz so wie Südtirol in das Gebiet des Königreichs Italien einbuchtet, und dessen Bevölkerung mit wenigen Ausnahmen italienisch ist, wankte seit dem Jahre 1848, inmitten der größten nationalen Bewegungen Europa's, keinen Augenblick in seiner Treue gegen den Bund. Zweimal während des letzten Jahrzehents tobte der Krieg in unmittelbarer Nähe der Republik, und während große Armeen Oesterreich vor dem Verluste zweier italienischer Provinzen nicht zu wahren vermochten, genügte der Schweiz ein kleines Piket zur Sicherung ihrer Grenzen, und verhielt sich Tessin so ruhig, wie mitten im tiefsten Frieden.

Ist hieraus keine Lehre zu ziehen?

4. Die Rumänen.
(Ost-Romanen, Walachen.)

In der westlichen Reichshälfte ist es nur die kleine Provinz Bukowina, in welcher diese Abkömmlinge römischer Kolonisten ihren Wohnsitz aufgeschlagen. In ungleich dichteren Massen bevölkern sie Siebenbürgen und die südöstlichen Komitate Ungarns, wo deren mehr als 2½ Millionen gezählt werden, während auf die Bukowina kaum 200,000 entfallen. Ich behalte daher eine ausführliche Würdigung dieses Volksstammes meiner Schrift: „Über die Nationalitätenfrage in Ungarn" vor. Bei der Bedeutung jedoch, welche derselbe nicht blos für Ungarn, sondern auch für die Gesamtmonarchie hat, erscheint es nicht überflüßig, hier daran zu erinnern, daß die von der Pforte im Jahre 1777 an Oesterreich abgetretene Bukowina bis zum Jahre 1849 dem galizischen Gubernium untergeordnet war. Der Kremsierer Verfassungs-Ausschuß, von dem politischen Gedanken ausgehend, daß bei einer sorgfältigen Kulturentwicklung die Rumänen der Bukowina und Siebenbürgens eine mächtige Anziehungskraft auf ihre Stammesgenossen in den für Oesterreichs Zukunft so wichtigen Donaufürstenthümern üben dürften, beantragte zuerst die Ausscheidung dieses Ländchens aus dem galizischen Verbande.

Die Bukowina wurde wohl von Bach als eigenes Kronland konstituirt, aber die Idee des Kremsierer Ausschusses fand ebensowenig Beachtung bei den damaligen deutschen, als bei den jetzigen ungarischen Staatsmännern. Indem die Magyaren Siebenbürgen, das bis zur jüngsten Zeit eine völlig gesonderte Verwaltung und Gesetzgebung hatte, inkorporirten und ihm nicht einmal einen Provinzial-Landtag zugestanden, machten sie es der Mehrheit der Landesbevölkerung, den Rumänen*) unmöglich, in irgend einem großen Berathungskörper sich ihrer Muttersprache zu bedienen, während in den Donaufürstenthümern eine parlamentarische Tribune aufgeschlagen ist, und das rumänische Idiom sich im ganzen öffentlichen Leben geltend macht. Nicht die Diatriben Bratiano's, sondern die Verkehrtheit magyarischer Politik bedroht unsere Interessen an der untern Donau und verwandelt Rumänien in eine preußische Dependenz; denn die Thatsachen haben einen giftigeren Stachel, als die Bosheit walachischer Agitatoren. Ungarn wird in Siebenbürgen anders vorgehen müssen, wenn nicht unsere natürliche Grenz-Festung im Osten der Monarchie eine Besatzung in sich schließen soll, welche in der Stunde der Gefahr unsere Reihen verläßt, um statt der feindlichen, unsere eigene Flanke zu bedrohen.

---

*) Siebenbürgen zählt 1.200,000 Rumänen, 600,000 Magyaren (mit Einschluß der Szekler) und 200,000 Sachsen.

B. Die territorialen Elemente Oesterreichs.
(Die Königreiche und Länder.)

Während das **nationale** Bewußtsein der Volksstämme Oesterreichs zum großen Theil aus jüngster Zeit datirt, ist das **provinzielle** meist **viel älteren Datums**, als der Bestand der Monarchie. Die Einwanderung der Czechen in Böhmen fand schon im **sechsten Jahrhunderte** statt, Ungarn hat eine fast **tausendjährige** Geschichte, die Anfänge Polens fallen ins **zehnte** Jahrhundert, während die **sechste** Säkularfeier der Gründung Oesterreichs erst bevorsteht. Fast jede Provinz hat eine ruhm- und thatenreiche Vergangenheit und historische Traditionen, die im Volke von Generation zu Generation sich vererbten. Befragt man einen Oesterreicher um sein Vaterland, so nennt er nicht seine weitere, sondern seine engere Heimat. Selbst der tiefgehende nationale Zwist hat das Provinzialgefühl nicht abzuschwächen vermocht, und wie schroff auch die Deutsch-Böhmen und die Czechen sich gegenüberstehen, auf ihr Böhmerland blicken sie mit gemeinsamer Liebe, mit gleichem Selbstgefühl. Das Niederreißen der provinzialen Schranken gelang selbst im Nationalstaate nur nach hartnäckigem Widerstande und erbitterten Kämpfen, doch brachte es schließlich Gewinn; denn für die Einbuße an provinziellen Gerechtsamen ward der Bevölkerung reichlicher Ersatz in der Erhöhung nationaler Kraft und staatlichen Ansehens. In einem Nationalitätenstaate, wie Oesterreich, wäre es hingegen ein thörichtes Unternehmen, das provinziale Selbstgefühl abzuschwächen, da man kein gemeinsames Nationalbewußtsein an dessen Stelle zu setzen vermag. Die Anhänglichkeit und das Festhalten an der provinziellen Sonderheit sind die Wurzeln, aus denen in Oesterreich, bei verständiger Pflege, der Patriotismus seine Nahrung zieht, und nicht auf Kosten des provinzialen Lebens, sondern nur auf Grundlage desselben kann das österreichische Bewußtsein emporwachsen. Ist es nicht der trotzige Kantonalgeist der Schweizer, aus dem, in Folge einer weisen Politik, die eidgenössische Treue erwuchs?

„Den Begriff, welchen 35 Millionen mit dem Worte Vaterland verbinden — sagt der tiefste politische Denker Oesterreichs*) — so irrig oder veraltet er auch sein möge, vermag keine Macht und kein Raisonnement plötzlich umzuändern, und dieser Begriff ist — vielleicht das einzige Erzherzogthum Oesterreich ausgenommen — nicht mit dem gesammten Reiche, sondern mit der einzelnen Provinz verknüpft."

— — — „Es gelingt vielleicht, jene Gattung von Patriotismus zu vernichten, welche man nicht will, aber jener Patriotismus,

---

*) Josef Freiherr v. Eötvös in seiner Schrift „die Nationalitätenfrage", aus dem Ungarischen in's Deutsche übersetzt von Dr. Max Falk, Pest 1865, Verlag von Moriz Ráth.

welchen man im Interesse der Gesammtmonarchie wünscht, wird deßhalb doch nicht ins Leben gerufen werden."

„Der Patriotismus der einzelnen Provinzen war bisher eine Stütze des gesammten Reiches, weil Jedermann fühlt, daß die Sicherheit seines speziellen Vaterlandes vom Bestande der Monarchie abhänge. Sobald jedoch einmal die Ueberzeugung allgemein geworden ist, daß das Interesse der Gesammtmonarchie mit dem Bestande der einzelnen Provinzen unverträglich sei, wird jener sogenannte Provinzialpatriotismus sich sofort gegen das Reich wenden, und wehe jenem Staate, dessen Bestand mit den edelsten Gefühlen seiner Bürger im Widerspruch steht!"

Die Staatsmänner der Wiener Schule: **Bach** und **Schmerling**, glaubten das Reich zu kräftigen, indem sie alles politische Leben im Mittelpunkte desselben konzentrirten. Nichts konnte verderblicher sein. In einem alten Staate, von der Zusammensetzung und Ausdehnung Oesterreichs, muß gerade in den vom Mittelpunkte entfernteren Theilen die Lebenswärme stetig erhalten, und das Stocken des politischen Kreislaufes sorgsamst verhindert werden; denn die **Peripherie** ist es, von wo aus der **Greisenbrand** seinen Ausgang nimmt und tödtlich bis zum Herzen schreitet.

Es ist ebenso kleinlich, wie unheilvoll, Oesterreich als **Einheitsstaat** aufzufassen; die österreichische Monarchie war nie, und ist auch jetzt nicht ein Staat, sondern nach **Schuselka**'s treffender Bezeichnung „**ein Reich von Reichen, ein Thron von Thronen, eine Krone von Kronen.**"

Nur in großem Sinne als Reich konstituirt kann es erstarken, mit mattherziger Aengstlichkeit als Staat geleitet, muß es verkümmern und untergeh'n.

C. Die geistige Atmosphäre unserer Zeit.

Dem Körper gleich bedarf der menschliche Geist, um sich lebendig zu erhalten, des Athmens, der steten Wechselwirkung zwischen sich und der geistigen Atmosphäre, die ihn umgibt und aus der er seine edelste Nahrung zieht. Doch sind die Elemente der psychischen Atmosphäre nicht konstant, wie die der physischen, sondern wechseln oft im Wandel der Zeiten, und sind es bald diese, bald jene religiösen, politischen und sozialen Ideen, mit welchen die Menschheit — tief athmend — ihre Brust erfüllt. Das vorwaltende Element der geistigen Atmosphäre unserer Zeit ist unzweifelhaft die **Idee der Nationalität**.

Eine mächtige Bewegung erfaßt die Gemüther, und wie in Folge der französischen Revolution die Stände und Individuen, so raffen sich jetzt die unbeachteten Nationalitäten aus der dumpfen Luft der sozialen und politischen Niederungen muthig empor und streben dahin, als ebenbürtige Mitglieder aufgenommen zu werden in die Völkerfamilie Europa's.

Die scharfe Ausprägung der nationalen Individualität, wenn auch nicht das Endziel, ist doch eine der Phasen unserer Kulturbewegung, und die Individualität eines Volkes prägt sich nirgends so scharf, als in seiner Sprache aus. Nur in der Kindheit befindliche, oder greisenhaft gewordene Völker lassen ihr Idiom untergehen, ein männliches hält unerschütterlich fest an seiner Sprache, die seine geistige Heimat ist, in der es lebt, wächst, erstarkt, in der es altert und untergeht.

Die Sprache ist das äußerlich Auffälligste und zugleich das Tiefinnerste eines Volkes. Keine Empfindung wird wach in uns, ohne mit den Lauten der Muttersprache sich innigst zu verschlingen. Was als Gedanke unseren Geist bewegt, was als Ahnung durch unsere Seele zieht, was als zarteste Regung unser Herz durchzittert, es tritt uns in dieser Sprache entgegen.

Man sagt wohl, das Geistige in der Sprache, der Gedanke und die Empfindung, seien unabhängig von der körperlichen Umkleidung durch das Wort, und der Sprachenfanatismus sei daher nichts als thörichter Wahn. Nun, was in uns denkt, ist die Seele, und nicht der Körper; aber die eigenthümliche innige Verbindung und gegenseitige Durchdringung Beider bedingt unsere Individualität. Ebenso beruht auf den tausendfachen Verschlingungen und Wechselbeziehungen des Geistigen und des Stofflichen jeder Sprache ihre Eigenheit; und jedes Volk hat nicht nur das Recht, sondern auch die Pflicht zur Wahrung derselben. Eine Nationalität, die ahnungslos untergeht, bietet einen traurigen Anblick dar; aber Eine, die mit Selbstbewußtsein sich der Vernichtung preisgäbe, wäre das widerwärtigste Schauspiel der Welt.

Ihr sagt: „Schonung der tiefer stehenden Nationalitäten ist Thorheit; gehen doch Völker und Sprachen ganz so unter, wie Individuen!" Nun, glaubt Ihr ein Individuum tödten zu dürfen, weil es sterblich ist?

Ihr sagt, die Herrschaft der Nationalitäts-Idee sei ein Hinderniß des Fortschrittes. Nichts kann unrichtiger sein. So wenig der Einzelne dem Gemeinwesen schadet, wenn er sich seiner Naturanlage gemäß entwickelt, und die Familie, indem sie sich im engen Kreise fester aneinander schließt, ebenso wenig hemmt es die Menschheit, wenn jedes Volk, seinem Genius entsprechend, sich geistig zu entfalten strebt. Die Bestandtheile jedes einzelnen Ringes müssen fest zusammenhalten, sollen die Ringe zur großen Kette der Menschheit sich dauernd in einander fügen.

Die verstandesdürren Utilitarier rufen wohl aus: „Wie rasch zöge die Bildung durch die Welt, träte ihr nicht das Hemmniß der Sprachen entgegen!" Dem Ideale dieser Lobredner des sprachlichen Einerlei entspräche es auch, wenn der Erdball nivellirt würde, und es nichts gäbe, als eine große monotone Fläche mit einer Vegetation. Kein Meer, kein Gebirge, nicht das kleinste Hügelchen störte dann den raschen Kreislauf der Menschheit, jedes Hinderniß des Verkehres wäre dann beseitigt — aber unzweifelhaft auch jeder Reiz dazu! Denn, was triebe den Menschen aus seiner engsten Umgebung, wenn er überall dieselbe Landschaft, dieselben Pflanzen, dieselben Menschen und dieselbe

Sprache fände? Der Wechsel der Szenerie, das Fremdartige der Sitten und Idiome ist es eben, was uns anzieht; und wie die Verschiedenheit der Erzeugnisse den **materiellen** Verkehr der Länder, so fördert die Verschiedenheit der Sprache den **geistigen** Austausch der Nationen. Die hohe Stufe der Boden- und Geisteskultur ist das Resultat der Mannigfaltigkeit, nicht der Einförmigkeit. Das scheinbar Trennende, das Meer, die Berge, die Sprachen, sie sind das Verbindende der Menschheit.

Im Stadium des Kampfes der Nationalitäten gegen einander wird der Fortschritt allerdings gehemmt, aber war es nicht ebenso im Kampfe der Individuen um Gleichheit der Rechte? Störten sie nicht die Kultur, so lange sie wider einander stritten, und wirken sie nicht vereint im Dienste der Zivilisation, seitdem sie in edler Rivalität gemeinsam vorwärts schreiten?

So laßt uns denn auch ohne Angst und Kümmerniß auf die Völkerbewegung in Oesterreich blicken. Hindern wir die Entwicklung der nationalen Ideen nicht, so wachsen sie, im heimischen Boden tiefe Wurzeln fassend, zum Gedeihen des Reiches empor. Nur wenn wir ihnen diesen Boden entziehen, oder den Raum zu ihrer Entfaltung verkümmern, werden sie als gefährliche Schlingpflanzen an fremder Stütze emporwuchern. Sind unseren Staatsmännern die Lebensbedingungen Oesterreichs klar geworden, dann haben die nichtdeutschen Nationalitäten ein mächtiges Interesse an dessen Erhaltung, denn sie wissen, daß beim Zerfalle desselben, sie dem Einen oder dem Anderen der nationalen Nachbarstaaten als Beute anheimfallen, und daß ihre Stammeseigenthümlichkeit erbarmungslos der Vernichtung preisgegeben sei. Oesterreich allein folgt dem Instinkte seines Naturells und den Geboten der Vernunft, wenn es sich die Entwicklung ihrer Nationalität zum Zielpunkte seines staatlichen Wirkens macht; denn **der Partikularismus seiner Völker — insbesondere der slavischen — ist die Bürgschaft seiner Existenz; ihn abzuschwächen, wäre eine Selbstverstümmelung, ein Großziehen des Panslavismus, eine Machtentsagung zu Gunsten Rußlands.**

Es erscheint daher ebenso unklug als unedel, daß die Bestrebungen der kleinen Völkerschaften, sich und ihre Sprachen emporzubringen, von den Deutschen nicht nur lieblos betrachtet, sondern selbst mit Hohn verfolgt werden. Wir Deutsch-Oesterreicher, sänken wir auch durch harte Schicksalsschläge zu Heloten herab, an der Kraft und Hoheit unserer Sprache würden wir uns wieder aufrichten; denn, wie geistesträge wir auch wären, wir füllten doch die Speicher unseres Geistes mit dem, was der Fleiß und die Thatkraft unserer Stammesbrüder auf allen Feldern des Wissens eingeheimst; aber die kleinen Nationalitäten, wie schwer bebauen sie den sterilen Boden ihres Idioms! Niemand unterstützt sie hiebei, jedes Steinchen zum Aufbau ihrer Literatur müssen sie mühselig herbeischaffen, und bei der geringen Zahl von geistigen Arbeitern müssen die Baumeister zugleich auch Handlanger sein. Ist es hochherzig von uns, die wir in ererbter Sprachüppigkeit schwelgen, unsere armen nationalen Mitbürger zu verhöhnen?

Leider waren bisher unsere Politiker zu wenig feinfühlig, um auch nur zu ahnen, wie rücksichtsvoll und schonend man mit den Gefühlen eines eben zum nationalen Bewußtsein erwachten Volkes umgehen müsse, mit Gefühlen, die an Innigkeit, wie an leidenschaftlicher Glut den ersten Regungen der Jugend gleichen. Der Staatsmann, wie der Arzt, bedarf zur Diagnose nur des Verstandes, zur Behandlung auch der Empfindung und der Phantasie; denn die Diagnose beschäftigt sich bloß mit dem Leiden, die Behandlung aber auch mit dem Leidenden, mit dem vollen, pulsirenden Leben eines Individuums oder eines Volkes.

Es gibt Wahrheiten, sagt ein englischer Schriftsteller, deren Argumente in der Phantasie wurzeln, und welche man trockenen Verstandesmenschen nie begreiflich macht. Ebenso gibt es im Völkerleben Regungen und Strömungen, deren Nichtbeachtung gefährlich ist, und von denen kühle Verstandespolitiker keine Ahnung haben.

Was hier gesagt wurde, ist geeignet, gar Vieles in unserem Staatsleben zu erklären. Seit Beginn unserer politischen Bewegung hatten wir Staatsmänner und parlamentarische Führer, von denen die Einen mit scharfem Verstande, klarem Urtheile und geistiger Kraft, die Anderen mit warmer Empfindung und reicher Phantasie ausgestattet waren, aber die glückliche Mischung all dieser Gaben in Einem Manne fehlte, und darum fehlte es auch an Initiative, und kam es zu keiner großen dauernden Schöpfung.

Nur Ein Mann in Oesterreich vollbrachte während der letzten 20 Jahre eine staatsmännische That, und dieser e i n e Mann — es ist schmerzlich dieß zu sagen — war kein Oesterreicher!

Ein versöhnlicher Gedanke, den er entschlossen durchgeführt, hat die lange sich befehdenden zwei Reichshälften rasch einander nahe gebracht. Fassen wir jetzt einen g l e i c h edlen Gedanken, und gar bald wird unser Reichthum an Nationalitäten kein embarras de richesse mehr sein; und wie die wechselnde Gestaltung und mannigfache Gliederung des Bodens den landschaftlichen Zauber Oesterreichs, so bildet dann die Verschiedenartigkeit der Völker und die reiche Gliederung der Provinzen den politischen Reiz Oesterreichs, und macht dieses mit der Zeit zu einem der anziehendsten und belehrendsten Staatsgebilde Europas!

―――

D. Die österreich=feindlichen Kräfte.

Kein europäischer Staat — die Türkei ausgenommen — birgt in seinem Schooße so viele Keime des Zerfalles, wie Oesterreich, dafür trägt auch kaum Einer so zahlreiche Elemente des Wachsthums in sich, als das alte Donaureich; denn Staaten mit einheitlicher Bevölkerung sind wohl in ihrem inneren Zusammenhange nur selten gefährdet, aber eine Gebietserweiterung auf Kosten anderer Völker bedroht sie, bei Zunahme an Körperfülle, mit Einbuße an innerer Kraft; Oesterreich hingegen, als Nationalitätenstaat, kann allerdings durch unkluge innere Politik seine Völker abstoßen und rasch dem Verfalle entgegengehen, aber es vermag auch durch einsichtsvolles Vorgehen die verwandten Nachbarstämme anzuziehen und reichen Zuwachs an Macht und Einfluß zu gewinnen. Der Nationalitätsgedanke kann sein nützlichster Alliirter, oder sein verderblichster Gegner sein, und in der Mannigfaltigkeit seiner Bevölkerung liegt das Geheimniß seiner Macht, wie seiner Schwäche.

Nicht äußeren Feinden erlag Oesterreich so schnell während der letzten Kriege, sondern der feindlichen Gesinnung im Inneren, der mächtigen Gegnerschaft der herrschenden Zeitidee, mit der es sich so lang in Widerspruch gesetzt. Im Vollbesitze seiner Kraft, von 1815 bis 1848, trug es den Kampf gegen diese Idee nach außen, um sie von seinen Grenzen fernzuhalten. Zur Zeit seiner Kraftabnahme, unter Bach, verschanzte es sich — auf die Defensive beschränkt — gegen dieselbe im Inneren, aber die schwächlichste und darum die gefährlichste Politik ist die der konstitutionellen Aera. Sie bewilligt den Nationalitäten zu viel, um sie niederzuhalten, zu wenig, um sie zu befriedigen. Ihr theilweises und verdrossenes Zugestehen, als Ausfluß der Schlaffheit und des Uebelwollens, erweckt Prätensionen und Mißstimmung, während ein volles freudiges Gewähren Sättigung und Behagen brächte. Halbheit deutet stets auf Schwäche des Charakters oder des Urtheils, und wer einen großen Gedanken nicht ganz zu erfassen, oder nicht ganz auszuführen vermag, taugt nicht zum Staatsmanne, am allerwenigsten zum österreichischen, welcher des Zieles sich klar bewußt und der Wege kundig, festen, sicheren und gleichmäßigen Schrittes vorangehen muß, wenn er die Freunde der Monarchie ermuthigen und deren Gegner entwaffnen soll. Ein Großstaat aber, den seine Politik dahin bringt, daß er seinen Völkern keine Liebe, seinen Freunden kein Vertrauen, und seinen Feinden keine Furcht einzuflößen vermag, thut wohl daran sein Haus zu bestellen, denn er ist an der Neige seines Daseins!

Nationalstaat und Nationalitätenstaat.

Die im ersten Abschnitte dieser Schrift vorgenommene Analyse führte uns zur Ueberzeugung, daß Oesterreich, wie kein anderer Staat zu seiner Erhaltung einer großgedachten, vorurtheilsfreien und gerechten inneren Politik bedürfe. Leben und Tod dieser Monarchie sind in die Hände ihrer Staatsmänner gelegt, und von den ihr gegebenen Institutionen hängt es ab, ob sie die Schutzmacht der Völker am Pontus, an der Donau und Adria, oder das Theilungsobjekt beutelustiger Nachbarn werde.

Welcher Art müssen nun die Institutionen sein, auf deren Grundlage ein wohnliches und Dauer verheißendes Staatsgebäude sich aufführen ließe? Daß diese Frage viel leichter gestellt, als beantwortet sei, lehren unsere zahlreichen Konstituirungsversuche, deren jüngster, aber nicht letzter, die Verfassung vom 21. Dezember ist.

Den Erklärungsgrund für das Mißlingen all' dieser Experimente suchen die Einen in der Unfähigkeit unserer Staatsbildner, die Anderen in der Unbildsamkeit des österreichischen Staatsstoffes, und nur die Wenigsten dort, wo er zu finden, in der Neuheit dieser Experimente. Die österreichische Monarchie ist das erste Nationalitätenreich, welches in einen Repräsentativstaat nach modernen Begriffen umgestaltet wurde. Bei seiner Konstituirung fehlte somit das Vorbild eines großen verwandten Gemeinwesens, und geriethen unsere Staatsmänner um so leichter auf Irrwege, als ihnen auch die Wissenschaft nicht den Ariadnefaden bot, der aus dem staatsrechtlichen und nationalen Labyrinthe den rettenden Ausweg hätte zeigen können; denn der Staat im Allgemeinen und der Repräsentativstaat insbesondere waren wohl häufig Gegenstand theoretischer Untersuchung; über den konstitutionellen Nationalitätenstaat jedoch finden wir kaum hie und da zerstreute Bemerkungen, da eine geläuterte Theorie nur das Ergebniß einer langen Erfahrung ist*).

---

*) Der berühmte französische Mathematiker und Philosoph Comte, der Begründer des Positivismus, welcher den von Politikern und Historikern häufig übersehenen innigen Zusammenhang zwischen Natur-, Volks-, und Staatsleben mit großem Ernste erforschte, bespricht in seinen Werken mehr die Einwirkung des Bodens, der klimatischen und sonstigen physikalischen Verhältnisse auf die Entwicklung und Vervollkommnung der Nationalitäten, als den Einfluß dieser auf die Einrichtungen des Staates.

So dürftig die wissenschaftliche Ausbeute, so reich ist der Lehrstoff, den die politischen Wandlungen Oesterreichs während der letzten zwei Decennien aufgehäuft. Die Fülle dieses Materials benützend und die Resultate eigenen Nachdenkens mit den Forschungs-Ergebnissen Anderer zusammenfassend, werde ich nun an die Erörterung der österreichischen Verfassungsfrage gehen.

Um einen Leitfaden für die praktische Lösung derselben zu gewinnen, schicke ich hier einige **theoretische** Bemerkungen über den **Nationalitätenstaat** voraus, und zwar, da diese Schrift kein Lehrbuch, sondern eine Studie ist, nur als flüchtige Skizze und mehr in aphoristischer Aneinanderreihung, als in systematischem Zusammenhange.

Der **Nationalstaat** ist eine **Volks-Familie**, der **Nationalitätenstaat** ist ein **Völker-Verein**. Alle Bewohner eines Nationalstaates sind geeint durch die physischen Bande des Blutes, durch das geistige Band der Sprache, sowie durch die Gemeinsamkeit der Geschicke, des literarischen, wie militärischen Ruhms. Tausend Seelenbeziehungen knüpfen alle Staatsbürger aneinander; der großen Volksfamilie bringt jeder Einzelne gern ein Opfer an Rechten; denn die Macht und der Glanz des Staates werfen ihren vollen Reflex auf das Haupt eines Jeden. Dort ist **Einheit in der Gesinnung**, Ein-

---

Vollgraff's von riesigem Fleiße, erstaunlicher Gelehrsamkeit und ungewöhnlichem Scharfsinne zeugendes Werk: „**Staats- und Rechtsphilosophie auf Grundlage einer wissenschaftlichen Menschen- und Völkerkunde**", ist eine wahre Fundgrube belehrenden und anregenden Stoffes. Der Verfasser schwächte aber die wissenschaftliche und praktische Bedeutung seines groß angelegten Buches dadurch ab, daß er, anstatt sein System auf den Thatsachen aufzubauen, letztere gewaltsam in ein Schema hineinzwängte.

Das Kapitel: „**Nationalität in ihrem Zusammenhange mit Repräsentativ-Regierung**" in John Stuart Mill's „**Betrachtungen über Repräsentativ-Verfassung**" („On representative government") zählt zu den minder bedeutenden dieses tief gedachten Werkes. Beim Niederschreiben einzelner Stellen schwebte dem Autor offenbar das Bild Oesterreichs vor Augen, aber Oesterreichs, wie es ist, nicht wie es sein sollte und sein könnte.

Die Dissertation des Belgiers Leon van der Kendere: „De la race et de sa part d'influence dans les diverses manifestations de l'activité des peuples." skizzirt den Einfluß der Race auf die Politik, aber in zu vagen Umrissen, um für uns Bedeutung zu haben. Doch findet sich in dieser Abhandlung ein höchst bemerkenswerther Passus, auf den ich später zurückkommen werde.

Eötvös' Schrift: „**Die Nationalitätenfrage**" enthält eine Fülle der geistreichsten und feinsten Bemerkungen, ist aber großentheils im Hinblick auf ungarische Zustände geschrieben, und hat somit für die westliche Reichshälfte nur sekundäres Interesse.

Die für unsere Zwecke bedeutsamste Arbeit ist unzweifelhaft die gediegene Monographie Robert Mohl's: „**Die Nationalitätsfrage**" (in seinem Werke: Politik, Monographien, Erster Band), in welcher der berühmte deutsche Staatsrechtslehrer einen verständnißvollen Blick auf Oesterreich wirft und Ideen entwickelt, die als das Ergebniß einer streng wissenschaftlichen Analyse von nicht zu unterschätzendem Werthe sind. Es wird sich später Gelegenheit bieten, die bedeutsamste Stelle dieser Monographie ihrem Wortlaute nach mitzutheilen.

heit in den nationalen Tendenzen, dort ist der **Einheitsstaat** von selbst gegeben.

Wie anders ist dieß in einem **Länder- und Nationalitätenkomplexe**. Da gibt es keine tiefen psychischen Beziehungen, keine Verwandtschaft des Blutes, kein die Gesammtheit elektrisch durchströmendes Fluidum der Sprache, keine Gemeinsamkeit des militärischen und literarischen Ruhmes. Welcher innige Seelenzusammenhang kann zwischen Ruthenen und Welschtirolern, zwischen Deutschen und Rumänen stattfinden? Welche Befriedigung kann der Dichterruhm **Petöfy's** dem Deutschen, und die Weltbedeutung **Goethe's** dem Magyaren gewähren? Welcher Bruchtheil österreichischer Waffen-Ehre entfällt auf jede einzelne Nationalität? Kein innerer Zusammenhang, keine gegenseitige Anziehung gleichartiger Volkselemente hält einen solchen Staat zusammen. Nur die Gemeinschaft der Interessen ist das Bindemittel so heterogener Bestandtheile. Hier gibt es kein **einheitliches Volk**, sondern nur einen **Völkerverein**; und wie **Individuen**, wenn sie in einen **Privatverein** treten, demselben nur so viel von ihren Rechten cediren, als der Zweck erheischt, den sie in und mit ihm verfolgen, und nicht um eines Haares Breite mehr, so wollen auch **Völker verschiedenen Stammes und verschiedener Sprache**, wenn sie sich dauernd aneinanderschließen, dem **staatlichen Vereine** von ihren Rechten nur so viel abtreten, als erforderlich ist, um die gemeinsam angestrebten Ziele sicherer und ungefährdeter zu erreichen. Die Pflege jener politischen und nationalen Interessen, welche jedes von ihnen selbstständig zu wahren vermag, werden sie ohne Zwang nie und nimmer in fremde Hände legen.

Im **Nationalstaate** ist das Interesse der Bevölkerung an dessen Bestande ein **unbedingtes**, da **Staat und Nation Eins** sind. Wie heftig auch der Kampf zwischen Partei und Partei, zwischen Volk und Regierung entbrennen möge, ein Konflikt zwischen Staat und Nation liegt außer dem Bereiche der Möglichkeit; denn die Nation kann eben so wenig staatsfeindlich, als der Staat antinational sein.

An der Aufrechterhaltung des **Nationalitätenstaates** hingegen haben dessen Völker nur ein **bedingtes** Interesse, denn **Staat und Nation** sind daselbst nicht identisch, und zwischen ihren Bestrebungen sind Kollisionen möglich, welche einen Theil der Völker vor die Alternative stellen, entweder sich selbst, oder den Staat zu opfern. Unzweckmäßige Institutionen und falsche Regierungs-Maximen sind daher geeignet, nicht blos die Volkswohlfahrt, oder den Bestand der Regierung, sondern auch die Existenz des **Staates** zu bedrohen.

Ein konstitutionell regierter **Nationalitätenstaat, welcher mehrere selbstbewußte, an Zahl und Bedeutung einander nahekommende Völker in sich schließt** *), muß somit, wenn er

---

*) **Anmerkung.** So oft in dieser Schrift der Nationalitätenstaat schlechtweg genannt wird, ist es der hier spezialisirte, welcher dabei in Betracht kommt. Im Nationalitätenstaate, dessen eine Nationalität der anderen, oder den anderen an Zahl und Macht weit überlegen ist, tritt leider die Gewalt an die Stelle des Rechts, wie beispielsweise in Rußland, Preußen ꝛc.

in den wechselnden Strömungen des öffentlichen Lebens seinen Bestand
so ungefährdet erhalten will, wie der Nationalstaat, jeden Konflikt
mit den nationalen Lebensinteressen seiner Völker vermeiden und sich
Institutionen geben, unter deren Schutz das Eigenleben der Nationali=
täten inmitten der Wandlungen der politischen Parteien ungefährdet
bleibt; denn in nationalen Fragen ist das Bewußtsein vor
Antastung durch Majoritätsbeschlüsse so sicher zu stellen, wie in reli=
giösen das Gewissen.

Diese Sicherstellung ist im zentralisirten Staate
nicht möglich, denn die ganze Gesetzgebung und Verwaltung liegt
daselbst in den Händen der parlamentarischen Majorität und der aus
ihrer Mitte hervorgehenden Regierung. Eine durch die Verfassung be=
günstigte Nationalität, oder eine Koalition von Nationalitäten vermag
somit als parlamentarische Mehrheit der Verwaltung, der inneren und
äußeren Politik, kurz dem ganzen Staatsleben ihr nationales Gepräge
aufzudrücken. Der Staat wird auf diese Weise zur nationalen
Partei, und als solche ist er dem Hasse und den Anfeindungen aller
in der Minorität befindlichen Nationalitäten ausgesetzt, welche ihn be=
drohen, weil sie sich durch ihn bedroht fühlen. Kann nun ein Staat,
dessen Existenz stets eine Parteifrage ist, im Inneren
erstarken und nach Außen hin eine imponirende Stellung
gewinnen?

Daß eine nationale Minorität sich, gleich einer politischen
in wichtigen Fragen ohne Zwang der Majorität unterordne, ist nicht
zu erwarten; denn zwischen der politischen und der nationalen Partei
waltet ein großer Unterschied ob. Die politische Partei vertheidigt
Ideen oder Interessen, die, wenn auch heute unberücksichtigt, viel=
leicht schon morgen beachtet werden. Sie kann somit unterliegen, ohne unter=
zugehen. Die nationale Partei hingegen vertritt eine nationale
Existenz, und diese kann nicht gedeihen, wenn sie fortwährend bedroht,
und kaum je wieder erblühen, wenn sie einmal verkümmert ist.

Aus diesem Grunde sind die parlamentarischen Racenkämpfe ganz
so fanatisch und wild, wie die mit der Waffe in der Hand; denn sie
sind Kämpfe um's Dasein, und die Auflehnung der nationalen Minori=
tät gegen Majorität und Staat ist oft nur ein Akt verzweifelter Nothwehr.

Die Konsolidirung des Nationalitätenstaates erheischt
somit, daß kein Volksstamm sich hintangesetzt, oder gar einem an=
deren untergeordnet fühle; denn nichts ist für ein Volk verletzender,
als Fremdherrschaft, selbst wenn sie die freisinnigsten Institutionen böte,
und kein Wunsch liegt demselben näher, als der nach einer nationalen
Regierung. Es ist daher ein Lebensinteresse des Nationalitätenstaates,
die Gefühle seiner Völker zu schonen, Alles von ihnen ferne zu halten,
was sie an Fremdherrschaft mahnt und ihre Wünsche soweit zu
erfüllen, als seine eigene Sicherheit es ihm gestattet.

Er muß ihnen somit die Garantie bieten, daß eines dem anderen
nicht subordinirt, sondern koordinirt sei, daß sie nicht als Par=
teien gegen, sondern als Verbündete neben- und miteinander gehen:

denn was die Volks-Einheit für den Nationalstaat, das ist die Völker-Einigkeit für den Nationalitätenstaat. Jene ist von selbst gegeben, diese aber wird nur durch Dezentralisation erstrebt, durch Gewährung von Autonomie, bei welcher der Staat umso weiter gehen muß, je mehr seine Völker an Zahl und politischer Bedeutung einander nahe kommen und je kompakter sie beisammenwohnen, ferner je stärker, in Folge einer ruhmvollen Vergangenheit, ihr Nationalgefühl ist, besonders, wenn auch ein lebhaftes Provinzialbewußtsein sich zu ihm gesellt, und schließlich je größer die Anziehung ist, welche die verwandten Volksstämme der Nachbarländer auf sie üben.

Wo alle diese Einwirkungen zusammentreffen, muß ein so reiches Ausmaß von Autonomie stattfinden, daß **jeder Volksstamm in voller Selbstständigkeit** all jene Angelegenheiten sowohl **legislativ als administrativ** ordnet, deren gemeinschaftliche Erledigung nicht durch das gemeinsame Interesse aller Stämme **unbedingt geboten ist***). Die **parlamentarische Gesammt-Vertretung der Völker und die einheitliche Exekutive** haben nur bei der Regelung und Verwaltung jener Angelegenheiten stattzufinden, die keines derselben vereinzelt mit Aussicht auf Erfolg zu ordnen vermag, somit bei der Regelung und Verwaltung alles dessen, was den Staat befähigt, nach außen seine politischen und volkswirthschaftlichen Interessen mit Nachdruck zu wahren und im Inneren jene Autorität zu behaupten, deren er bedarf, um die verfassungsmäßig all' seinen Völkern und Bürgern zustehenden Rechte in kräftiger Weise zu schirmen.

In einem derart konstituirten Nationalitätenstaate fühlen die Völker sich einerseits durch die ihnen gewährte Selbstregierung in ihrem Kulturgange, in ihrer nationalen und sprachlichen Entwicklung so gesichert, als ob jedes derselben ein völlig unabhängiges Gemeinwesen bildete, während sie andererseits in ihrer staatlichen Vereinigung und in der energischen Zusammenfassung der Kräfte Aller, jenen Schutz nach außen erlangen, dessen keines derselben — wenn isolirt — großen Nachbarstaaten gegenüber sich zu erfreuen hätte.

Die **Dezentralisation** des Nationalitätsstaats bewirkt somit den Frieden, und die Befriedigung der Völker im Inneren, die Kraft und die Sicherheit des Staates nach außen, während die **Zentralisation** durch Bürgerzwist zur Unfreiheit führt, und den Staat in seinen internationalen Beziehungen zur Ohnmacht verurtheilt; da er nicht nur auf jene Nationalitäten nicht zählen kann, die mit Groll gegen ihn erfüllt sind, sondern im Momente der Gefahr noch überdieß die Wehrkraft der ihm anhänglichen Völker großentheils zum Niederhalten der Ersteren verwenden muß, wodurch er geschwächt und widerstandsunfähig dem Feinde entgegentritt.

---

*) **Anmerkung.** Wie den Schwierigkeiten zu begegnen sei, welche in der Praxis dadurch entstehen, daß die Sprach- und Territorial-Grenzen nicht zusammenfallen, wird später auseinandergesetzt werden.

Die hier entwickelte Ansicht vom Nationalitätenstaate ward in vollster Objektivität gewonnen, und daß sie nicht vereinzelt stehe, sondern im Einklange mit den Anschauungen von Männern sei, welche die Nationalitätsfrage wissenschaftlich prüften, möge hier durch zwei Aussprüche konstatirt werden, deren einen ich der bereits Seite 51 besprochenen Monographie Robert Mohl's, somit der wohldurchdachten Arbeit eines Mannes entlehne, welcher auf dem Gebiete der Staatsrechtskunde zu den ersten Autoritäten Deutschlands zählt.

Der Ausspruch lautet:

„Wenn nun entweder die vielen kleineren Stämme sich nicht unter einen gemeinschaftlichen höheren Nenner bringen lassen wollen, oder von der Verschmelzung zwar weniger, aber großer Völkerschaften verschiedener Nationalität nicht die Rede sein kann, weil jede derselben zu bedeutend ist, als daß ihr Aufgehen in einer anderen verlangt werden könnte? Offenbar ist dann die einzige verständige und durchführbare Politik, die Nationalitäten ungestört in ihrer Besonderheit zu lassen, zu dem Ende geographische Abgrenzungen zwischen den verschiedenen Stämmen zu ziehen, und innerhalb jedes Gebietes die betreffende Sprache, Sitte, vielleicht Gesetzgebung, als die einzig berechtigte zu behandeln. — Dieß aber alles ohne Hintergedanken und ohne kleinliche Quälereien, welche im Großen keinen Nutzen schaffen, und doch Mißtrauen und Erbitterung unterhalten. Ohne Zweifel ist ein solches Nebeneinanderbestehen weit entfernt von einem Staatsideale; allein es ist besser, die daraus entstehenden Unvollkommenheiten zu ertragen, als die Gefahr eines großen inneren Mißvergnügens, vielleicht selbst erbitterter Aufstände ganzer Theile des Staates zu laufen."

Den zweiten Ausspruch entnehme ich der gleichfalls Seite 51 erwähnten französischen Schrift des Belgiers van der Kendere, welcher das Ergebniß seiner Studien über den Einfluß der Race auf die Politik in folgenden Worten zusammenfaßt:

„**Die Föderation ist das einzige Rettungsmittel in unserer modernen Gesellschaft, sie verbindet die Einheit mit der Mannigfaltigkeit, sie berücksichtigt gleich sehr die Forderungen der Race, wie die Erfordernisse der Zentralgewalt** und gewährt jedem Theile den ihm verhältnißmäßig gebührenden Einfluß."

Wie aus diesen Mittheilungen ersichtlich, führt die **Analyse des Nationalitätenstaates in abstracto zur Ueberzeugung, daß dessen föderative Gestaltung das unabweisliche Postulat seiner Natur sei.** Selbstverständlich muß die tiefer eingehende Untersuchung des konkreten Nationalitätenstaates zu gleicher Erkenntniß führen. Und in der That erklärten auch scharfblickende Männer, welche, von nationaler Leidenschaft unbeirrt, über die Konstituirung Oesterreichs nachgedacht, den föderativen Aufbau desselben für die unerläßliche Bedingung seines Gedeihens.

Ich werde aus der stattlichen Reihe dieser Männer hier nur diejenigen hervorheben, welche durch bedeutende Leistungen sich ein Anrecht auf Beachtung ihrer Stimmen erworben.

Stimmen über die Konstituirung Oesterreichs.

I.

Unter den vaterländischen Historikern nimmt der Verfasser der „Geschichte Oesterreichs seit dem Wiener Frieden 1809," Anton Springer einen der vordersten Plätze ein. Seine genaue Kenntniß der österreichischen Monarchie und sein richtiges Urtheil über ihre staatliche Mission befähigen ihn, wie Wenige, zur Abgabe eines Votums in der Verfassungsfrage, und als solches ist seine im Jahre 1850 erschienene Brochure: „Oesterreich nach der Revolution" zu betrachten, welche eine ebenso klare, als warme und beredte Vertheidigung des Föderativstaates in sich schließt.

Es ist unmöglich, dieses Plaidoyer seinem ganzen Umfange nach hier wiederzugeben; es wird jedoch für die Zwecke dieser Schrift genügen, einige seiner bedeutsamsten Stellen in Folgendem mitzutheilen:

„In Oesterreich sprechen nicht blos, wie auch sonst überall, politische Gründe gegen die Zentralisation, hier treten überdieß die eigenthümlichen nationalen Verhältnisse gegen dieselbe auf, und diese letzteren sind es, welche das Verlangen nach Dezentralisation in die bestimmte Forderung der Föderation umgestalten. Gäbe es in Oesterreich nur eine einzige Nationalität, wir würden nichtsdestoweniger das Zentralisationssystem verwerfen, weil es dem Prinzipe der Selbstbestimmung zu nahe tritt, den Zweck des modernen Staates, die einzelne Kraft zu schützen und zu ergänzen, ihre freie Entwicklung zu sichern, verfehlt; die Vielheit der Nationalitäten zwingt uns, noch einen Schritt weiter zu gehen und die Einführung des Föderativsystems zu empfehlen." —

„Was verstehen wir aber unter Föderation?"

„Die Anhänger der Föderation sind weit davon entfernt, die Einheit des Staates völlig läugnen zu wollen, sie sperren sich nur gegen die rücksichtslose, absolute Einheit, gegen die unbedingte Einförmigkeit, welche den bestehenden tiefeingreifenden Unterschieden und Gegensätzen unter den österreichischen Völkern Gewalt anthut," . . . . „sie stellen als den obersten Grundsatz der Verfassungslehre in Oesterreich die relative Einheit und die relative Selbstständigkeit auf." — — — —

„Die Getheiltheit Oesterreichs durch Nationalitäten, deren jede ein selbstständiges System von Interessen in sich birgt, ist eine Thatsache, die auch der größte Fanatiker für die Zentralisation nicht abläugnen wird; dieser Getheiltheit muß auch eine Theilung der politischen Gewalten entsprechen, sonst verliert der Staat den Charakter des verkörperten Volkswillens, er muß die Entscheidung besonderer Interessen besonderen Kreisen überlassen, sonst verliert er die Kraft und die Einsicht, den allgemeinen vorzustehen, er muß jeder einzelnen Nationalität einen eigenen freien Spielraum für ihre Entwicklung gönnen, sonst geräth er in Gefahr, daß sie dieselben dann erörtert, wenn die Entscheidung allgemeiner Angelegenheiten drängt und, der Schwierigkeiten und Hindernisse müde, im Verein mit allen anderen gegen ihn sich kehrt." — — —

„Die Nationalität ist nicht Alles im Staate, aber ohne dieselbe, oder wohl gar im Widerspruche mit derselben, ist der Staat nichts. Wenn es nun wahr ist, daß der moderne Staat sich auf die nationale Idee stützt, daß die Nationalität ein unbedingtes Recht hat, als leitende Idee des politischen Lebens sich geltend zu machen, so folgt daraus auf unwiderlegliche Weise die Nothwendigkeit der Föderativverfassung für Oesterreich." ..... „Das Unmittelbarste wäre freilich, jede österreichische Nationalität konstituirte sich auch politisch für sich, oder schlöße sich einem andern stammverwandten Staate an. Das Letztere hält schwer, weil mit Ausnahme des Erzherzogthums Oesterreich jede Provinz eine doppelte Nationalität aufweist, und darum auch in ihren Sympathien fast durchgängig eine entgegengesetzte Richtung einschlägt; das Erstere aber ist unmöglich, weil die nationalen Interessen der einen Provinz immer nach einer andern hinübergreifen, die nationalen Beziehungen in Wahrheit ein Kreuzgewebe bilden. Der Czeche will in Verbindung mit den Ungarslaven bleiben, der Deutsche in Oesterreich den Sachsen in Siebenbürgen, den deutschen Bewohner slavischer Bezirke nicht aufgeben. Die politische Isolirtheit würde den meisten Volksstämmen ihre nationale Entwicklung nicht gewährleisten, im Gegentheil sie stören und hemmen. Eine Naturnothwendigkeit hält sie beisammen, doch woher soll in dieser Verbindung das nationale Prinzip die Garantie seiner Unversehrtheit erhalten? Der österreichische Einheitsstaat, dieß ist nichts anderes als die Herrschaft des einen Stammes über den andern, dieß ist der alte Zustand, wie er vor der Revolution bestanden, ja ärger noch, weil er für das erwachte und aufgefrischte nationale Bewußtsein fühlbarer ist. Offenbar müssen die einzelnen Nationalitäten neben einander gestellt werden, jede für sich einen selbstständigen Schauplatz für ihre Entwicklung besitzen, und wo sie sich berühren, dieß auf neutralem, über die nationalen Wirren erhobenen Boden thun. Haben die Nationalitäten keinen freien, abgesonderten Spielraum für die Erörterung und Förderung ihrer Interessen, so werden sie dieselben auf dem Reichstage verhandeln." — — —

„Was im zentralisirten Staate so schwierig, ja unausführbar ist und zugleich mit dem Makel der Ungerechtigkeit behaftet, ist in der Föderativverfassung mit größter Leichtigkeit zu verwirklichen. Den neutralen Boden, den wir dort vergeblich gesucht, finden wir hier in dem der Debatten über besondere nationale und provinzielle Interessen enthobenen .... Reichstage. Es läßt sich nicht läugnen, daß die verschiedenen Nationalitäten sich gern negativ zu einander verhalten; ihnen die Gelegenheit zur Reibung zu nehmen, ist die erste Pflicht dessen, der Oesterreich erhalten will. Darum überlasse man die Regelung der besonderen Angelegenheiten der einzelnen Provinz, der einzelnen Nationalität auf dem Landtage, man vermeide die Klippe, an welcher jeder zentralisirte Reichstag scheitern würde, die Wiedererweckung des nationalen Hasses, indem man dem Reichstage nur die allgemeinen politischen Reichsangelegenheiten überläßt." — — —

„Im Angesicht der entschiedenen Vorzüge der Föderativverfassung ... muß es uns tief schmerzen, wenn wir unter den Gegnern derselben auch die liberalen Organe der deutschen Bewohner in Oesterreich erblicken. Wir können nicht glauben, der Widerwille gegen die Föderation rühre daher, daß slavische Staatsmänner sie zuerst in Anregung gebracht, wir können aber auch nirgends die Nachtheile erblicken, welche aus der Einführung der Föderativverfassung dem deutschen Elemente in Oesterreich erwüchse. Es ist wahr, sie ist die Grundbedingung für die Entwicklung der slavischen Nationalität. Aber wenn man vor dem Jahre 1848 an der politischen Lebensfähigkeit der Westslaven zweifeln konnte — wir gehörten selbst dazu — seit dieser Zeit ist es nicht mehr erlaubt, und Niemand kann glauben, wenn man ihnen den einen Weg versperrt, so werden sie sich einen andern nicht öffnen. Oder wird der eine Volksstamm dadurch verkürzt, daß der andere sich naturgemäß entwickelt, nachdem man doch schon einmal diese Entwicklung nicht mehr hindern kann, und wird die Wendung, welche die orientalische Frage durch die größere Selbstthätigkeit der West- und Südslaven nehmen muß, nicht auch auf das deutsche Element in Oesterreich wohlthätig zurückwirken? Auf der anderen Seite wird dadurch die Annäherung an das übrige Deutschland mehr erschwert, als im zentralisirten Oesterreich?"

„Im Gegentheile steht zu hoffen, daß der Anschluß, da er nicht mehr eine Prinzipienfrage bilden, sondern immer nur einzelne, bestimmte Interessen betreffen wird, umfassender sein wird, als er es bei der letzten Anregung gewesen; in den deutsch-österreichischen Ländern ist aber die Unversehrtheit der Nationalität durch die Föderativverfassung ebenso fest gewährleistet, als in allen übrigen Provinzen. Man wendet aber ein, daß im föderativen Oesterreich das deutsche Element aufhören wird, das Regierungselement zu sein, und namentlich die deutsche Sprache eine starke Einbuße erleiden muß. Das Erstere muß man zugeben, aber ist denn der Verlust so groß, wenn slavische Beamte die deutsche Sprache nicht mehr radebrechen, wenn doch dafür eine der wichtigsten Ursachen des Hasses, welcher das deutsche Element in vielen Theilen Oesterreichs getroffen, gehoben wird? Was reell am Deutschthume ist, wird nicht untergehen, die deutsche Sprache aus Oesterreich nicht schwinden, auch wenn die übrigen Idiome emanzipirt werden. Die Slaven, Magyaren haben ohnedieß nicht das Deutsche gelernt, um es in Protokollen und Gerichtseingaben zu mißhandeln; was sie dazu trieb und noch ferner bewegen wird, war der Reichthum, die Tiefe des deutschen Geistes, waren die Schätze der deutschen Literatur: diese aber werden durch die Föderativverfassung nicht geschmälert. Wir verzagen nicht, da die richtige Ueberzeugung sich auch nach dieser Seite geltend machen wird, denn wir wiederholen noch einmal, daß die Föderativverfassung schlecht und unbrauchbar ist, wenn sie auch nur ein einziges Recht verkürzt, ein einziges gerechtfertigtes Interesse verletzt."

II.

Der ebenso als politischer Schriftsteller, wie als Staatsmann hervorragende Baron Josef Eötvös stellte in seiner 1859 erschienenen und rasch berühmt gewordenen Schrift: „**Die Garantie der Macht und Einheit Oesterreichs**" das folgende föderalistische Programm auf:

1. „Jener Einfluß, der dem Monarchen auf die Gesetzgebung konstitutioneller Staaten zukommt, ist in der österreichischen Monarchie ein Attribut des Kaisers. Demselben steht daher sowohl in Hinsicht der Gesetzgebung des Gesammtstaates, als jener der einzelnen Kronländer das ausschließliche Recht zu, dieselben zu berufen und aufzulösen, einzelne Gesetze vorzuschlagen und jedes Gesetz zu sanktioniren oder zu verwerfen. Ebenso steht auch die vollziehende Gewalt ausschließlich dem Kaiser zu, der sie im Gesammtstaat durch verantwortliche Minister, in den einzelnen Kronländern durch Staatssekretäre — denn so könnten die an der Spitze der Verwaltung der einzelnen Kronländer stehenden Beamten genannt werden — ausüben läßt und alle Organe der vollziehenden Gewalt zu ernennen hat."

2. „Die Leitung all' jener Angelegenheiten, welche dem ganzen Staate gemeinsam sind, mithin die Leitung all' desjenigen, was sich auf die Kriegsmacht, die Finanzen des Gesammtstaates, die auswärtigen Angelegenheiten und den Handel bezieht, ist besonderen Ministern übertragen, die sich der in den einzelnen Kronländern bestehenden Behörden und Korporationen bedienen können, aber nur dem Kaiser und dem Reichstage des Gesammtstaates verantwortlich sind."

3. „Die Leitung aller Angelegenheiten der einzelnen Kronländer, mithin die Leitung desjenigen, was in den Rayon des Ministeriums des Innern gehört, die Leitung der Justiz, des öffentlichen Unterrichts und Kirchenwesens, der öffentlichen Arbeiten und Finanzen des Kronlandes, ist in jedem Kronlande einer besonderen Landesregierung übertragen, welche aus einem Kanzler und für die einzelnen Zweige der Verwaltung aus Staatssekretären besteht. Die Kanzler der einzelnen Kronländer nehmen als Staatsminister zugleich an der Regierung des Gesammtstaates Theil. Sie haben die Interessen ihres besondern Kronlandes bei der Regierung und Gesetzgebung des Gesammtstaates und die Interessen des Reiches im einzelnen Kronlande zu vertreten."

4. „Die Grenzen der einzelnen Kronländer sind die durch die Geschichte bestimmten. Da es übrigens wünschenswerth ist, daß die Zahl derselben nicht zu sehr vermehrt und das Mißverhältniß, welches zwischen einzelnen Kronländern in Hinsicht der Größe besteht, möglichst ausgeglichen werde, so können Provinzen, welche ihrer Geschichte nach als integrirende Theile einer Krone zu betrachten sind (wie z. B. Böhmen, Mähren, Schlesien), vereinigt werden; auch steht es den einzelnen kleineren Kronländern zu, sich mit anderen zu vereinigen."

III.

Auch der Vize-Präsident der deutschen Nationalversammlung, Viktor Freiherr v. Andrian, ein politischer Schriftsteller, welcher durch sein im Jahre 1841 erschienenes Buch: „Oesterreich und dessen Zukunft" der öffentlichen Meinung einen mächtigen Impuls gab, und dem an Voraussicht und Objektivität Wenige unserer Publizisten gleichen, entwirft in seiner 1850 veröffentlichten Broschüre: „Zentralisation und Dezentralisation in Oesterreich" das folgende, der föderalen Idee sehr nahe kommende Programm:

„Als leitendes Prinzip erscheint mir der Satz: daß die Regierung von der Zentralgewalt ausgehen, die gesammte Administration hingegen den Statthaltern der einzelnen Kronländer, in Verbindung mit den Landtagen, überlassen werden soll."

„Das erste Korollarium dieses Grundsatzes ist: die Verantwortlichkeit der Statthalter den Landtagen gegenüber in allen administrativen und Landesangelegenheiten — eine Stellung, welche ihre gleichzeitige Verantwortlichkeit (d. i. Absetzbarkeit) dem Ministerium gegenüber nicht aufhebt."

„Die Verantwortlichkeit des Statthalters dem Landtage gegenüber ist strenge auf Landesangelegenheiten beschränkt."

„Im Allgemeinen hätte der Statthalter die Administration und exekutive Gewalt in allen Gegenständen, welche in legislativer Beziehung und behufs der Geldbewilligung vor den Landtag gehören. Man könnte ihm, mit etwaiger Ausnahme einiger besonders bedeutender Stellen — etwa der Statthaltereiräthe und Kreispräsidenten — die Ernennung sämmtlicher Administrativ-Beamten des Kronlandes überlassen; ebenso die Einhebung, Verwendung und Verrechnung der Landeseinnahmen und die Ernennung der betreffenden Beamten, in so fern, wie später erörtert werden wird, eine durchgängige qualitative Scheidung zwischen Reichs- und Landessteuern angenommen würde." — — —

„Alle Angelegenheiten, welche ausschließlich das Kronland betreffen, wären, in so ferne sie administrativer Natur sind, in letzter Instanz von dem Statthalter zu entscheiden. Hierzu würden vor Allem gehören:

a) Die Gemeindeangelegenheiten ohne Ausnahme.
b) Die Schulangelegenheiten, das Volksschulwesen und die Bildungsanstalten, mit Ausnahme der Universitäten und der speziell zu bezeichnenden höheren Bildungsanstalten, welche aus besonderen Rücksichten als Reichsanstalten erklärt würden.
c) Die speziellen Angelegenheiten des Kultus (mit Ausnahme der Dotationen der Bischöfe und Seminarien), als da sind: Ernennung und Dotation der Kurat-Geistlichen, wo nicht Stiftungen oder Patronatsrechte im Wege stehen, die Verwendung der für Kultus vom Landtage bewilligten Auslagen, die Kongrua- und Patronatsfragen, das Kirchen- und Pfründnervermögen u. s. w.
d) Das Sanitätswesen im Kronlande.
e) Die Landespolizei, überhaupt die innere Sicherheit des Landes.

f) Im Allgemeinen Alles, was das spezielle Interesse des Kron=
landes betrifft und nicht durch ein ausdrückliches Gesetz als
Reichsangelegenheit erklärt worden ist." ———

„Das Kronland verkehrt in seinen inneren Landesangelegenheiten
lediglich mit dem Kaiser und seinem Statthalter, als dem, der Landes=
vertretung verantwortlichen Spezial=Minister für die innere Landesver=
waltung."

„Dagegen ist der Statthalter in Beziehung auf Reichsangelegen=
heiten und überhaupt, wo es sich um die Durchführung von Reichs=
gesetzen handelt, dem Landtage nicht verantwortlich, sondern lediglich
das vollziehende Organ des Ministeriums, dessen Befehle er empfängt
und einholt."

„Die Landtage haben in Reichsangelegenheiten durchaus keine Inge=
renz, dagegen in allen Landesangelegenheiten die vollkommene Autono=
mie (immer innerhalb der durch die Reichsgesetze gezogenen Schranken),
ohne jedoch in die exekutive Gewalt, in die eigentliche Administration,
welche dem Statthalter ungeschmälert bleiben müßte, anders einzugrei=
fen, als dieses überhaupt im Wesen repräsentativer Körperschaften
gelegen ist." ———

„Hinsichtlich des erwähnten, meiner Ansicht nach sehr wesentlichen
Grundsatzes der Nichteinmischung der Landtage in die exekutive Gewalt,
kann ich übrigens die Besorgniß nicht unterdrücken, daß die Bestellung
eines **permanenten Ausschusses**, wie ihn die bisher erschienenen
Landesverfassungen aufstellen, eben zu einer solchen theilweisen Usur=
pation der Exekutive und hiermit, wie die Geschichte aller deutschen
Landstände zeigt, zu einer Bureaukratisirung und allmäligen
Abschwächung der Provinzialvertretung führen dürfte. **Ich wäre
daher gegen einen permanenten Ausschuß.**" ———

„Alles, was nicht seiner Natur nach zentralisirt, oder aus höheren
politischen Rücksichten als Reichssache behandelt werden muß, bleibt der
Landesgewalt überlassen — daher diese die Regel, jene die Ausnahme
bilden. Als integrirende Theile der Landesgewalt betrachte ich die
**Landeslegislation (den Landtag), das Landesbudget und die
vollziehende Landesgewalt (die Statthalterei)**, und unterscheide
sie scharf von der Reichslegislatur, dem Reichsbudget und
der Reichsgewalt." ———

„Die Kompetenz der Landtage in legislativer, der Statthalter und
der ihm untergeordneten Organe in administrativer und exekutiver Hin=
sicht würde demnach umfassen:

1. Die Kosten der gesammten administrativen Verwaltung des
Kronlandes. —

2. Das Sanitätswesen.

3. Die Landespolizei.

4. Die Konskription.

5. Das gesammte Armenwesen.

6. Das gesammte Schulwesen, ausschließlich der Universitäten,
Akademien und aller eigens als Reichsanstalten erklärten Institute.

7. Sämmtliche Ausgaben für den Kultus, mit alleiniger Ausnahme der Dotationen der Bischöfe und Seminarien.

8. Die Kosten für Erhaltung der Strafhäuser, Arrest- und Gerichtsgebäude.

9. Das Forstwesen.

10. Den Ackerbau und die Landeskultur.

11. Den Bau und die Erhaltung der Provinzstraßen.

12. Die Erhaltung der Reichsstraßen. Es versteht sich übrigens von selbst, daß die technische Oberaufsicht und Kontrole von den Zentralbaubehörden, welche überall Reichsbeamte zu sein hätten, geübt werde.

13. Alle Wasserbauten, mit Ausnahme jener am Meere und an schiffbaren Flüssen, welche überall Reichssache sind.

14. Die Vorspannskosten, Einquartierungs-Ausgleichungen, überhaupt die Naturalleistungen an das Militär, die vom Landtage normirt und vom Landesbudget getragen werden müßten.

15. Die Sparkassen, Leihanstalten, Hypothekenbanken, überhaupt die Landeskreditanstalten, insofern sie kein Papiergeld emittiren.

16. Das Gemeindewesen ohne alle Beschränkung.

17. Das Gewerbewesen, innerhalb der Schranken eines vom Reichstage zu erlassenden allgemeinen Gewerbegesetzes.

18. Ueberhaupt Alles, was die speziellen Interessen des Kronlandes betrifft, und nicht durch ein Gesetz als Reichssache erklärt worden ist."

„In größeren Kronländern, namentlich dort, wo verschiedene Nationalitäten neben einander wohnen, sind die Befugnisse der Kreistage (und konsequent die der Kreispräsidien) entsprechend zu erweitern, daher denselben manche Befugnisse zu übertragen, welche in anderen Kronländern den Landtagen zustehen."

„Den Landtagen steht das Recht der Vorstellung zu. Ja es dürfte sogar gerathen sein, den Landtagen in gewissen besonders wichtigen Fällen, wenn sich eine an Stimmeneinhelligkeit grenzende Majorität derselben (z. B. ³/₄ des vollzähligen Landtages) dahin vereinigte, ein aufschiebendes Veto gegen Reichstagsbeschlüsse zuzugestehen, welches zur Folge hätte, daß die betreffende Angelegenheit einer abermaligen Beschlußfassung des Reichstages unterzogen werden müßte, zu welcher der Landtag eine bestimmte Zahl seiner Mitglieder als Sachwalter des Kronlandes (natürlich ohne Stimmrecht) abzusenden hätte." — — *).

„**Die Zentralisation ist in Oesterreich antihistorisch, revolutionär; sie wird, wenn sie gelingen sollte, nicht einen österreichischen Patriotismus, wohl aber einen allgemeinen politischen Indifferentismus erzeugen, wobei Jeder sich gewöhnen wird, den Staat als etwas Fremdes, ihm**

---

*) Anmerkung. Die Kompetenz der Zentralgewalt ergibt sich aus dem bisher Mitgetheilten; um Raum zu ersparen, unterlasse ich daher die Aufzählung dessen, was Andrian ihr zuweist.

ferne Stehendes zu betrachten; im Falle ihres Mißlingens aber wird der Versuch den Staat zersprengen."

IV.

Schließlich ist als Anwalt des österreichischen Bundesstaates ein Mann hervorzuheben, den wohl die Wenigsten unserer Leser in den Reihen der Föderalisten suchen, und dieser Mann ist kein geringerer, als — — Dr. Mühlfeld, welcher im Jahre 1849, gemeinschaftlich mit seinem Freunde Dr. Egger *), einen bis in die kleinsten Details ausgeführten Entwurf einer österreichischen Verfassung publizirte, dessen Einleitung folgende Sätze enthält:

„Der hiermit der Oeffentlichkeit übergebene Entwurf einer Verfassungsurkunde für den österreichischen Kaiserstaat ruht auf der Grundlage der Vereinigung der einzelnen Länder desselben zu einem Gesammtstaate, unter welchem diese als Theilstaaten bestehen, eine Grundlage, die, unserer Ueberzeugung gemäß, Oesterreichs Fortbestand nach dem Falle der Herrschaft des Absolutismus und mit dem Eintritte des Systems der konstitutionellen Freiheit unumgänglich fordert." — —

„Die leitenden Staatsprinzipien nach dem Verfassungs-Entwurfe sind: Die Autonomie der einzelnen Länder, welche, soweit es nur immer die Einheit und Macht des Ganzen zuläßt, aufrecht erhalten wurde, und die Gleichberechtigung aller Völkerschaften, welche, der Schwierigkeiten ungeachtet, überall durchgeführt werden muß."

„Um der Einheit und Macht willen wurden dem Gesammtstaate die Vertretung nach Außen, so wie das Militärwesen und die Finanzen, als die unumgänglichen Mittel einer starken und kräftigen Staatsregierung ausschließlich überwiesen. Mit Hinblick auf die weiten Kreise, in denen Handel und Fabrikation, wie der Verkehr im Großen mit seinen Anstalten und Mitteln ihrer Natur nach wirksam sind, und die Allgemeinheit der Vortheile, die sie damit gewähren, geschah das Gleiche mit ihnen um so mehr, als sie im engsten Zusammenhange mit den Finanzen stehen." — — — — **)

Von den 230 Paragraphen des Entwurfes seien hier nur die folgenden, als die bezeichnendsten, mitgetheilt:

„§. 7. Der Gesammtstaat führt den Namen: „der Kaiserstaat der vereinigten Länder von Oesterreich."

„§. 21. Der Kongreß besteht aus dem Senate und dem Repräsentantenhause."

„§. 22. Der Senat wird gebildet aus den Vertretern der einzelnen Länder."

---

*) In der bereits Seite 16 angeführten Schrift.
**) Daß sie dem Gesammtstaate in ihrer Schrift noch weitere Befugnisse einräumten, geschah — wie die Verfasser erklärten — aus Rücksicht für die öffentliche Wohlfahrt.

„§. 27. Das Repräsentantenhaus besteht aus den Abgeordneten der Gesammtheit der Staatsbürger (Volk)."

„§. 112. In den einzelnen Ländern, wo verschiedene Völkerschaften bestehen, ist die Landeseintheilung, so weit es möglich, dergestalt zu ordnen, daß Gemeinden, wie Bezirke für Verwaltung, Kirche, Schule und Gericht nur aus Angehörigen derselben Völkerschaft gebildet werden."

„§. 113. Insoferne dieses nicht möglich, und Gemeinden, oder Bezirke der gedachten Art aus Angehörigen verschiedener Völkerschaften bestehen, muß auf gleiche Weise den Bedürfnissen der einen, wie der anderen entsprochen werden."

„§. 205. Die einzelnen Länder des österreichischen Kaiserstaates haben alle **staatlichen Rechte und Befugnisse**, soweit sie nicht dem Gesammtstaate verfassungsmäßig übertragen sind."

„Sie üben innerhalb der Grenzen der Staatsverfassung für sich die **gesetzgebende und richterliche Gewalt**, sowie jene der **Vollziehung und Aufsicht**."

„§. 206. Jedes einzelne Land muß eine Landesverfassung haben."

„§. 207. Es bleibt den einzelnen Ländern überlassen, mit Zustimmung des Kaisers, als Landesoberhaupt, sich ihre Landesverfassung zu geben, und sie wieder im verfassungsmäßigen Wege abzuändern."

„§. 208. Jede Landesverfassung muß gewähren:

1. eine Volksvertretung mit entscheidender Stimme bei der Landesgesetzgebung, bei der Besteuerung des Landes durch Landesauflagen (§. 127) und bei der Regelung seines staatlichen Haushaltes (Landeshaushalt);

2. dem Kaiser, als Landesoberhaupt, die Sanktion der Landesgesetze und die vollziehende Gewalt, mit der Aufsicht im vollen Umfange;

3. die Ausübung der Regierungshandlungen durch **verantwortliche Landesminister**."

Mit Ausnahme Eötvös', der citirt wurde, weil der Ausspruch eines so ernsten politischen Denkers wissenschaftliche Bedeutung hat, sind es nur **Deutsche**, deren schwerwiegendes Urtheil ich in die Wagschale der Entscheidung legte. Den Kundgebungen slavischer Notabilitäten gleichfalls Raum zu geben, unterließ ich, wie sehr auch ihre Bedeutsamkeit hiezu den Anlaß bot. Es ward in letzter Zeit so sehr üblich, jeden föderalistisch-gesinnten Deutschen als einen Verräther an der nationalen Sache zu bezeichnen, daß ich es vorzog, mich nur auf die Autorität von Männern zu berufen, welche stets in den Vorderreihen der Unserigen standen. Wenn nun diese **deutschen Männer**, welche den Werth staatlicher Einrichtungen von den verschiedensten Gesichtspunkten aus zu beurtheilen vermochten, sich mit Entschiedenheit und Wärme für die Föderation erklärten, so thaten sie dies unzweifelhaft aus tiefer politischer Ueberzeugung und mit klarem nationalen Bewußtsein, und es ziemte sich wohl auch heute die Verfassungsfrage mit kühlerem Blute zu erörtern und nicht ohne ernste und unbefangene Würdigung der in Oesterreich gegebenen Verhältnisse, das Anathema über den Föderativstaat auszusprechen und diesen als ein staatsrechtliches Mißgebilde hinzustellen, welches ebenso sehr aus politischen, wie aus nationalen Motiven zu perhorresciren sei.

Es wird sich später Gelegenheit bieten, die deutsch-nationalen Bedenken gegen den österreichischen Bundesstaat kritisch zu beleuchten; vorerst sei zur wissenschaftlichen Bekämpfung der gegen den Föderativstaat vom **politischen** Standpunkte aus vorgebrachten Argumente hier ein Ausspruch **Montesquieu's** angeführt, und zu ihrer Widerlegung durch die Thatsache dem Leser das Bild eines **Föderativstaats** vor Augen gestellt, eines **Föderativstaats** in seinem **vollen, lebendigen Wirken.**

Montesquieu über den Föderativ-Staat.

Weder in der älteren noch in der neueren politischen Literatur begegnen wir einem Schriftsteller, der an umfassender Kenntniß des Staatenlebens und an scharfsinniger Beurtheilung desselben **Montesquieu** überragte. Und dieser große Autor bemerkt in seinem Werke: „De l'esprit des lois"*) Folgendes über den Föderativ-Staat:

„Ist eine Republik klein, so wird sie von einer auswärtigen Macht zerstört; ist sie groß, so geht sie durch innere Fehler zu Grunde."

„Dieses doppelte Uebel steckt sowohl Demokratien als Aristokratien an, mögen sie nun gut, oder schlecht sein; denn es liegt in der Sache selbst, keine Form vermag ihm abzuhelfen."

„Die Menschen würden somit, allem Anscheine nach, endlich genöthigt worden sein, immer unter der Regierung eines Einzigen zu leben, hätten sie nicht eine Art Verfassung ersonnen, welche alle inneren Vortheile der Republik mit der äußeren Macht der Monarchie verbindet. Ich meine die **Föderativrepublik.**"

„Diese Regierungsform ist ein Uebereinkommen, durch welches mehrere Staaten darein willigen, Theile eines größeren Staats zu sein, den sie zusammen ausmachen wollen. Diese Republik ist eine Gesellschaft von Gesellschaften, die eine neue bilden, welche sich vergrößern kann, wenn neue Genossen sich mit ihr vereinen."

„Solche Verbindungen bewirkten, daß Griechenland in seiner Gesammtheit sich so lange im blühenden Zustande befand. Durch sie griffen die Römer die Welt an und durch sie allein vertheidigte die Welt sich gegen sie; und als Rom zum Gipfel seiner Größe gelangt war, vermochten die Barbaren nur durch Bundsgenossenschaften jenseits der Donau und des Rheins, — Bundsgenossenschaften, welche der Schrecken gebildet hatte — sich ihm entgegenzustellen." — — —

„Diese Art Republik, welche im Stande ist, der auswärtigen Ge-

---

*) Livre IX. chapitre I mit der Aufschrift: Comment les Républiques pourvoient à leur sûreté.

walt Widerstand zu leisten, kann ihre Größe behaupten, ohne im Innern auszuarten; die Form dieser Gesellschaft beugt allen Nachtheilen vor."

„Maßte sich Jemand ungesetzmäßige Macht an, so würde er schwerlich in allen verbündeten Staaten gleichen Vorschub finden. Machte er sich in dem einen zu mächtig, so würde er alle anderen gegen sich aufregen; unterjochte er einen Theil, so könnte der, welcher noch frei wäre, sich ihm mit einer Macht widersetzen, die von der usurpirten nicht abhinge, und ihn unterdrücken, bevor er seine Gewalt fest begründet."

„Entsteht Bürgerzwist in einem der verbündeten Staaten, so kann er durch die anderen beigelegt werden. Schleichen sich irgendwo Mißbräuche ein, so werden die gesunden Theile ihnen abhelfen. Der Bundesstaat kann auf der einen Seite zu Grunde gehen, und auf der andern Seite fortdauern; das Bündniß kann aufgelöst werden und die Verbündeten behalten doch ihre äußere Unabhängigkeit."

„Aus kleinen Republiken zusammengesetzt, genießt der Föderativstaat das Glück der guten einheimischen Regierung einer jeden derselben; und durch die Macht der Bundesgenossenschaft besitzt er in Bezug auf die äußeren Verhältnisse alle Vortheile großer Monarchien*)."

So weit Montesquieu, und nichts vermag den Werth dieses Ausspruchs zu erhöhen, als die bestätigende Thatsache, das gewichtige Zeugniß moderner, dem Blicke der Zeitgenossen sich darbietender Föderativstaaten.

Zwei Gemeinwesen sind es, die zunächst den politischen Beschauer fesseln: Die stolze Union jenseits des atlantischen Oceans und die bescheidene Bundesrepublik dicht an der Grenze Oesterreichs. Erstere, an Größe und Volkszahl der österreichischen Monarchie viel näher stehend, als Letztere, bietet ein glänzenderes und bestechenderes Bild föderaler Institutionen dar; dennoch zog ich es vor, die kleine unansehnliche Schweiz dem Leser vor Augen zu stellen, da nicht die Aehnlichkeit der Raum= und Zahlenverhältnisse es ist, welche einen Schluß von den Einrichtungen des Einen Landes auf die des Andern gestattet, sondern die innere Verwandtschaft, die Uebereinstimmung der staatlichen Wesenheit, wie sie in hohem Grade zwischen der Schweiz und Oesterreich, aber nur in sehr geringem Maße zwischen diesem und Amerika besteht. Ueberdieß offenbart sich in der kleinen Nachbarrepublik der innige Zusammenhang zwischen den Einrichtungen und dem Gedeihen

---

*) Montesquieu spricht hier allerdings nur von der Föderativ-Republik; ich werde jedoch später nachweisen, daß der Föderativstaat mit monarchischer Spitze (der monarchische Bundesstaat) die Vortheile der Bundesrepublik mit größerer Sicherheit im Inneren verbindet. Wenn Montesquieu in einem späteren Kapitel die Föderativ-Monarchie für schwächer als die Föderativ-Republik erklärt, so hat er dabei die Föderation mehrerer monarchischer Staaten im Auge, wie dieß aus seinem Hinweis auf das deutsche Reich hervorgeht. Ein derartiger Staatenbund ist durch das Gelüste der einzelnen Bundesfürsten nach unbeschränkter Souveränität allerdings zur Schwerfälligkeit und Ohnmacht verurtheilt.

des Staates viel augenscheinlicher, als in der Union, welche ihr unvergleichlich rasches Emporblühen zum großen Theile der beispiellosen Gunst der Umstände verdankt, während die vom Glücke nicht verwöhnte Schweiz uns das ungleich belehrendere und erhebendere Beispiel dessen bietet, was, trotz der Ungunst der Verhältnisse, ein wackeres Völklein zu erstreben vermag, dessen Erzieherin die Autonomie war.

Die Schweiz.

Dieser kleine Nachbarstaat bietet im engen Rahmen Verhältnisse dar, welche den unserigen analog sind. Er ist ein **republikanisches Oesterreich en miniature, wie Oesterreich eine monarchische Schweiz im Großen ist***).

Man hat bei uns oft, aber flüchtig auf diese Aehnlichkeit hingewiesen, sie möge hier etwas näher beleuchtet werden.

Die Entstehung der Schweiz fällt beinahe mit der Oesterreich's zusammen**). Beide Staaten, die nicht fern von ihrem 600sten Geburtsjahre sind, wuchsen aus Deutschland heraus, um schließlich ihren politischen Schwerpunkt in sich selbst zu finden. Die Geschichte Beider ist nicht die eines Volkes und eines Landes, sondern die Geschichte von Völkern und Ländern, welche im Laufe der Zeiten, theils auf friedlichem Wege, theils durch Eroberung aneinandergefügt wurden und seither, trotz dieser Verbindung, ihr nationales Bewußtsein und ihre territoriale Sonderheit sich zu wahren verstanden.

In so losem staatsrechtlichen Zusammenhange standen durch lange Zeit die Länder und Ländchen beider Staaten, daß sie in Oesterreich nur durch die gemeinsame Dynastie, in der Schweiz nur durch die gemeinsame Idee und die gemeinschaftlichen Interessen vereint blieben. Was einheitlich zu ordnen und zu vollziehen sei, war weder in dem **einen**, noch in dem **anderen** Staate durch bestimmte Gesetze normirt, sondern ergab sich in der Schweiz aus dem jeweiligen Bedürfnisse und der Gewohnheit, in Oesterreich aus den Kronprärogativen des gemeinschaftlichen Monarchen.

Von staatsrechtlichen Wirren blieb die Nachbar-Republik so wenig verschont, als Oesterreich; denn, wie in diesem einzelne Stämme, suchten in **jener** einzelne Landschaften und Orte die Herrschaft über

---

*) Dieser Vergleich ist weder willkürlich, noch neu, sondern in den Thatsachen begründet und wurde schon zur Zeit unseres ancien régime gemacht. Beleg hiefür ist die im Jahre 1848 erschienene Ausgabe des Rotteck-Welcker'schen Staatslexikons, welche im Artikel: „Oesterreich" — der, wie aus seinem Inhalte hervorgeht, vor Ausbruch der 48er Revolution geschrieben wurde — Seite 331 folgenden Passus enthält:

„Oesterreich ist ein monarchischer Bundesstaat im großen Maßstabe, wie im kleinen die gleichfalls mehrere Nationalitäten vereinigende Schweiz ein republikanischer ist."

**) Nur 25 Jahre trennen sie von einander.

5*

die anderen zu gewinnen, so daß es daselbst verbündete, zugewandte und unterthänige Orte gab, von denen die Ersten voll=, die Zweiten theilberechtigt und die Letzten politisch rechtlos waren.

Wie bei uns in der neuen Aera die Deutschen gegenüber den anderen Nationalitäten, so verschafften sich dort in früherer Zeit die Städter gegenüber den Landbewohnern durch Wahl=Gesetze die Majorität in den Volksvertretungen; und ganz so wie bei uns, mußte dort die höhere Bildung dieser Rechtsungleichheit zum Vorwande dienen.

Wie in Oesterreich der Friede nimmer einkehrt, so lange die einer Nationalität eingeräumte Bevorzugung aufrecht erhalten bleibt, so kam auch die Schweiz nicht eher zur Ruhe, als bis jeder Unterschied zwischen den einzelnen Orten, sowie zwischen den Stadt= und Landbewohnern aufgehoben, und überall im Staatsleben das Recht an die Stelle des Vorrechts getreten war.

Auch die Nationalitätskämpfe hatte die Schweiz mit der österreichischen Monarchie gemein, ja selbst eine italienische Frage ward ihr beschieden, und sie verlor zu Ende des vorigen Jahrhunderts ihren lombardischen Besitz, das Veltlin, Chiavenna und Bormio für immer, weil die Graubündner unvernünftige Politik trieben, und den Italienern die Gleichberechtigung verweigerten.

Gleich den österreichischen Kronländern, sind die Schweizer Kantone historisch=politische Individualitäten mit scharf ausgeprägter Physiognomie und lebhaft pulsirendem Eigenleben. Analog unseren Verhältnissen wohnen auch auf dem Boden der Schweiz verschiedene Nationalitäten, Ausläufer mächtiger Nachbarstämme, und sind auch dort die Völkerschaften nicht durch scharfe Grenzmarken gesondert, sondern oft gemengt und ineinandergeschoben im Bereiche eines und desselben Kantons *).

Auch darin sind beide Staaten einander ähnlich, daß die Hegemonie eines Volksstammes mit ihrer Existenz sich für die Dauer nicht vertrüge, da keine ihrer Nationalitäten mächtig genug ist, um nachhaltig dominirenden Einfluß zu üben, da jede derselben eifersüchtig über ihre nationale Würde und ihre sprachliche Entfaltung wacht, und in verwandten Nachbarvölkern eine mächtige Stütze findet.

---

*) So wohnen Deutsche neben Franzosen in den Kantonen Bern, Neuenburg, Wallis und Freiburg. Und zwar verhalten sich die Deutschen zu den Franzosen

ungefähr wie 8 : 1 in Bern,
" " 1 : 8 in Neuenburg,
" " 1 : 3 in Freiburg,
" " 1 : 2 in Wallis.

Im Kanton Graubünden sind drei Nationalitäten angesiedelt: Deutsche, Romanen und Italiener. Die Deutschen und Romanen sind an Zahl einander nahekommend, während die Italiener kaum den sechsten Theil der Bevölkerung bilden.

Wie Oesterreich unter dem Drucke Bach'scher Verwaltung, so ward die Schweiz unter dem Joche französischer Herrschaft auf das schonungsloseste zentralisirt; aber glücklicher als die Monarchie, fand sie im ersten Konsul Bonaparte einen Staatsmann, welcher mit dem Blicke des Genies die begangenen Fehler rasch erkennend, durch die Mediations-Akte (1803) die Föderativ-Verfassung restaurirte*) und dem Lande wieder den inneren Frieden gab.

Der Ungeschicklichkeit der Diplomatie im Jahre 1815 verdankte Oesterreich durch zweckwidrigen Ländererwerb ein stets bedrohtes Gebiet, und die Schweiz, durch die Wiederherstellung einer fast unbeschränkten Kantonal-Souveränität, eine stets bedrohliche Verfassung.

Wie die Sonderstellung Ungarns den österreichischen Staat während der Jahre 1848 und 1849 in einen gefährlichen Bürgerkrieg verwickelte, so stellte der Sonderbund im Jahre 1847 den Bestand der Schweiz in Frage. Der Monarchie gleich, bewältigte die Eidgenossenschaft den Aufstand — jedoch ohne fremde Dazwischenkunft — und ganz so, wie diese, berief sie zu ihrer Rettung aus den inneren Gefahren im Jahre 1848 eine konstituirende Versammlung, allerdings ohne sie auseinander zu sprengen im Momente, wo sie ihre Aufgabe fast gelöst.

Diese konstituirende Versammlung, diese Vertretung von schlichten Bürgern und Bauern, schuf die jetzige, an Maß und Weisheit ihres Gleichen suchende Verfassung der Schweiz, ein Werk von eben so einfacher, als edler und ebenmäßiger Struktur. Sie umwandelte den lockeren Staatenbund in einen reichgegliederten, aber fest geeinigten Bundesstaat, sie faßte die Kräfte aller Bürger und aller Kantone in ein Bündel zusammen, da wo die Konzentrirung derselben zum Schutze und zur Stärkung der Gesammtheit Noth thut, und ließ die Kräfte uneingeengt, wo ihre freie und selbstständige Entfaltung den einzelnen Kantonen, und in diesen der Gesammtheit zu Gute kommt. Sie betrachtete nicht Bund und Kantone, wie wir Reich und Kronländer, als Gegensätze, und glaubte nicht, daß die Gesammtheit in dem Maße schwächer werde, als die Theile sich kräftigen.

Für keine in der Minderzahl befindliche Nationalität wurde dort durch ein Wahlgesetz die Majorität erkünstelt, kein Volksstamm gerirte sich daselbst als Vormund der übrigen, und maß den Brudervölkern Selbstverwaltungsrechte nach seinem Belieben zu. Keinem Zentralparlamente ward das Monopol der hohen Gesetzgebung ertheilt, sondern den Kantonen ward es überlassen, sich Gesetze zu geben, ohne hiezu zentraler Inspirationen, und sich zu verwalten, ohne schöner Ministerzirkulare zu bedürfen. Und dabei gab die konstituirende Versammlung der armen geschwächten Zentralgewalt nicht einmal eine Armee zum Schutze gegen Uebergriffe der nach unserer Anschauung so übermächtigen Kantone, in ihrer Einfalt glaubend, daß Jeder sein Recht, wie sein Kapital gerne in anderen Händen lasse, so lange es dort

---

*) Wobei er jedoch alle Rechtsungleichheiten beseitigte und dem Bunde eine strammere Organisation gab.

sicherer ruht und bessere Früchte trägt, als in den eigenen. Und so lebt dieses Gebirgs-Völklein ohne Gruppenwahlen, ohne zentralisirte Gesetzgebungsweisheit, ohne stehendes Heer, fast ohne Staatsschulden, und **mit einem Kriegsbudget — kleiner, als das des Kultus und Unterrichts!**

Ungeachtet des erst kurz vorher beendeten Bürgerkrieges ließ das Schweizervolk sich durch momentane Erregtheit bei der Konstituirung nicht irreleiten. Wie es früher trotz der Drohung mächtiger Staaten das **Unrecht** der Gegner niederkämpfte, so hielt es jetzt trotz des Stachels der Leidenschaft das **Recht** der Gegner hoch. Es erklärte nicht die Verfassungen der Sonderbundskantone für verwirkt, sondern in sorgfältiger und rücksichtsvoller Beachtung der historischen Erinnerungen und des Selbstständigkeitsgefühls all' seiner Genossen, einigte es sich dahin, die Autonomie der Kantone möglichst ungeschmälert zu erhalten und den Verfügungen der Zentralgesetzgebung und der Obhut der Bundes-Exekutive nur das zu überlassen, was **unerläßlich** nöthig ist, um

nach Außen
die Unabhängigkeit der Schweiz zu wahren und
im Inneren
die Ordnung aufrecht zu erhalten,
die Freiheit der Bürger zu sichern und
die gemeinsame Wohlfahrt zu fördern.

A. **Zur Sicherung der Unabhängigkeit des Bundes nach außen** überließ die konstituirende Versammlung der Zentralgewalt:

1. Das Feststellen der Heeresverfassung, die Verfügung über die gesammte Wehrkraft und die Leitung derselben, sowie die Errichtung öffentlicher Werke zum Schutze des Landes;
2. die internationale Vertretung der politischen und volkswirthschaftlichen Interessen der Schweiz, das Recht, Krieg zu erklären und Frieden zu schließen, Bündnisse und Staatsverträge, namentlich Zoll- und Handelstraktate einzugehen;
3. die Verwaltung der zu diesem Zwecke erforderlichen Geldmittel.

Den Kantonen wurde die Pflicht auferlegt, ihr Kontingent an Wehrmännern und ihren Geldbeitrag für Bundeszwecke nach Maßgabe einer alle zwanzig Jahre zu revidirenden Mannschafts- und Geldskala zu liefern.

B. **Zur Wahrung der Ruhe und Ordnung im Inneren** traf sie

1. Bestimmungen zum Schutze des Gebietes und der Verfassung jedes Kantons; machte sie es
2. den Kantonen zur Pflicht, im Falle von Streitigkeiten unter einander, auf jede Selbsthilfe zu verzichten, und sich der bundesmäßigen Entscheidung zu unterziehen; sagte sie
3. den Kantonen bei äußeren, oder inneren Gefahren Bundeshilfe zu; normirte sie

4. zur Sicherstellung des Bundes und seiner Grundgesetze gegen Uebergriffe und Außerachtlassung Seitens der Kantone, daß jeder Kanton die Gewährleistung seiner Verfassung vom Bunde verlangen müsse, welche jedoch nur dann zu verweigern ist, wenn darin ein dem Bunde eingeräumtes, oder den Bürgern der Schweiz gewährleistetes Recht verletzt wird; untersagte sie
5. den Kantonen das Abschließen politischer Verträge und Bündnisse unter sich und mit auswärtigen Regierungen*).

C. Zum Schutze der Freiheit und des Rechts gewährleistete sie dem Schweizer Volke:
1. Die Gleichheit Aller vor dem Gesetze;
2. die Gleichberechtigung der Nationalitäten, indem sie die deutsche, französische und italienische Sprache als Nationalsprachen anerkannte;
3. die Unverletzlichkeit des Briefgeheimnisses, die Gewissensfreiheit, die freie Ausübung des Kultus**), das Vereins=, Petitions= und Niederlassungsrecht und den Schutz des sich Niederlassenden vor jeder Willkür der Kantonalbehörden und vor jeder Verkürzung gegenüber den Eingeborenen des Kantons;
4. die Preßfreiheit; überließ jedoch die Preßgesetzgebung den Kantonen, der Zentralbehörde nur die Genehmigung der betreffenden Gesetze und das Recht vorbehaltend, Strafbestimmungen gegen jenen Mißbrauch der Presse zu erlassen, welcher die Autorität und Sicherheit des Bundes bedroht; ferner gewährleistete sie
5. jedem Kantonalbürger das allgemeine Schweizer=Bürgerrecht und die Ausübung seiner politischen Rechte in dem Kantone, wo er eben seinen Wohnsitz hat; und
6. jedem Schweizer die Unantastbarkeit seines Kantonal=Bürgerrechts, indem sie den Kantonen die Befugniß entzog, irgend einen ihrer Angehörigen des Bürgerrechtes für verlustig zu erklären. Mit anzuerkennender Humanität sicherte sie
7. den Heimatlosen den Beistand der Bundesbehörde, die verpflichtet ist, Bürgerrechte für dieselben auszumitteln und durch entsprechende Maßregeln das Entstehen neuer Heimatloser zu verhindern.

D. Zur Förderung der allgemeinen Wohlfahrt beschloß die konstituirende Versammlung:

---

*) Dagegen gestand sie ihnen das Recht zu, innerhalb der bundesrechtlichen Schranken Vereinbarungen über Gegenstände der Gesetzgebung, der Verwaltung und des Gerichtswesens unter sich zu treffen. Doch haben sie dieselben den Bundesbehörden zur Prüfung ihrer Bundes=Gesetzmäßigkeit vorzulegen.

**) Die Bundesverfassung verlieh diesen Schutz allerdings nur den Angehörigen christlicher Konfessionen; seither wurden aber die Beschränkungen gegen die Bekenner anderer Konfessionen, über Einschreiten des Bundes, in den wenigen Kantonen, wo sie noch bestanden, aufgehoben.

1. Die Ermächtigung der Bundesbehörde zur Gründung einer **Universität und eines polytechnischen Institutes** auf Bundeskosten, jedoch ohne Schmälerung des Rechtes der Kantone, solche Anstalten selbst in's Leben zu rufen;
2. die Uebergabe des **Münzwesens** und der **Postverwaltung** an die Bundesbehörde und die Herstellung der **Münz-, Maß- und Gewichts-Einheit**, so wie gleichmäßiger und möglichst billiger Posttarife für die ganze Schweiz;
3. die Ermächtigung der Zentralbehörde zur Ueberwachung der von den Kantonal-Regierungen in Stand zu haltenden **Bundesstraßen**;
4. die Gleichstellung jedes Schweizers mit den einheimischen Bürgern eines jeden Kantons; die möglichste Beseitigung aller die persönliche Bewegung, den Handel, das Gewerbe, die Bodenkultur und den Transport erschwerenden Hemmnisse, durch Aufhebung der Binnenzölle, durch Ablösung der Mauthen und aller den Verkehr störenden Gebühren; ferner durch möglichste Entfernung aller Hindernisse des Ein- und Verkaufes, der Durch- und Ausfuhr, sowie durch Abschaffung aller Vorrechte in Bezug auf Transport von Personen und Waaren, zu Land und zu Wasser;
5. die Sicherung einer zugleich sorgfältigen und humanen Justizpflege, indem sie jeden Schweizer in allen Kantonen gerichtlich den Kantonalbürgern gleichstellte, indem sie ferner die Einsetzung von Ausnahmsgerichten untersagte, die Vollziehung der Zivilurtheile der Gerichte jedes Kantons in der ganzen Schweiz anordnete, und die Auslieferung der Angeklagten von einem Kantone an den andern durch ein Bundesgesetz regelte — wobei sie nur die wegen **politischer oder Preß-Ausschreitungen** Verfolgten ausnahm — und indem sie schließlich die **Todesstrafe für politische Verbrechen** abschaffte.

Die **Bundesgesetzgebung** wurde von der Konstituante in die Hände der **Bundesversammlung** gelegt, welche aus **zwei Kammern** besteht.

    a) Aus dem **Nationalrathe**;
    b) aus dem **Ständerathe**.

Ersterer wird aus Abgeordneten des **Schweizervolkes** gebildet. Auf je 20,000 Seelen der Gesammtbevölkerung wird durch direkte Wahlen ein Mitglied gewählt; stimmberechtigt ist jeder Schweizer, der das zwanzigste Lebensjahr überschritten hat und nach den Gesetzen seines Kantons nicht vom aktiven Bürgerrechte ausgeschlossen ist; **wahlfähig** ist jeder stimmberechtigte Schweizerbürger **weltlichen Standes**.

In den **Ständerath** sendet jeder Kanton zwei Abgeordnete.

Der Nationalrath repräsentirt somit das gesammte **Schweizervolk**, der Ständerath die **souveränen Kantone**.

Die oberste Exekutivgewalt liegt in der Hand des Bundesrathes, der aus sieben Mitgliedern besteht, welche für die Dauer von drei Jahren von der Bundesversammlung gewählt werden und dieser verantwortlich sind.

Zur Bundes-Rechtspflege ist ein Bundesgericht eingesetzt. Dieses entscheidet
1. als Zivilgericht bei Zivilstreitigkeiten zwischen den Kantonen unter einander, zwischen den Kantonen und dem Bunde, sowie zwischen diesem und Privaten, oder Korporationen; ferner bei Streitigkeiten in Bezug auf Heimatlosigkeit.
2. Als Strafgericht, unter Zuziehung von Geschworenen, bei Vergehen und Verbrechen gegen das Völkerrecht und den Bund, so wie bei solchen, die Ursache oder Folge von Unruhen in den Kantonen sind, durch welche bewaffnete Bundesintervention veranlaßt wurde. Das Verfahren hierbei ist öffentlich und mündlich.
3. Als staatsrechtliches Forum, bei Verletzungen der durch die Bundesverfassung garantirten Rechte, wenn hierauf bezügliche Klagen von der Bundesversammlung an dasselbe gewiesen werden.

Nachdem die konstituirende Versammlung dem Bunde gegeben, was des Bundes, überließ sie den Kantonen, was der Kantone ist.

Auf einer Area von 740 deutschen Quadratmeilen, somit auf einem Flächenraume, welcher um ein Bedeutendes kleiner, als der des Königreiches Böhmen ist, bestehen 25 Kantone,*) welche alle jene Angelegenheiten, die in der eben skizzirten Verfassung nicht der Bundes-Gesetzgebung und Verwaltung vorbehalten sind, völlig autonom ordnen. Jeder Kanton hat seine Verfassung, und leitet innerhalb seines Gebietes, ganz unabhängig von der Zentralbehörde:
 a) Die politische Verwaltung;
 b) die Angelegenheiten des Kultus und Unterrichts;
 c) die öffentlichen Bauten;
 d) die Anordnungen zur Förderung der Agrikultur, der Gewerbe, des Binnenhandels, kurz aller volkswirthschaftlichen Interessen;
 e) das Justizwesen;
 f) die Finanzen.
In all' diesen Zweigen übt das Volk jedes Kantons das Gesetzgebungs- und Verwaltungsrecht durch selbstgewählte Organe, doch dürfen weder durch Bestimmungen eines Kantonalgesetzes, noch durch Anordnungen

---

*) Von den 22 Kantonen der Schweiz haben sich 3: Appenzell, Unterwalden und Basel, in je 2 Halbkantone geschieden, welche legislativ und administrativ völlig von einander getrennt sind, und sich von den ganzen Kantonen nur dadurch unterscheiden, daß sie in den Ständerath nicht je 2, sondern je 1 Abgeordneten entsenden.

einer Kantonalbehörde das Bundesrecht, oder die den Schweizerbürgern gewährleisteten Rechte angetastet werden.

Wir wollen nun, die Verhältnisse der Schweiz und Oesterreichs in Betracht ziehend, vorerst im Allgemeinen erörtern, welche Bedeutung die Dezentralisation der Verwaltung und Gesetzgebung für diese Nationalitätenstaaten habe, und werden dann, die obbenannten Zweige der Administration und Legislation der Reihe nach ins Auge fassend, den Werth der autonomen Regelung bei jedem Einzelnen derselben einer Prüfung unterziehen.

Dezentralisation der Verwaltung und Gesetzgebung.

I. Verwaltung.

Für den österreichischen Politiker gibt es wohl kaum einen Lehrkursus von praktischerem Werthe, als eine Wanderung durch die Schweiz. Jeder Schritt auf diesem Boden bereichert sein Wissen, erweitert seinen Gesichtskreis. Was er in der Heimat vergeblich suchte, tritt ihm hier in Fülle entgegen: Provinzielles Sonderbewußtsein und patriotischer Gemeinsinn, ein Völkergemenge ohne Fehde, zahlreiche Gebiete und kein Trennungsgelüste, viele Gewalten und kein Konflikt. Nicht vom Zentrum aus wird die gesammte Verwaltung einförmig und mechanisch in Bewegung gesetzt, sondern eine große Zahl von Verwaltungsorganismen wirkt selbstthätig innerhalb kantonaler Grenzen. Regierende und Regierte sind einander nicht ferngerückt, sondern bleiben stets in lebendigem und belebendem Kontakte. Jede Kantonalregierung übersieht das Gebiet ihres Wirkens, und darum beherrscht sie es auch, während im großen zentralisirten Staate das Auge eines Ministers, wie scharfsichtig es auch sei, das in der Peripherie Liegende nur verschwommen, oder gar nicht sieht, und der schönste leitende Gedanke, bis er durch eine lange Beamtenkette zu den untersten Exekutivorganen gelangt, meist sein ursprüngliches Gepräge verliert.

Wie segensreich und schöpferisch in kleinen autonomen Verwaltungskreisen die innige Wechselbeziehung zwischen Volk und Regierung wirke, tritt wohl in keinem Lande so belehrend, wie in der Schweiz hervor. Nirgends in ganz Europa findet man, bei gleicher Schonung der Steuertragenden, eine gleich kräftige Förderung des öffentlichen Wohles. In allen Zweigen der Verwaltung herrscht Sparsamkeit und Ordnung, und überall bekundet sich die eingehendste und liebevollste Fürsorge für die geistigen und materiellen Interessen der Bevölkerung. Fast aller Orten treten dem Beschauer Wohlstand und Behäbigkeit entgegen, und da, wo Noth und Elend ihre tiefen Furchen ziehen, streut die Humanität ihre reichsten Saaten aus. Erblickt man in der Schweiz ein palastähnliches Gebäude, so ist es eine Pflanzstätte der Bildung, eine Pflegestätte des Leidens, ein Asyl der Armuth. Die Verwaltung, sonst so haushälterisch in allen Zweigen, gestattet sich den Luxus nur da, wo es gilt, der Jugend Erkenntniß, der Armuth Hilfe, und dem Alter Behaglichkeit zu spenden. In keinem Staate des europäischen Kontinentes trägt der Gewerbefleiß so reiche Früchte, zieht der Handel so entlegene Bahnen, wie in der Schweiz.

Und all dieß findet unter dem Einflusse der Verwaltung kleiner Kantone statt, und ein prüfender Blick auf die politischen, sozialen und volkswirthschaftlichen Zustände der Schweiz liefert den schlagendsten Beweis für die Anschauungen Derer, welche die Dezentralisation der Verwaltung zu den wichtigsten Bedingungen der Wohlfahrt, und zu den sichersten Bürgschaften der Freiheit und der Stabilität zählen. Doch der Kernpunkt dessen, was den österreichischen Politiker in der Schweiz anzieht, ist die Thatsache, daß diesem Lande in Folge seines Selfgovernment's nationale Reibungen und Sprachkonflikte völlig unbekannte Dinge sind. Die Nationalitäten leben da in brüderlicher Eintracht, weil keine derselben für sich und ihre Sprache im öffentlichen Leben ein Vorrecht beansprucht, weil jede ihre materiellen und geistigen Interessen selbstständig wahrt, und unbeirrt von den Nachbarn für ihre nationale Entwicklung sorgt. Man gebe der Schweiz Einrichtungen, die ihrer staatlichen Natur widerstreben, man dränge ihr eine **zentralistische Verfassung** auf, und sie wird gar bald zum Schauplatze politischer und nationaler Kämpfe, die an Bitterkeit und staatsgefährlicher Vehemenz den unserigen nichts nachgeben; denn **insoferne es der Zweck moderner Repräsentativverfassungen ist, den Völkern das Selbstbestimmungsrecht zu wahren, gibt es kaum eine flagrantere Verletzung des konstitutionellen Prinzips, als das Uebertragen einer zentralistischen Verfassung aus dem Nationalstaate auf den Boden des Nationalitätenstaates;** da auf diesem Boden die zentralisirte Verfassung nicht jeder Nation die Entscheidung über sich selbst ermöglicht, sondern in die Hände Einer Nationalität die Entscheidung über **alle anderen** legt. Denn jenes Volk, welches die parlamentarische Mehrheit besitzt, und dadurch in der Verwaltung nicht minder, als in der Gesetzgebung den Ausschlag gibt, ist das **herrschende**, alle anderen sind ihm **untergeordnet**, wie strotzend von **Gleichberechtigung** auch die Paragraphe der Verfassung seien.

Bei der Umwandlung des absoluten Nationalitätenstaates in einen **zentralistisch konstitutionellen**, wechselt somit die Mehrzahl der Völker nichts als den Herrn und tritt an die Stelle der Autokratie eines Individuums die Hegemonie eines Volkes.

Blicken wir nur auf die westliche Hälfte Oesterreichs! Fiel hier nicht durch den Besitz der parlamentarischen Mehrheit die Hegemonie den Deutschen zu? Ist es nicht die deutsche Majorität, welche den Völkern die Grenzlinie der Autonomie zog, und ihnen in der Ver=

fassung die Richtschnur des öffentlichen Lebens gab? Sind es nicht die Deutschen, welche in allen wichtigen Angelegenheiten legislativ entscheiden und administrativ verfügen? Dies Alles bedeutet für die Mitnationen in Oesterreich nicht die **Selbstbestimmung**, sondern das **Bestimmtwerden durch die Deutschen**, mit anderen Worten: **die deutsche Herrschaft**, die, selbst bei den besten und wohlwollendsten Absichten, den Völkern als Tyrannei erscheint, als jene Art von Tyrannei, welche, wie **Montesquieu** hervorhebt, stets gefühlt wird, wenn die Regierung, ohne auch nur im Mindesten gewaltthätig zu sein, „**die Denkweise einer Nation beleidigt**" *).

Und diese Art der Tyrannei ist die gefährlichere, weil sie meist denen nicht zum Bewußtsein gelangt, die sie üben, während sie auf's schmerzlichste von jenen empfunden wird, an welchen man sie übt. Nur so erklärt es sich, daß die Deutschen in Oesterreich höchst erstaunt über die Erbitterung der Nationalitäten, und diese höchst erbittert über das Erstaunen der Deutschen sind; daß es ferner den Deutschen unbegreiflich erscheint, wie man die Freiheit als etwas Unleidliches, und den Nationalitäten, wie man das Unleidliche als Freiheit bezeichnen könne.

Flüchtige Beobachter sprechen, um diesen seltsamen Widerstreit der Anschauungen zu deuten, den Nichtdeutschen in Oesterreich irrthümlich allen Freiheitssinn ab. Ich sage irrthümlich, weil es Völker gibt, welche die Freiheit nicht zu behaupten verstehen, aber keines, das sie nicht zu erlangen wünscht.

Nicht an Freiheitssinn fehlt es in Oesterreich, sondern an Verfassungsformen, um ihn allseitig und gleichmäßig zu befriedigen. Auf so falsche Grundlagen ist unser Staat gestellt, so verworren sind dadurch unsere Verhältnisse, so verkehrt die Anschauungen, so entgegengesetzt oft die Begriffe, welche an denselben politischen Ausdruck geknüpft werden, daß die nationalen Parteien einander kaum mehr verstehen, und anstatt zu diskutiren, sich gegenseitig beschimpfen! Was uns oft in den Tagesblättern vor Augen tritt, ist nicht Polemik, sondern journalistischer Bürgerkrieg, ingrimmige publizistische Racenfehde, wobei es keine anderen Trophäen gibt, als die zersetzte Ehre des Gegners, und die mit ätzendem Hohne überschütteten Rechte der Völker.

Möge endlich einmal das Urtheil an die Stelle des Vorurtheils treten und der Staat unbefangen in's Auge gefaßt werden, den man gestalten soll; denn nur das **Verständniß Oesterreichs führt zur Verständigung der Oesterreicher!**

„**Die Minorität muß sich naturgemäß der Majorität fügen; ohne diese Unterordnung kann man in Oesterreich ebenso wenig als anderswo konstitutionell regieren.**" Diese Aeußerung wird laut, so oft der Widerstand, welchen die Nationalitäten der heutigen Staats=Ordnung entgegensetzen, einer tadelnden Kritik unterzogen wird.

---

*) Montesquieu: de l'esprit des lois, livre XIX, chapitre 3.

Es sei hier nicht die Frage gestellt, ob denn in Wahrheit die Deutschen die Mehrzahl in Oesterreich bilden. Es wird sich später Gelegenheit bieten, auf dieselbe zurückzukommen. Hier sei nur der tiefgehende Unterschied nachgewiesen, der zwischen der Minorität obwaltet, die aus politischen Parteigruppen, und jener, die aus ganzen Völkerschaften sich zusammensetzt.

Im politischen Parteileben gibt es keine unvermittelten Gegensätze. Die äußerste Linke und die äußerste Rechte sind die Endringe einer Kette, welche durch die Zwischenringe der Mittelparteien mit einander verbunden sind. Jede Fraktion kann Verstärkung aus den Reihen der Gegner erhalten, und die Minorität von gestern kann die Majorität von heute sein. Die politische Entfernung der Parteien hindert nicht ihre nationale Berührung, ihre Stöße und Gegenstöße erschüttern wohl die öffentlichen Gewalten, aber niemals die staatliche Existenz.

Die nationalen Parteien hingegen stehen schroff und unvermittelt einander gegenüber. Es gibt beispielsweise in Oesterreich keine vermittelnde Schattirung zwischen Deutschen und Czechen, zwischen Deutschen und Polen. Nicht diese oder jene Anschauung, nicht dieses oder jenes Interesse, sondern das ganze nationale Wesen trennt diese Parteien von einander; die Minorität kann nicht hoffen, durch Anschluß von Mitgliedern der Majorität sich zu verstärken, sie blickt hoffnungslos in die Zukunft, und sucht daher nach einem gewaltsamen Auswege, wenn sich ihr kein konstitutioneller bietet. Jeder Parteikonflikt entfesselt den nationalen Groll, jeder parlamentarische Kampf wird leicht zum erbitterten Zusammenstoße, bei dem ganze Völkerschaften siegen und unterliegen. Und der Staat, der durch Zentralisation die Gelegenheit zu feindlichen Berührungen ohne Noth vervielfältigt, wird zum Tummelplatze nationaler Leidenschaften, zur Wahlstatt verzweifelt ringender Volksexistenzen, und da er nicht unverrückbar auf der Basis der Volkseinheit, sondern leicht erschütterlich, auf der Grundlage der Völkereinigkeit ruht, so bewirkt das Rütteln an seinem nationalen Frieden die Lockerung seines Gefüges, und wird die Zentralisation, als das Grab der Eintracht, zum Grabe seiner Existenz.

Richten wir nun unsere Blicke nach der Schweiz. Drei Volksstämme, Deutsche, Franzosen und Italiener, leben dort auf engem Gebiete brüderlich vereint. Kein Widerstreit stört den öffentlichen Frieden, kein nationaler Widerstand hemmt den Gang der Verwaltung. „Hier sind Leute," sagt Silvio Pellico, „welche Mühe haben einander zu verstehen, sie sprechen nicht alle dieselbe Sprache. Ihr werdet vielleicht glauben, daß sich bei ihnen keine Vaterlandsliebe finde? Ihr täuschet Euch! Es sind Schweizer, dieser aus einem französischen, jener aus einem italienischen, und der dritte aus einem deutschen Kantone. Die Einheit des politischen Bandes, das sie schützt, ersetzt den Mangel einer gemeinsamen Sprache, fesselt ihre Herzen und bestimmt sie zu großmüthigen Opfern für das Wohl des Vaterlandes, das keine Nation ist."

Und den Schlüssel zum Geheimnisse dieser Harmonie findet

man in der Selbstregierung, die in der Schweiz nicht das Monopol eines Stammes, sondern das unantastbare Recht Aller ist. Keine Volksfamilie greift daselbst in die häuslichen Rechte der anderen; jede lebt unter Gesetzen, die sie sich in ihrer Sprache selber schuf, unter einer nationalen Verwaltung, die sie allein sich gab, und ordnet in Gemeinschaft mit den anderen nur das, was sie alle gemeinsam, was das Gesammtwohl des Staates berührt. Die Völker sind daselbst frei zu einem Föderativstaate geeinigt, nicht gewaltsam in einen Einheitsstaat gezwängt. Sie sind gute Schweizer, weil Nichts sie daran hindert, gute Deutsche, gute Franzosen und Italiener zu sein.

Als Einwand gegen die Dezentralisation der Verwaltung wird häufig geltend gemacht, daß die Zentralisation nicht das Werk der konstitutionellen Aera, sondern der mühsame Erwerb einer mehr als 100jährigen Thätigkeit bedeutender Regenten und Staatsmänner sei, daß es ein Akt unverzeihlichen Leichtsinnes und ein Rückschritt auf der Bahn der Kultur wäre, wenn der Staat eines so werthvollen Besitzes sich entäußerte.

Bei diesem Ausspruche wird völlig außer Acht gelassen, daß keine Staatseinrichtung absoluten Werth habe, und daß ihr relativer nicht von dem Nutzen abhänge, den sie einst der Gesellschaft und dem öffentlichen Interesse bot, sondern von jenem, den sie ihnen jetzt gewährt. Die Zentralisation war von hoher Kulturbedeutung, als um die Mitte des vorigen Jahrhunderts eine große Regentin die Verwaltungsreform Oesterreichs unternahm; denn die Autonomie der Provinzen bedeutete damals nicht das Selbstverwaltungsrecht der Völker, sondern das Privilegium der bevorzugten Stände; sie gab alle Rechte und Ehren in die Hand der Herren, der Ritter und Prälaten, und legte alle Lasten und Pflichten auf die Schultern der Bürger und Bauern; sie schlug den Geist des Jahrhunderts in die Fesseln des Mittelalters, zwängte die neuen sozialen Verhältnisse in die überlebten Formen abgelebter Zustände, und lähmte gleich sehr die Kraft des Volkes, wie die Macht der Regierung. Die soziale Umwandlung erheischte gebieterisch Verwaltungsreformen im einheitlichen Sinne, und die Zentralisation bedeutete damals den Sieg des Rechtes über das Vorrecht, des Gesetzes über die Willkür. Die Machtentfaltung der Staatsgewalt förderte zu jener Zeit den Kraftzuwachs der bürgerlichen Klassen, führte zur Stärkung des demokratischen Elementes. Die besonnene reformatorische Thätigkeit Maria Theresia's und die rasch vorwärtsdrängende ihres großen Sohnes waren somit von epochemachender Bedeutung für unsere Entwicklung, und werden stets mit Ruhm verzeichnet bleiben in der Kulturgeschichte Oesterreichs.

Aber die neue Zeit rief neue Kräfte wach. Wie in den Tagen Maria Theresia's die sozialen, so erheischen jetzt die nationalen Elemente eine Reform der Verwaltung. Bedeutete damals die Autonomie das Privilegium bevorrechteter Stände, so bedeutet jetzt die

Zentralisation das Verwaltungsmonopol einer bevorzugten Nationalität. Wie jene die Rechte und das Gefühl ganzer Volksschichten, so verletzt diese das Bewußtsein und die nationalen Interessen ganzer Volksstämme. Erblickte damals das Volk im zentralisirten Staate seinen Wohlthäter und Befreier, so sieht jetzt die Mehrzahl der Völker in ihm ihren Unterdrücker und Gegner; ja die Zentralisation, einst die Triebfeder der Kultur, wird jetzt, indem sie die Nationalitäten einander entfremdet und den inneren Frieden dauernd stört, zum Hemmschuh derselben!

Man kann dieses nicht nachdrücklich genug denen zu Gemüthe führen, die so geräuschvoll die Kulturmission der Deutschen verkünden und so unklug sie vereiteln, indem sie das Selbstgefühl der Völker nicht schonen, deren Veredlung sie anstreben, und die Drachensaat des Hasses streuen, da wo sie die Früchte der Zivilisation ernten wollen.

Wünschen wir ernstlich die Freiheit und den Frieden, so darf es in unserer Mitte ebenso wenig einen herrschenden Stamm, als einen herrschenden Stand und eine herrschende Kirche geben. Die Zentralisation in Oesterreich ist ein Anachronismus, eine Versündigung am Geiste der Zeit. Und der Deutsche bedarf dieser politischen Sünde nicht. Er überragt die Mitnationen, auch ohne sich auf's Piedestal des Vorrechts zu stellen; seine moralische Ueberlegenheit bietet ihm dauerndere Garantien, als das künstlich gewonnene parlamentarische Uebergewicht; denn hinab vom Piedestale des Vorrechtes stößt ihn leicht die rohe Gewalt, aber keine Macht drängt ihn von der Höhe seiner Kultur hinweg. Nicht ein Vormund sei er den Völkern, sondern ein Vorbild; er stelle sich nicht über, oder gegen sie, sondern gehe ihnen entschlossen voran; und die jetzt nur widerstrebend seinen Gesetzen nachkommen, folgen dann freiwillig seinem Beispiele.

Sucht der Deutschösterreicher ein Muster für sein politisches Vorgehen, so blicke er nach der Schweiz. Sein deutscher Bruder daselbst behauptet durch Maß, was er durch Kraft gewann; er verschmähte es, der Gebieter seiner Mitnationen, er wünschte nur ihr Genosse zu sein, er zog den Freundschaftsbund dem Einheitsbande vor, und erreichte so — was wir verfehlen — das mühsam angestrebte Ziel.

Geben auch wir den Völkern das volle Maß schweizerischer Selbstverwaltung. Die ihnen so ängstlich zugemessene Autonomie reizt ihren Appetit, ohne ihn zu befriedigen. Sie ist viel zu groß, wenn man die Völker entnationalisiren, und viel zu klein, wenn man sie befriedigen will, ja sie verfehlt selbst administrativ ihren Zweck, denn das Zwitterding von bureaukratischer und selbstständiger Administration, das Parallellaufen staatlicher und autonomer Organe hat bei uns den Verwaltungsapparat weder einfacher, noch wirksamer gemacht. Ohne die Staatslasten zu verringern, hat es zur Erhöhung der Lokalsteuern geführt, und rasch dazu beigetragen, die Autonomie in jenen zahlreichen Klassen unpopulär zu machen, für welche die Ziffer des Steuerbüchleins der Werthmesser von Institutionen ist. Nur die umfassende Schweizer Autonomie ist wirksam und ökonomisch zugleich, und sie wird unzweifelhaft bei uns Platz greifen, sobald unsere Politiker ihre Ansichten über die Natur des Reiches geklärt haben, das von ihnen regiert wird. So lange sie Oesterreich, seinem Wesen und seiner Geschichte entgegen, als einen **Einheitsstaat**, und dessen Kronländer als **Staatstheile**, als **Provinzen***) betrachten, werden sie diesen allerdings nicht die Ausübung von Funktionen gestatten, welche sie als exklusiv staatliche anzusehen, in der Schule, wie in der Praxis gelehrt wurden. Erst wenn sie dahin gelangt sein werden, die österreichische Monarchie als ein **Reich**, und die Kronländer als dessen **Theilstaaten** zu betrachten, werden sie es über sich gewinnen, die staatlichen Funktionen zu sondern, und einen Theil derselben dem Reiche, und die anderen naturgemäß den Kronländern zuzuweisen. Nur die Erfüllung der großen politischen Aufgaben, nur die Wahrung der Macht und des internationalen Einflusses, sowie der Autorität im Inneren bleibe dem Reiche vorbehalten; die übrigen staatlichen Funktionen weise man den Ländern zu.

„**Imperio imperium, regnis regnum!**" „**dem Reiche die Herrschaft, den Ländern die Selbstregierung!**" Das muß die Devise eines österreichischen Staatsmannes sein.

II. Gesetzgebung.

Man kann nicht eindringlich genug darauf hinweisen, daß der Hang, die Verfassungsformen des Nationalstaates nachzubilden, die Krankheit des konstitutionellen Oesterreichs sei, und daß diese Krankheit in dem Maße bedenklicher werde, als das nationale Bewußtsein sich lebendiger entfaltet; denn während dieses den Völkerregungen täglich mächtigere Impulse, dem öffentlichen Leben einen stets reicheren Inhalt, und dem Staatscharakter ein immer individuelleres Gepräge gibt, führt jene Nachahmungssucht zu einer Politik, welche für die Eigenthümlichkeit des Staates keinen Sinn, und für die nationalen Regungen keine Empfindung hat.

Der Hang zu zentralisiren gibt sich bei uns in der Legislation so ganz ohne Bedenken kund, als ob die zentralistische Gesetzgebung des konstitutionellen Oesterreichs dieselbe Bedeutung und dieselben Folgen, wie die des **repräsentativen Nationalstaates**

---

*) Die Bezeichnung **Staat** für die österreichische Monarchie ist revolutionär im schlimmsten Sinne des Wortes, da sie sich nicht nur gegen die Geschichte, sondern auch gegen das innerste Wesen Oesterreichs auflehnt. Die letzte Akte, in welcher vor dem Revolutionsjahre 1848 die staatsrechtliche Stellung der einzelnen Reichstheile ihren offiziellen Ausdruck fand, das Patent vom 4. August 1806, durch welches Kaiser Franz seinen Völkern die Annahme des österreichischen Kaisertitels verkündete, spricht immer nur von den **Staaten** Oesterreichs, nicht ein einziges Mal vom österreichischen **Staate**. An einer Stelle des Patentes wird die Monarchie als **vereinigter Staatenkörper** bezeichnet, wodurch den österreichischen Ländern unverkennbar der Charakter einer Föderation aufgeprägt wird.

hätte, während doch in der That zwischen ihnen ein wesentlicher Unterschied stattfindet.

Im **Nationalstaate** haben **Staat und Nation einen und denselben Mittelpunkt, einen und denselben Umkreis**. Mag durch eine Konstitution die Gesetzgebung zentralisirt, oder dezentralisirt werden, der Schwerpunkt der Entscheidung kann nie **außerhalb des nationalen Kreises fallen**.

Nicht um Vermehrung oder Verminderung politischer Rechte handelt es sich daselbst, wenn von **Zentralisation** oder **Dezentralisation** die Rede ist, sondern um die **Art** und den **Ort** ihrer Ausübung. Wenn somit bei der konstitutionellen Gestaltung eines solchen Staates die Provinzen ihre Gerechtsame auf den Altar des Vaterlandes niederlegen, so geben sie dieselben nicht auf, sondern nur zur gemeinsamen Ausübung an die nationale Gemeinschaft ab.

Im **Nationalitätenstaate** hingegen fällt das **staatliche Zentrum** wohl mit dem Mittelpunkte **eines** Volksstammes zusammen, aber nicht mit denen der anderen Völker, ja er liegt völlig außerhalb ihres nationalen Kreises. So ist in Oesterreich das Zentrum des Reiches nur der nationale Mittel- und Schwerpunkt der Deutschösterreicher. Von den anderen Völkern hat jedes seinen Schwerpunkt in seiner Provinz, in dem Lande, wo es heimisch ist. Die **Provinzen** haben somit für diese Völker nicht bloß **territoriale**, sondern auch **nationale Bedeutung**. Jedes **provinzielle** Recht ist für sie ein **nationaler** Besitz, der gefährdet ist, sobald er dem Gesammtstaate anheimfällt, wo er zumeist in fremde Hände geräth.

Wenn beispielsweise der Ober-Oesterreicher ein provinzielles Recht an den Gesammtstaat cedirt, so gewinnt er es, als Angehöriger der deutschen Mehrheit, verstärkt im Reichsrathe wieder; wenn aber der Pole ein provinzielles Recht an die Zentralvertretung abgibt, so legt er es nicht in nationale Hände, sondern in die Hände der ihm national ferne stehenden Reichsraths-Majorität, und es erklärt sich hiedurch, warum in Bezug auf Landes-Autonomie, die Deutschen so frugal und die übrigen Volksstämme so begehrlich sind.

Soll das Selbstbestimmungsrecht nicht illusorisch gemacht werden, soll die österreichische **Konstitution für alle Völker** eine **Wahrheit** sein, dann darf in inneren Angelegenheiten für keines derselben der legislative Schwerpunkt außerhalb seines nationalen Kreises liegen, sondern muß stets **innerhalb desselben** ruhen, was nur im **dezentralisirten Staate** möglich ist *).

Die Frage, ob **Zentralisation**, oder **Dezentralisation**, hat somit für die nichtdeutschen Volksstämme Oesterreichs eine hohe politische und nationale Bedeutung; denn von ihrer Lösung hängt es ab, ob die Verfassung für sie ein **realer**, oder ein **Schein-Besitz** sei,

---

*) Wie den Schwierigkeiten zu begegnen sei, welche durch die Kollision nationaler Interessen in gemischten Kronländern entstehen, wird später auseinandergesetzt werden.

ob ihr Volksthum gedeihe oder verfalle. Nicht blinde Oppositionswuth, nicht Deutschenhaß, sondern der mächtigste aller individuellen und Volks=triebe, der Selbsterhaltungstrieb, drängt die Völker zum Kampfe gegen die Zentralisation, welche für sie den Tod bedeutet, nicht den raschen, gewaltsamen, wohl aber den leise heranschleichenden, den Tod durch Verkümmerung. Wenn die Gesetzgebung in den wichtigsten Angelegen=heiten dem heimischen Boden entrückt wird, wenn das öffentliche Leben nicht das Spiegelbild des eigenen, sondern das verblaßte, oder verzerrte Bild eines fremden Volksgeistes ist, und die Impulse zu politischer Thätigkeit nur von außen gegeben werden, dann muß ein Volk dahin=siechen und untergehen.

Ist es nicht seltsam, den Völkern eine konstitutionelle Diät zuzu=muthen, welche deren Mehrzahl unausbleiblich zur Entkräftung führt, und das Heil des Reiches darin zu suchen, daß man durch unnatürliches Verrücken aller Schwerpunkte die naturgemäße Bewegung der Nationa=litäten hindert, und diese auf nicht zu berechnende Bahnen, zu regellosem Herumirren drängt?

Es ist ein ebenso vermessenes, wie vergebliches Unternehmen, mit menschlichen Satzungen den Gesetzen der Natur sich entgegenzustellen. Oesterreich ist nicht ein Staatskörper, sondern ein System von Staatskörpern, deren jeder sich um seine eigene Achse dreht. Nicht diese Sonderbewegungen zu stören, ist die Aufgabe österreichischer Regie=rungskunst, sondern dahin zu wirken, daß alle diese Staatskörper ihren gemeinsamen politischen Schwerpunkt im Reiche finden, und unbeschadet ihrer Eigenbewegung, sich auch planetarisch um diesen, als ihren gemein=schaftlichen Anziehungspunkt, bewegen. Die Schweiz wandelt die ihr von der Natur vorgezeichnete Bahn — und gedeiht. Folgen auch wir den Geboten der Natur, und Oesterreich wird nicht minder erstarken. Nur die Zentralisation macht die Völker zentrifugal, man dezen=tralisire Oesterreich, und sie werden zentripetal!

In der bisherigen Auseinandersetzung wurden die Gefahren, welche die Zentralisation in sich birgt, vom national=politischen Standpunkte aus beleuchtet. Nicht minder bedrohlich erscheint die Zentra=lisation, wenn man sie vom rein sprachlichen Gesichtspunkte aus betrachtet.

Acht Nationalitäten*) sind im Reichsrathe repräsentirt. Die Gleichberechtigung erheischte, daß in allen Sprachen der vertretenen Völker diskutirt und das Gesetz formulirt werde; da aber bei solch' babylonischer Sprachverwirrung eine parlamentarische Verhandlung unmöglich wäre, so gewann, nicht durch den Zwang der Gesetze, wohl aber durch die Gewalt der Umstände, das deutsche Idiom, als das allein zur Vermittlung des Gedankenaustausches geeignete, die Herrschaft in der Diskussion und Gesetzgebung des Reichsrathes.

---

*) Deutsche, Italiener, Rumänen, Polen, Ruthenen, Czechen, Slovenen und Serben (letztere in Dalmatien).

liegt in diesem, wenn auch nur moralischen Sprachzwange nicht eine Zurücksetzung der Völker? Müssen sie sich nicht gekränkt fühlen, wenn ihre Vertreter beim Eintritte in den Saal, wo der Staatsbürger die höchste Funktion, die des Gesetzgebers übt, ihre Sprachen im Vorsaale zurücklassen, und alle ihre Gedanken und Empfindungen in das Gewand eines fremden Idioms hüllen müssen?

Wäre es nicht viel besser, nach dem Muster der Schweiz die Berathungen im Zentrum nur auf jene Gegenstände zu beschränken, deren gemeinschaftliche Erörterung die Interessen Aller unumgänglich erheischen? Der zwingenden Macht der Nothwendigkeit fügt sich Jedermann. Läßt doch die Diplomatie der stolzesten Nationen im internationalen Verkehre sich die Herrschaft einer Sprache gefallen; aber es verstößt ebensosehr gegen die Billigkeit, als gegen die einfachsten Gesetze der Staatsklugheit, den Anlaß zur Bevorzugung eines Idioms ohne dringendste Nothwendigkeit zu vervielfältigen, die nationale Eifersucht tagtäglich zu wecken, und die leidigen Sprachkonflikte stets von Neuem zu provoziren.

Die Sprachenfrage berührt aber nicht blos eine der reizbarsten Stellen des Nationalgefühls, sondern auch eines der wichtigsten Lebensinteressen der Völker Oesterreich's.

Schon im ersten Abschnitte dieser Schrift wurde bemerkt, daß ein Volk mit seiner Sprache sich hebe, mit ihr verfalle und untergehe. Die Sprache ist, wie der tiefste Forscher derselben, Wilhelm von Humboldt nachweist, „das Organ des Gedankens; durch sie wird erst das Denken." Die nationale Sprache aus irgend einem Gebiete geistiger Thätigkeit verdrängen, heißt somit dem Volke das nationale Organ des Denkens verkümmern. Nun aber ist die Gesetzgebungssphäre eines der wichtigsten Gebiete der nationalen Denkthätigkeit. In der Gesetzgebung nicht minder, als in der Literatur und Kunst entfaltet sich der Geist eines Volkes. Nirgends bekundet er sich lebendiger, vielgestaltiger und tiefeingreifender. Erst im öffentlichen Leben erlangt die Sprache ihre männliche Reife. Wie sie durch die schöngeistige Literatur den Geist und die Anmuth, durch die wissenschaftliche den Ernst und die Tiefe, so erlangt sie durch die Gesetzgebung, durch die Herrschaft im öffentlichen Leben die Würde, die Kraft und den Charakter. Die Sprache eines Volkes aus der höheren Sphäre der Gesetzgebung verdrängen, heißt dieses Volk aus den fruchtbarsten Gebieten nationaler Geistesthätigkeit verbannen, heißt es geistig in's Exil schicken, und seine Sprachheimat zum großen Theile in eine unfruchtbare Oede verwandeln. Jedes Volk, das zum nationalen Bewußtsein erwacht, sucht daher auch, sich vom Joche einer fremden Sprache, sei diese eine todte oder lebende, zu befreien.

Man wendet ein: „Die Gesetze werden ja bei uns aus dem Deutschen in die Sprachen eines jeden Landes übertragen, es treten somit letztere in ihr volles Recht."

Nun, glaubt Ihr, die Uebertragung fremder Gesetze sei das Surrogat nationaler Gesetzgebung? Nicht mühsam und mechanisch an den Sinn gekittet, sondern organisch mit dem Geiste des nationalen Gesetzgebers verwachsen, muß die Gesetzessprache sein, wenn sie leben und beleben soll. Ihr könntet eben so gut einem Volke zumuthen, daß es, jeder selbstständigen literarischen Thätigkeit entsagend, sich auf Uebersetzungen beschränke. Charakterlosigkeit und Entartung der Sprache und des Volkes, das dieser Zumuthung sich fügte, würden die unausbleiblichen Folgen sein. Ebenso müßten Völker, die auf eine selbstständige Gesetzgebung in ihrem Idiome verzichteten, alle Selbstständigkeit und Würde des Charakters einbüßen, und inmitten eines höheren öffentlichen Lebens, in welchem kein Tropfen nationalen Blutes fließt, unaufhaltsam politisch, geistig und moralisch verfallen.

Und würden die Deutschen all' das gewinnen, was die anderen Völker verlieren? Mit nichten. Die Versumpfung des öffentlichen Lebens der zahlreichen Mitnationen müßte auch Stagnation und Siechthum des deutschen hervorrufen; denn die durch politische Fäulniß entwickelten Miasmen wirken verheerend weit über das Gebiet hinaus, in dem sie sich bilden.

„Aber die herrschenden Völker anderer Staaten," — so werden viele Stimmen laut, — „lassen sich durch solche Bedenken nicht im Mindesten davon abhalten, sich und ihrer Sprache die Suprematie zu sichern und die anderen nationalen Elemente allmälig zu absorbiren."

Das ist wahr, Völker wurden und werden absorbirt. Die Geschichte verzeichnet solcher Aufsaugungen gar viele; sie lehrt aber auch die Bedingungen kennen, unter denen sie möglich sind.

Die Aufsaugung erfolgte allmälig, unbewußt und ohne Gewaltsamkeit bei Völkern in der Kindheit, deren Nationalbewußtsein noch nicht erwacht, und bei greisenhaften, in denen es bereits erloschen war; ferner da, wo aus ineinandergeschobenen Völkern durch körperliche und geistige Kreuzung ein Mischlingsvolk entstand; und schließlich dort, wo eine Sprachinsel, oder einzelne schmale Sprachstreifen von den Wellen eines mächtigen nationalen Stromes allmälig hinweggespült wurden.

Die Volksassimilirung kann aber auch mit Bewußtsein und durch Gewalt herbeigeführt werden. Um sie zu ermöglichen, muß die herrschende Nation die überwiegende Majorität, oder wenigstens der ausschließlich berechtigte und wehrhafte Theil der Bevölkerung sein. Das zu absorbirende Volk muß isolirt stehen, oder isolirt werden, alle Gefäße seines nationalen Lebens müssen unterbunden, die Laute seiner Muttersprache mit unerbittlicher Härte aus der Schule, der Kirche und dem Amte verbannt werden. Der Staatskörper muß überdieß in seinen übrigen Theilen vollkommen gesund und kräftig sein, um von den inneren Krankheiten, die ein so schwer mißhandeltes Volk bis zu seinem nationalen Tode durchzumachen hat, nicht im ganzen Organismus afficirt zu werden.

Auf diese Weise kann unter begünstigenden Umständen der Untergang eines Volkes nach Generationen herbeigeführt werden. Einen solchen Versuch macht jetzt Rußland. Es weiß wohl, daß es durch sein gewaltsames Vorgehen nicht nur die Widerstands-, sondern auch die Lebenskraft der Polen lähmt, und daß eine Nation, die man unschädlich macht, auch für lange Zeit unbrauchbar wird; aber es verzichtet auf ihre Brauchbarkeit, um ihrer Unschädlichkeit gewiß zu sein. Ihm bleiben ja noch 70 Millionen Unterthanen, um seine ehrgeizigen Pläne zu vollführen.

Sind unsere Verhältnisse auch nur im Entferntesten jenen vergleichbar, unter welchen eine spontane oder gewaltsame Assimilirung möglich ist? Die Deutschen bilden kaum den vierten Theil der gesammtösterreichischen und nur den dritten Theil der zisleithanischen Bevölkerung *), sie sind nicht die ausschließlich Berechtigten und Wehrhaften, unsere Nationalitäten sind in jenem Alter, in welchem die Völker ihr Volksthum am eifersüchtigsten und leidenschaftlichsten wahren, und weit entfernt, isolirt zu sein, stehen sie vielmehr alle, mit Ausnahme der Magyaren, in enger verwandtschaftlicher Beziehung, ja zum großen Theile selbst in geographischem Zusammenhange mit zahlreichen Stämmen der Nachbarländer. Haben Germanisirungsversuche unter solchen Umständen irgend welche Chancen des Erfolges? Und selbst wenn die österreichische Regierung Aussicht hätte, die nationale Widerstandskraft zu brechen, thäte sie wohl daran, dieß zum Ziele ihrer Thätigkeit zu machen? Mit welcher Macht sollte Oesterreich seine europäische Stellung wahren, mit welchen Kräften seinen zahlreichen

---

*) Da selbst namhafte Politiker, wenn sie über das von den Deutsch Oesterreichern den übrigen Nationalitäten gegenüber zu beobachtende Verfahren sprechen, auf das Vorgehen der herrschenden Nationen in Preußen, Rußland, Frankreich, England und Nord-Amerika hinweisen, so möge dem Leser durch folgende statistische Daten klar gemacht werden, wie sehr die Verhältnisse Oesterreichs von denen der angeführten Länder verschieden seien.

Preußen hatte, nach der Volkszählung vom Jahre 1861, bei einer Bevölkerung von 18½ Millionen Seelen, 16 Millionen deutsche und 2½ Millionen nichtdeutsche Einwohner.

Rußland zählt (nach Buschen), bei einer Bevölkerung von circa 77 Millionen Seelen, 53½ Millionen Russen und 23½ Millionen Nichtrussen, welch' Letztere sich auf 15 Nationalitäten vertheilen.

Frankreich hat, nach dem Census vom Jahre 1866, 38 Millionen Einwohner. Von diesen sind 32½ Millionen Franzosen. Die übrigen 5½ Millionen vertheilen sich auf 5 Nationalitäten.

England zählt, bei einer Bevölkerung von 29 Millionen, 22 Millionen Engländer. Die übrigen 7 Millionen sind Kelten (Galen, Kymern und Iren).

Von den 35 Millionen Einwohnern der nordamerikanischen Union sind, nach ungefährer Schätzung, 25 Millionen englischer Abkunft; der Rest ist ein Gemisch von 8 Volksstämmen, darunter 4 Millionen Deutsche und 4 Millionen Neger. Von den Ersteren ist die größere Hälfte schon in der angelsächsischen Bevölkerung aufgegangen; die Letzteren sprechen, mit wenigen Ausnahmen, nur englisch.

In der gesammten österreichischen Monarchie sind 8½ Millionen Deutsche und 26½ Millionen Nichtdeutsche, welch' Letztere sich auf 8 Nationalitäten vertheilen, von denen 5 dem slavischen, 1 dem ural-altaischen, und 2 dem romanischen Sprachstamme angehören.

Feinden entgegentreten, wenn es die Majorität seiner Völker lahm gelegt? 8½ Millionen Deutsche mit all ihrer Loyalität und all ihrer Hingebung und Tapferkeit vermöchten allein die Großmachtstellung Oesterreichs nicht aufrecht zu erhalten.

Wenn nun in Oesterreich eine langsame Assimilirung national unbewußter Völker, wie beispielsweise in Frankreich, oder ein gewaltthätiges Verschlingen selbstbewußter, wie in Rußland, undenkbar sind, so bleibt wohl nichts anderes übrig, als die Nationalitäten ungehemmt, wie in der Schweiz, in allen Sphären ihres nationalen Lebens walten zu lassen. Die Halbheit unserer Politik, welche die Entwicklung der Völker bis zu einem gewissen Grade fördert, um sie dann zu hemmen, muß zum Verderben führen.

Welchen Sinn hat es, den Boden zu düngen, aus dem die Wurzeln eines Volksstammes Nahrung ziehen, und diesen Stamm gleichzeitig daran zu hindern, daß er an seinen Aesten Blüthen und Früchte treibe? Welchen Sinn hat es, in der Schule das Nationalgefühl der Volksmassen groß zu ziehen, und es dann im öffentlichen Leben auf das Empfindlichste zu kränken?

Es ist somit auch vom sprachlichen Standpunkte aus das absolute Gebot einer wahrhaft österreichischen Politik, in der Autonomie der Gesetzgebung und Verwaltung bis an die äußerste Grenze des Statthaften zu gehen.

„Aber diese Grenze zu bestimmen," — entgegnet man, — „ist eben die große Schwierigkeit. Während die Einen glauben, in der Autonomie bis hart an die Grenze der Personalunion gehen zu müssen, wähnen die Anderen, die von der Dezemberverfassung vorgezeichneten Linien der Zentralisation noch enger ziehen zu sollen. Wer mag sich hier als Schiedsrichter aufwerfen, wessen Ausspruch ist mit so hohem Ansehen umkleidet, daß er die Marken feststellen und den Streitenden Halt gebieten könnte!"

Der willkürlichen Entscheidung eines Individuums werden sich die Kämpfenden allerdings nicht fügen, wohl aber dem gewichtigen Ausspruche der Geschichte, die mit der Beredsamkeit der Thatsachen und der Autorität einer vieltausendjährigen Erfahrung spricht. Und sie bedarf zu ihrem Verdikte nicht einer Rückschau auf uralte Zeiten und auf längst dahingeschwundene Nationen. Ihr genügt hiezu ein Blick auf die nächste Vergangenheit, ein Blick auf die Gegenwart. Sie weist auf zwei höchst merkwürdige Gemeinwesen hin, in denen während der letzten 80 Jahre in überzeugendster Weise hervortrat, was der Staat als Minimum der Gewalt im Zentrum bedürfe, um seine Machtstellung und seine Autorität zu sichern. Die Hindeutung auf diese zwei Staaten ist um so belehrender, als in ihnen das Minimalmaß der Zentralgewalt nicht von einem Monarchen, sondern vom Volke selbst festgestellt wurde, und zwar nach Erlebnissen und Erfahrungen, die es überzeugten, daß die zu weitgehende Autonomie, in deren Besitz es bis dahin war, gemeinschädlich sei und enger begrenzt werden müsse. Die zwei Staaten, deren Vorgehen für uns so hohe Bedeutung hat, sind die nordamerikanische Union und die Schweiz. In Ersterer legten sich die einzelnen Staaten des Bundes diese Selbstbeschränkung nach den Erfahrungen eines Dezenniums auf. Männer, die zu den Größten und Weisesten aller Jahrhunderte zählen: Washington, Franklin, Hamilton und Madison riethen, die Verfassung, deren Schöpfer sie waren, im Sinne größerer Zentralisation abzuändern, und machten ihren ganzen Einfluß dahin geltend, daß der Kongreß im Jahre 1788 den losen Staatenbund in einen kräftigen Bundesstaat, in eine Union umwandelte.

Jene erhabenen Charaktere ließen sich durch falsche Scham nicht abhalten, die Fehler ihres Werkes schleunigst zu repariren. Ihr Patriotismus überwog ihre Selbstliebe.

Die Schweizer bedurften langedauernder Parteikämpfe und eines gefährlichen Bürgerkrieges, um im Jahre 1848 die zu weit gehende Autonomie der Kantone einzuschränken.

Bei diesen, durch Zeit und Raum so weit von einander getrennten Verfassungsänderungen ist es bedeutungsvoll, daß in beiden Ländern die Autonomie fast dieselbe Umgrenzung fand*).

Wenn nun die, ihre Souveränität so eifersüchtig bewachenden Staaten der nordamerikanischen Union, und die, auf ihre Selbstständigkeit so sehr trotzenden Kantone der Schweizer Eidgenossenschaft, nach ausgiebiger Erfahrung und reiflicher Erwägung, in Bezug auf das Self-Government sich freiwillig einschränkten, wenn so reife und praktische Völker sich selbst: „Bis hieher und nicht weiter!" zuriefen, so werden die Nationalitäten Oesterreichs diesem Vorbilde um so williger folgen, als sie auch aus zahlreichen Beispielen der alten und neuen Zeit ersehen können, wie der Mangel an Mäßigung und Selbstbeschränkung die blühendsten Föderationen, die mächtigsten Staaten- und Städte-Bünde zu verheerendem Bürgerkriege und schließlich zum Untergange führte. Um nur ein Beispiel anzuführen, sei hier des uns so nahe liegenden deutschen Bundes gedacht, welcher durch das Ueberwuchern der souveränen Gewalt der einzelnen Staaten, seit Jahrhunderten nicht jene Kraft im Inneren und jenes Ansehen nach Außen besaß, zu welchem die Größe der Nation ihn berechtigt hätte, und der endlich in Strömen vergossenen Bürgerblutes seinen gewaltsamen Tod fand.

Die Schweiz und Nordamerika sind nicht blos nach der einen Richtung hin belehrend, sie zeigen nicht nur, bis wohin man mit der Zentralisation gehen müsse, sondern auch, wie weit man mit der Autonomie gehen könne, ohne den Staat irgendwie zu beeinträchtigen, oder wohl gar zu gefährden. Denn trotz der großen Autonomie ist sowohl in der Union, wie in der Schweiz

---

*) Die Umgrenzung ist aus der, Seite 70—73, entworfenen Skizze der Schweizer Verfassung ersichtlich.

das Gleichgewicht zwischen Zentralgewalt und den Regierungsgewalten der einzelnen Staaten und Kantone nicht im mindesten gestört. Seit mehr als 80 Jahren besteht die heutige nordamerikanische Verfassung, und der innere Friede blieb bis zum Jahre 1860 ungetrübt, und selbst der um jene Zeit ausgebrochene Bürgerkrieg ward nicht durch die inneren Fehler der Konstitution, sondern durch das, aus der Kolonialzeit her, ihr soziales und politisches Leben imprägnirende Gift der Sklaverei hervorgerufen. Der Organismus der Union mußte, um sich gesund zu erhalten, dieses Gift ausscheiden und einen Prozeß durchmachen, der unter keiner Staatsform sich ohne gewaltige Krisen hätte vollziehen können. Und daß nach so tiefen sozialen und politischen Erschütterungen die Verfassung, mit Ausnahme jener Bestimmungen, welche die Sklaverei betrafen, unversehrt geblieben, zeigt, wie sehr sie sich erprobt und wie tief sie sich in das Leben der Nation hineingewachsen hatte.

Die Schweizer Verfassung ist seit 21 Jahren in Kraft; sie trat kurz nach Bewältigung eines Aufstandes ins Leben, und trotz der, zu jener Zeit angehäuften Elemente des Haders, ungeachtet des mächtigen Parteigetriebes in den einzelnen Kantonen, ward die Harmonie zwischen der Bundesautorität und den Kantonalregierungen während dieses Zeitraumes nicht einen Augenblick lang getrübt. Bei einer Bevölkerung, welche der österreichischen gleichkommt, bestehen in der nordamerikanischen Union, neben der **Bundes-Executive und Legislative, sechs und dreißig Staatenregierungen und gesetzgebende Versammlungen** mit ausgedehntesten Befugnissen, und in der Schweiz bei einer Bevölkerung, die nur den **vierzehnten** Theil der österreichischen beträgt, **fünf und zwanzig Kantonalregierungen und Legislativkörper**, und obschon in normalen Zeiten die Zentralgewalt weder in dem einen, noch in dem anderen Staate ihrer Autorität durch ein stehendes Heer Nachdruck zu geben vermag, ist doch ihr Ansehen und ihre verfassungsmäßige Gewalt unangetastet, und während in Oesterreich die Phrase: „Man kann mit 17 Landtagen nicht regieren," eine stehende ist, kommt nie eine Klage wegen der Fülle von Staatsgewalten über die Lippen eines Schweizer- oder eines amerikanischen Staatsmannes.

Somit kann es in Oesterreich nicht die allzureiche Ausstattung der Landesgewalt sein, welche den immer schroffer werdenden Gegensatz zwischen Gesammt-Staat und Ländern, zwischen Reichsrath und Landtagen hervorruft, sondern muß im Gegentheile der Grund für alle unsere staatsrechtlichen Konflikte in der allzuengherzigen Umschreibung der Autonomie liegen.

In Nordamerika, wie in der Schweiz wurde die Grenzlinie der Autonomie so gezogen, daß jeder einzelne Staat, der sie überschritte, **ebensosehr sich**, wie der Gesammtheit Schaden brächte. Auch der Zentralgewalt sind zur Erreichung der ihr vorgesteckten Ziele die Mittel so ausgiebig in die Hand gelegt, daß sie zum Hinübergreifen über die Schranken ihrer Befugnisse nicht Anlaß findet. Bei so naturgemäßen, bei so vernünftig gezogenen Scheidelinien ist der Gefahr des Konfliktes möglichst vorgebeugt, sind der Friede und die Harmonie der Staatsgewalten auf das einfachste und sicherste gewahrt. In Oesterreich hingegen, wo die deutschen Staatsmänner eine weitgehende Autonomie für eine Reichskalamität halten und den Völkern in dieser Richtung nur nothgedrungen und widerwillig Konzessionen machten, wurden die Grenzen der Selbstregierung ebenso willkürlich, als enge gezogen. Es kann daher nicht Wunder nehmen, wenn die Grenzstreitigkeiten permanent sind, wenn die sich beengt fühlenden Nationalitäten die gezogenen Schranken stets zu überschreiten, oder zu erweitern suchen, und wenn das während der Reichsraths-Session scheinbar so friedliche Oesterreich, sich in nationale Feldlager verwandelt, so oft man in den Ländern tagt.

Kurzsichtige Politiker betrachten daher auch die Landtage als die Krankheit Oesterreichs. Thörichter Wahn! Nicht Oesterreichs Krankheit sind die Landtage, sondern Oesterreichs Krankensäle, in welchen die an der Zentralisation schwer leidenden Völker klagen und stöhnen. Die Landtage beseitigen, hieße nicht die Krankheit entfernen, sondern den armen Hilfesuchenden das Asyl versperren, und dem Arzte die Gelegenheit zur Erkenntniß und zur Heilung entziehen.

Wohl fühlt, oder ahnt die deutsche Majorität, wie sehr sie durch die Zentralisation das Selbst-Verfügungsrecht der anderen Völker beeinträchtige; sie sucht daher durch die Wohlthat liberaler Gesetze ihnen für das entgehende Recht reichliche Entschädigung zu bieten. Aber sie vergißt, daß hundert Wohlthaten eine Beleidigung nicht vergessen machen, und daß gute Gesetze allerdings das nützliche, ja nothwendige Mobiliar eines staatlichen Hauswesens bilden, daß aber die verschwenderischste Ausstattung mit schönen Möbeln ein Haus nicht wohnlich mache, das in seinen Fundamenten wankt.

Es ist schmerzlich zu konstatiren, daß unsere deutschen Liberalen noch immer nicht zur Einsicht gelangt sind, daß die Verfassung nur ein prekärer Besitz, nur eine Kreatur der Hofgunst sei, so lange die **Rechtseinbuße der einen Nationalität zum Rechtsgewinne der anderen** wird, und daß nur jene Konstitution die Bürgschaft der Dauer in sich trüge, deren Bedrohung zugleich die Gefährdung der Rechte und der nationalen Lebensbedingungen **aller Völker** wäre! Das tiefe Mißtrauen in die Stabilität der konstitutionellen Zustände, das bei uns alle Gemüther beschleicht, hat seine Ursache nur darin, daß der Reichsrath nicht auf der breiten Grundlage des Gesammtwillens der österreichischen Nationen ruht. Nicht die **Zahl der Volksvertreter** muß vermehrt werden, sondern **die der vertretenen Völker**. Die Verfassungspyramide umkehren, unten die Volksbasis immer schmäler, und oben die Vertretung immer breiter machen, das hieße ihren Zusammensturz beschleunigen.

So lange unsere Staatsmänner fragen: „wem sollen wir gerecht werden?" und nicht: „wie sollen wir allen gerecht sein?", so lange die österreichischen Völker keine andere Wahl haben, als Hammer, oder Amboß zu sein, werden bei dem politischen Hämmerungsprozesse Hammer und Amboß einander gleich sehr abnützen und allmälig das zertrümmern, was zwischen ihnen liegt — **das arme Oesterreich.**

„**Aber**,“ — rufen ängstliche Politiker aus, — „**soll Oesterreich, das von allen Seiten her bedrohte Oesterreich, sich dezentralisiren, während die Großstaaten ringsherum durch Zentralisation, durch Zusammenfassen ihrer Kräfte sich verstärken?**“

Nun, es wurde schon nachgewiesen, daß im homogenen Nationalstaate die Zentralisation der Staatsgewalt die Konzentrirung der Nationalkraft bedeute, daß aber im Nationalitätenstaate die Zentralisirung die Mehrzahl der Völker in ihren Rechten verletze, in ihrer Ehre kränke, in ihrer Sprachentwicklung hindere und daß sie eine Fülle nationaler Kräfte lähme. Staaten, wie Einzelne stärken sich nur, wenn sie ihre Lebensordnung ihrer Natur gemäß einrichten. Es gibt in der Politik so wenig, wie in der Medizin, eine Panacée, ein absolut stärkendes Mittel. Was den Einen kräftiget, kann den Anderen entkräften.

Den Aengstlichen möge es zur Beruhigung dienen, daß Alles, was die Defensiv- und Offensivkraft betrifft, im Bundesstaate der Zentralgewalt ganz so anvertraut ist, wie im zentralisirten. Alle internationalen Schutzwaffen sind in ihre Hände gelegt, die geistige Schutzwaffe: die Diplomatie, die physische: das Heer, die finanzielle: das Geld, und endlich die volkswirthschaftliche Waffe: das Recht, die Zölle und den Handel zu regeln.

Zu der ungehemmten Kraftanwendung in Tagen der Gefahr bedarf jedoch der Staat auch noch des inneren Friedens, der Wohlfahrt und der Opferwilligkeit seiner Völker. Man frage die eifrigsten Zentralisten, ob im jetzigen Oesterreich diese wichtigsten Machtbedingungen vorhanden seien?

Und welchen Werth hat eine Politik, die nicht für die schlimmen Chancen berechnet ist? — Für die günstigen war ja auch die Bach'sche gut genug.

„Nun, wenn auch keine Gefahren,“ — bemerken die sentimentalen Freunde der Zentralisation — „so entstehen doch zahlreiche Unbequemlichkeiten aus der Verschiedenheit der Gesetze in den Ländern eines und desselben Reiches, Unbequemlichkeiten, die man der Bevölkerung ersparen muß.“

Es ist merkwürdig, mit welchem Zartgefühle unsere Zentralisten bemüht sind, jede, selbst die kleinste Unbequemlichkeit von der Bevölkerung ferne zu halten, die möglicherweise die Folge der Autonomie ist, und wie sie mit einem Gefühle ganz entgegengesetzter Art den Völkern auch nicht eine der Kränkungen ersparen wollen, welche nothwendigerweise sich im Gefolge der Zentralisation befinden. „Es würden Unbequemlichkeiten entstehen,“ sagt man. Nun, entweder wären diese gering, dann kämen sie nicht in Betracht. Wer großen Gefahren entrinnen will, darf kleinen Beschwerden nicht aus dem Wege gehen. Oder die Unbequemlichkeiten würden in der Erfahrung sich als hochgradig erweisen. Dann würden aber auch alle Völker gleich sehr bestrebt sein, sich durch Uebereinkommen von denselben zu befreien. So helfen die Schweizer ähnlichen Uebelständen durch Vereinbarungen (Konkordate) ab. So führten die deutschen Bundesstaaten — Oesterreich mit eingeschlossen — ohne ihre Selbstständigkeit aufzugeben, das neue **Handelsgesetz** ein.

Weit weniger gegen gleichförmige Gesetze, als gegen die zentralisirte Legislation, gegen die Suprematie der Deutschen, sträuben sich die Völker. Was sie als Diktat der Ersteren zurückweisen, werden sie bereitwillig annehmen, wenn sie als Paciszenten ihr **gleichberechtigtes Votum** abzugeben haben. **All' das Große, das Ihr mit Eurer Zwangseinheit vergeblich anstrebt, wird mit Leichtigkeit durch freie Vereinbarung erzielt werden.**

War doch zu keiner Zeit die Besorgniß, daß die Dezentralisation eine bedenkliche Verschiedenheit in der Gesetzgebung und Verwaltung hervorrufen werde, so ungerechtfertigt, als in der unserigen. Der täglich mehr sich beschleunigende physische und geistige Verkehr führt zum rapiden Austausche der Ideen, zum raschen Ausgleiche der Institutionen. Was in der Administration und Legislation eines Staates sich bewährt, wird bald zum Gemeingute Aller. So machen beispielsweise das französische Maß-, Gewichts- und Münz-System, die englische Posttarif- und Zollreform allmälig ihren Weg durch Europa. Internationale Verträge bringen Einklang in die Gesetze der zivilisirten Nationen auf volkswirthschaftlichem und humanitärem Gebiete, ohne Zwang, einzig und allein hervorgerufen durch die Gleichheit der Interessen. Sollte die Einigung, die sich zwischen verschiedenen Staaten vollzieht, nicht mit noch größerer Leichtigkeit zwischen den Volksfamilien eines und desselben Staates zu erzielen sein?

Nachdem wir die Verwaltung und Gesetzgebung im Allgemeinen erörtert, wollen wir nun deren wichtigste Zweige einzeln in Betracht ziehen.

A. Die politische Verwaltung.

Die politische Verwaltung jedes Schweizer-Kantons wird durch Behörden geleitet, die, aus der Volkswahl hervorgehend, in den reinen Demokratien (Uri, Schwyz, Glarus und Unterwalden) der gesammten Wählerschaft, und in den repräsentativen Demokratien der Volksrepräsentanz verantwortlich sind. Die Verwaltungs-Gesetzgebung ist gleichfalls eine kantonale Angelegenheit, und das Volk übt sein Gesetzgebungsrecht entweder unmittelbar in der Versammlung der Landes-

Gemeinde, oder mittelbar durch seine Vertretung, und zwar in einigen Kantonen mit Vorbehalt des Veto, in anderen ohne diesen Vorbehalt.

Die administrative Gliederung, welche je nach den Kantonen variirt, kann hier nicht Gegenstand der Darstellung sein *). Von Bedeutung für uns sind nur die Gemeinden**), in der Schweiz auch Rhoden, Tagwen und Uertene genannt, denen, bei großer Mannigfaltigkeit der Einrichtungen, das Eine gemeinsam ist, daß sie ihre inneren Angelegenheiten autonom ordnen. Nur in Bezug auf Vermögensverwaltung sind sie in vielen Kantonen der Oberaufsicht der Regierung unterworfen.

Die verwaltende Behörde ist der Gemeinderath mit einem Vorsteher (Amman, Syndik oder Präsident genannt) an der Spitze. Der Gemeinderath und der Vorsteher werden von den versammelten Gemeindebürgern gewählt, und legen auch diesen periodisch Rechnung ab.

In einigen Kantonen besorgen die Gemeinden nebst den gewöhnlichen Kommunal-Angelegenheiten, auch noch alle Zweige der administrativen und gerichtlichen Polizei, die meisten Verrichtungen des nicht streitigen Richteramtes, die Vertheilung und Einhebung der Kantonal-Steuern, so daß die administrative Dezentralisation in ihnen vollständig durchgeführt ist.

Die selbstständige Gemeinde ist die politische Volksschule der Eidgenossenschaft. „Vorzüglich in der gewissenhaften Führung der Gemeinde-Angelegenheiten lernt der Schweizer, grundsätzlich und aus Gewohnheit, in der Staatsverwaltung eine strenge Oekonomie beobachten und die Anhäufung von Schulden verabscheuen." ***)

Wie wohlgeordnet der Haushalt der Schweizer Gemeinden sei, wird aus der Thatsache ersichtlich, daß schon im Jahre 1849 das Vermögen sämmtlicher Gemeinden in den 7 Kantonen: Bern, Zürich, Waadt, Aargau, St. Gallen, Luzern und Solothurn, mit einer Bevölkerung von circa 1½ Mill. Seelen, fast 200 Mill. Franken betrug, während in dem zentralistischen Musterstaate Frankreich, nach den Angaben des bedeutendsten und maßvollsten der französischen Journale (Journal des Débats, Mai 1847), neun Zehntel der Gemeinden kein Vermögen haben, und in Bezug auf ihren Haushalt sich in dem beklagenswerthesten Zustande befinden. „Mit der Pflasterung und Beleuchtung ist es in den Gemeinden schlecht bestellt," sagt das Journal des Débats. „Es gibt Städte mit 50.000 Seelen, deren Straßen bei dem mindesten Regen unpraktikabel werden, so tief ist der Koth."

Weder in den Kantonen, noch in den Gemeinden der Schweiz

---

*) Lehrreiche Mittheilungen hierüber enthalten folgende Werke:
A. E. Cherbuliez: De la Démocratie en Suisse.
L. Snell: Handbuch des schweizerischen Staatsrechtes.
**) Außer den politischen, Pfarr- und Schul-Gemeinden gibt es auch Bürger- (Patriziats-) Gemeinden. Gegen letztere haben sich in der Neuzeit die demokratischen Bestrebungen gerichtet.
***) Franscini: Neue Statistik der Schweiz. Zweiter Theil, Seite 136.

gibt es einen Beamtenstand. Mit Ausnahme der Lehrer und Geistlichen, sind nur sehr Wenige der öffentlich Bediensteten lebenslänglich angestellt. Die Kantonal-Budgets sind daher mit Ausgaben für Pensionen nur sehr wenig belastet.

Wie behaglich sich der Schweizer unter der nicht bureaukratischen Obhut seiner autonomen Behörden fühle, wurde schon in der Auseinandersetzung über die Staatsverwaltung im Allgemeinen angedeutet, und wird speciell in den folgenden Kapiteln nachgewiesen werden, in welchen der Kultus und Unterricht, das öffentliche Bauwesen und die Vorkehrungen zur Förderung der Volkswirthschaft Gegenstand der Erörterung sind. Hier seien nur, zur Kennzeichnung kantonaler Administration, beispielsweise die Armenpflege und die Vorsorge für die öffentliche Sicherheit hervorgehoben.

Die gesammte Schweiz besaß im Jahre 1849 — die Güter der großen Spitäler nicht eingerechnet — Liegenschaften im Werthe von circa 60 Millionen Franken, deren Ertragniß ausschließlich zur Unterstützung der Armen dient. Auf jeden Dürftigen entfiel durchschnittlich ein Kapital von 445 Franken. Alljährlich wurden schon um jene Zeit von den Kantonen mehr als 5½ Millionen Franken zur Unterstützung der Dürftigen verwendet, was eine mittlere Betheiligung jedes Armen mit circa 40 Franken ergibt. Sämmtliche Wohlthätigkeitsbureaux des großen zentralisirten Frankreichs nahmen um dieselbe Zeit im Durchschnitt jährlich circa 13½ Millionen Franken ein, so daß für jeden Armen sich nur eine Durchschnittsunterstützung von 2½ Franken ergab.

Daß die Kantone mit Sorgfalt über die Sicherheit der Person und des Eigenthums ihrer Bürger wachen, zeigt die hiefür alljährlich verausgabte Summe von 1.974.000 Franken, welche verhältnißmäßig um 59% höher ist, als die von Oesterreich für diesen Zweck verwendete. „Das Eigenthum", sagt Castelar, „ist in der Schweiz besser als in irgend einem Lande gesichert, obwohl nirgends gleich liberale Institutionen bestehen."

„Die präventiv polizeilichen Institutionen in der Schweiz sind wohl dürftig. Bei alldem genießt man in den schweizerischen Republiken einer Sicherheit der Person und des Eigenthums, welche mit Recht berühmt geworden ist. In der Schweiz geschieht, wenn Missethaten verübt werden, nicht selten dasselbe, was in den vereinigten Staaten von Nordamerika von Tocqueville beobachtet worden ist: „que tout le monde se croit intéressé à fournir les preuves du délit et à saisir le délinquent." *)

Um das Ineinandergreifen des Sicherheitsdienstes der verschiedenen Kantone zu ermöglichen, ist es diesen gestattet, nicht nur unter Zustimmung des Bundes Vereinbarungen unter einander zu treffen, sondern für polizeiliche Zwecke ausnahmsweise auch mit den Regierungen der

---

*) Franscini: Neue Statistik der Schweiz, II. Band.

Nachbarländer Verträge abzuschließen und in unmittelbaren Verkehr mit deren untergeordneten Behörden zu treten.

Die **Fremdenpolizei** betreffend, ward dem Bunde die Befugniß eingeräumt, Ausländer, welche die innere oder äußere Sicherheit des Landes gefährden, auszuweisen, und auch in Bezug auf die **Sanitätspolizei** hat sich der Bund das Recht vorbehalten, bei **gemeingefährlichen Seuchen** gesundheitspolizeiliche Verfügungen zu treffen.

Was die **politische Verwaltung der österreichischen Königreiche und Länder** betrifft, so wurden die Gründe für die Nothwendigkeit, sie zu dezentralisiren, schon bei der generellen Besprechung der Staats-Administration vorgebracht, und wird eine spezielle Motivirung bei einzelnen wichtigeren Zweigen derselben in den nächsten Abschnitten stattfinden.

In Bezug auf die Selbstverwaltung der Ortsgemeinden reiht sich Oesterreich den vorgeschrittensten Staaten des Kontinents ebenbürtig an, und in der autonomen Bezirksgemeinde besitzt es eine entwicklungsfähige und für die Regelung der nationalen Verhältnisse höchst werthvolle Institution *).

B. Unterricht und Kultus.

Der fünfte Theil der öffentlichen Gesammtausgaben **) entfällt in der Schweiz auf das Budget des Unterrichts und Kultus. Zwanzig Perzent der Steuern, welche das Schweizer Volk zahlt, werden somit dazu verwendet, die Bildung, die Sittlichkeit und den religiösen Sinn der Bevölkerung zu heben, während in Oesterreich im Jahre 1865 nur $1\frac{1}{4}$ %, sage Ein ein Viertel Percent der Staatsausgaben auf das Budget des Kultus und Unterrichts entfielen. Aber nicht Oesterreich allein, sondern — mit ehrenvoller Ausnahme Preußens — alle großen Staaten Europa's stehen in Bezug auf den Aufwand für Unterrichtszwecke weit hinter der Schweiz zurück. So werden in Frankreich nur $4\frac{1}{2}$ % der vom Staate jährlich verausgabten Summen dem Unterrichte zugewendet, während die Schweiz für die Erziehung der Jugend beinahe 14 % ihrer Einnahmen verbraucht.

Wenn Oesterreich in Bezug auf den Staatsaufwand für Kultus und Unterricht sich der Schweiz gleichstellen wollte, müßte es jährlich nahezu 44 Millionen Gulden verausgaben, während es für diesen

---

*) Näheres hierüber enthält meine kleine Schrift: Zur Erweiterung der Munizipal-Autonomie.

**) Die Gesammtausgaben der Schweiz betrugen im Jahre 1864 in runder Summe $36{,}_5$ Millionen Franken; hievon entfielen auf Kultus- und Unterrichtszwecke $7{,}_4$ Millionen Franken.

Zweck in's Budget des Jahres 1865 nur wenig mehr als 5¼ Millionen einstellte. *)

Bei einer Bevölkerung von 2½ Millionen Seelen besitzt die Schweiz 7000 Volksschulen, 260 Sekundär=, Real= und Industrieschulen, 47 Gymnasien, 6 Hochschulen (3 Universitäten in der deutschen und 3 Akademien, nach dem Muster französischer Hochschulen, in der französischen Schweiz), und 1 polytechnisches Institut.

Falls das gesammte Oesterreich, mit 35 Millionen Einwohnern, so eifrig die intellektuelle Ausbildung seiner Bürger anstrebte, wie die Schweiz, müßte es 98.000 Volksschulen, 3,640 Sekundär=, Real= und Industrieschulen, 658 Gymnasien, 84 Hochschulen und 14 polytechnische Institute haben. In Wirklichkeit besaß es im Jahre 1865 nur 29,200 Volksschulen (darunter viele Nothschulen in erbärmlichstem Zustande), 134 unselbstständige Unterreal= und 71 selbstständige Realschulen, 236 Gymnasien, 7 Universitäten und 8 technische Akademien. **)

Wie tief beschämend für uns ist diese Parallele und wie belehrend zugleich für die Fanatiker der Zentralisation; denn all' diese glänzenden Resultate verdankt die Schweiz einzig und allein der Einsicht und Sorgfalt ihrer Kantone und Gemeinden. Keine bevormundende Zentralregierung läßt dort ihre Weisheit in Unterrichtsangelegenheiten durch die ganze Schweiz leuchten. Die Kantonalgesetzgebungen erhalten nicht, wie unsere Landtage, Planeten gleich, ihr Licht von der parlamentarischen Zentralsonne. Die Vertreter jedes Kantons sind erleuchtet genug, um Helle in ihrem Staatswesen und in den Köpfen ihrer Jugend zu verbreiten. So lebhaft und allgemein ward durch diese Selbstthätigkeit der Sinn der Bevölkerung für das Erziehungswesen, daß dieses der Lieblingsgegenstand des Gespräches und der Fürsorge aller Volksklassen ist. Im Kanton Zürich allein erhielt der Schulfonds während des Jahres 1854, durch 237 Vermächtnisse den Zuwachs von 138,000 Franken. Im Kanton Graubündten, mit 90,000 Einwohnern, wuchs der Schulfonds in den letzten 10 Jahren um eine halbe Million Franken. Die Stadt Winterthur verausgabt, bei einer Bevölkerung von 6500 Einwohnern; circa 84,000 Franken jährlich für ihre höheren Bildungsanstalten. „Ein wahrhaft einzig dastehendes Vorbild," rufen mit vollem Rechte die österreichischen Schulmänner Beer und Hochegger aus.

---

*) In dieser Summe ist auch alles das mit einbegriffen, was die Kronländer und die hervorragendsten Gemeinden derselben für Kultus- und Unterrichtszwecke verausgabten. Seit dem Jahre 1865 ist wohl eine Besserung eingetreten, und wurden in's Unterrichts- und Kultus-Budget des Jahres 1869 für die westliche Reichshälfte allein circa 5.₄ Millionen Gulden eingestellt (von denen circa 3.₄ Millionen auf das Unterrichtsbudget entfallen); aber wie weit steht selbst diese Summe verhältnißmäßig hinter der schweizerischen zurück.

**) Spezial-Lehranstalten besitzt Oesterreich noch folgende: 3 theologische Fakultäten, 11 Rechts- und 4 Handelsakademien, 6 chirurgische, 4 Montan- und Forstlehranstalten, 1 Landwirthsakademie, 82 theologische Lehranstalten; ferner 16 Hebammen-, 28 Landwirthschafts-, 7 nautische und 5 Bergschulen; dann 3 Militärakademien, 8 Militärspezialinstitute, 8 Schulkompagnien, 9 Militärerziehungshäuser und 4 Kadeteninstitute.

Die hervorragendsten Männer dieses Landes beschäftigen sich seit langer Zeit mit der geistigen Entwicklung der Jugend. Und so kam es auch, daß von der Schweiz die tief gehende Reform des europäischen Erziehungswesens ausging. Der Genfer J. J. Rousseau übte vernichtende Kritik an der Unterrichts- und Erziehungsmethode seiner Zeit, der Züricher Pestalozzi reformirte durch positive Vorschläge die moderne Pädagogik, und die Schweizer Fellenberg, Wehrli und Andere, traten als würdige Nachfolger in die Fußstapfen ihres großen Vorgängers.

Daß es nicht bloßer Zufall ist, wenn in den kleinen autonomen Gemeinwesen der Schweiz für die Volksbildung besser gesorgt wird, als in irgend einem der großen Staaten Europas, beweist die nordamerikanische Union. Die Bundesregierung hat daselbst nichts mit der Unterrichtspflege zu thun; die Einzelstaaten und die Gemeinden tragen ganz allein Sorge für die geistige Nahrung der Jugend, und ihrer Thätigkeit verdankt Nordamerika, dessen Bevölkerung die der österreichischen Monarchie nicht übersteigt, die riesige Zahl von 105.000 Volksschulen, in denen die Schüler nicht bloß den Unterricht, sondern meist auch die Schulbücher und das Schreibmaterial gratis erhalten. Einundzwanzig Millionen Dollars (= circa 42 Millionen Gulden) verausgaben die Staaten der Union jährlich für Schulzwecke. Die Stadt New-York widmet der Volksbildung alljährlich circa 2 Millionen Dollars (= ungefähr 4 Millionen Gulden), somit eine größere Summe, als die, welche im österreichischen Unterrichtsbudget des Jahres 1869 figurirt. *)

Auch ein Blick auf die Bildungsinstitute der deutschen Staaten genügt, um es außer Zweifel zu stellen, daß kleine Gemeinwesen für das geistige Wohl ihrer Bürger mehr Sorge tragen, als große; ja, es bedarf zu einem solchen Nachweise nicht einmal eines Hinüberschweifens über unsere Grenzen; denn auch innerhalb Oesterreichs tritt es klar vor

---

*) Die Schulfonde der Unionsstaaten betragen circa 41½ Millionen Dollars (circa 82 Millionen Gulden), und sind in steter und rascher Zunahme begriffen.

Das Vermögen des Schulfonds von 12 Schweizer Kantonen betrug schon im Jahre 1849, 25 Millionen Franken (= 10 Millionen Gulden). Bei dem raschen Wachsthum dieser Fonds überschätzt man das gegenwärtige Vermögen nicht, wenn man es auf 13 Millionen Gulden taxirt.

In Oesterreich haben der Normalschul- und der Studienfonds seit dem Jahre 1844 wenig Zuwachs erhalten, und beträgt ihr Vermögen nicht 20 Millionen Gulden. Wie es jetzt mit den nicht dotirten Fonds für Unterricht, Erziehung und Bildung sich verhalte, welche nach den im Jahre 1848 erschienenen offiziellen „Tafeln der Statistik der österreichischen Monarchie für das Jahr 1844" ein Vermögen von circa 41 Millionen Gulden auswiesen, konnte ich nicht ermitteln, ebensowenig, welchen Beitrag der Religionsfonds der Gesammt-Monarchie, der eine Jahres Einnahme von circa 5 Millionen Gulden hat, für Unterrichtszwecke leistet.

Das Kirchenvermögen der Schweizer Katholiken wird auf 80 Millionen Franken (= 32 Millionen Gulden Oest. W.), das gesammt österreichische auf 283 Millionen Gulden geschätzt. Letzteres ist somit verhältnißmäßig um ein Bedeutendes geringer, als das schweizerische.

Augen, wie gedeihlich der Unterricht unter der Obhut der autonomen Körperschaften sich entfalte. Die Stadt Wien hat von 1849—1867, somit innerhalb eines Zeitraumes von 18 Jahren, ihre Ausgaben für Schulzwecke um mehr als das Achtfache erhöht. Ungefähr 88.000 fl. verwendete die Metropole im Jahre 1849) für den Unterricht und circa 763,000 Gulden im Jahre 1867. *) Auch die Provinzialhauptstädte machen, seitdem sie sich selbst verwalten, rühmliche Anstrengungen, und ebenso gibt sich in den Landtagen das Bestreben kund, die Kultur in ihren respektiven Ländern bestens zu fördern.

Und dennoch fürchten die österreichischen Politiker mit jener Aengstlichkeit, die bei uns für Vorsicht gilt, die Kulturinteressen der Monarchie zu verletzen, falls sie das Unterrichts- und Erziehungswesen dezentralisirten. Wird auf die glänzenden Resultate der Selbstverwaltung hingewiesen, so sind die Widersacher rasch mit der Entgegnung bei der Hand, daß in Oesterreich, bei dem niederen Kulturgrade der meisten seiner Völker, die Autonomie hochzivilisirter Länder unstatthaft sei.

Nun, findet man etwa in Böhmen, Mähren und Galizien, an welche Länder man doch vorzugsweise denkt, wenn von Erweiterung der Autonomie die Rede ist, — nicht hinreichend Männer von Intelligenz und Bildung, denen man die Kulturentwicklung ihres Volkes mit Beruhigung anheim geben könnte?

„Ja," — wendet man ein — „die Völker sind so weit zurückgeblieben, daß es eines kräftigen Impulses bedarf, um sie vorwärts zu bringen."

Nun, gerade weil die Mehrzahl unserer Nationalitäten in der Kultur zurückgeblieben ist, — und zwar großentheils durch die Schuld der österreichischen Regierung zurückgeblieben ist, — bedarf es, um sie geistig zu heben, einer ebenso verständniß- als theilnahmsvollen Behandlung des Unterrichts- und Erziehungswesens. Und wo ist mehr Verständniß, wo mehr Theilnahme für die Erziehung eines Volkes zu finden? Bei denen, die weder das Land, noch das Volk mit seiner Sprache und seinen Eigenthümlichkeiten kennen, oder in den Köpfen und Herzen jener hervorragenden Männer, welche mit ihrer Nation Eins, die natürlichen Anwälte der nationalen Entwicklung sind, und die aus trauriger Erfahrung wissen, daß ein Volk politisch nur so viel bedeute, als es an Kenntnissen erworben, und an Bildung besitzt.

Wenn irgend eine Angelegenheit zu den inneren eines selbstbewußten Volkes zählt, so ist es die Erziehung, und an der Behandlung dieser Frage zeigt es sich wieder recht auffällig, wie wenig unsere Politiker des großen Unterschiedes zwischen Nationalstaat und Nationalitätenstaat sich bewußt sind.

Die Erziehung der heranwachsenden Jugend ist zunächst eine Angelegenheit der häuslichen Familie, und, da die Einsicht und die

---

*) Im Jahre 1870 werden nach dem Veranschlage die Ausgaben für Schulzwecke fast 1.400,000 Gulden betragen.

Mittel dieser nicht ausreichen, in zweiter Linie die Aufgabe der großen Volksfamilie. In einem Lande mit einheitlicher Bevölkerung sind **Volksfamilie** und **Staat** identisch, und ist dieser somit berechtigt und befähigt, von seinem Mittelpunkte aus das Unterrichtswesen zu ordnen.

Hingegen ist in einem Nationalitätenreiche der Staat nicht **Eine Volksfamilie**, sondern eine **Assoziation von Volksfamilien**. Wenn nun der **Staat**, das ist in dem jetzigen konstitutionellen Oesterreich die **deutsche Reichsrathsmajorität**, die Unterrichtsangelegenheiten der ganzen westlichen Reichshälfte normirt, so **sorgt nicht jede Volksfamilie für ihr eigenes geistiges Gedeihen,** sondern **diktirt Eine Volksfamilie allen anderen die Gesetze ihrer geistigen Entwicklung.** Das ist eine Usurpation, ein Eingriff in fremde Rechte. Wahrlich keine Einzelfamilie würde es zugeben, daß eine benachbarte, und wäre diese noch so hoch gebildet, ihr die Normen der Kindererziehung vorschriebe, wie gern sie auch bereit wäre, **ihren freundlichen Rath zu befolgen, und ihr Beispiel freiwillig nachzunahmen.**

Nur ein Volk, das in allen seinen Schichten unmündig ist, darf geistig bevormundet werden; Völker, deren gebildete Klassen auf der Kulturhöhe der Zeit stehen, sind der Leitung ihrer hervorragenden Männer zu überlassen. Von keiner Frage werden daher unsere Nationalitäten empfindlicher berührt, als von jener des Unterrichts, und mit ganz besonderer Eifersucht bewachen sie die Volksschule, da in ihr, als der wichtigsten Erziehungsanstalt, die Zukunftssaaten eines Volkes zur Reife gebracht, oder in ihren Wurzeln zerstört werden können.

Ihr sagt: „**Wir stellen im Reichsrathe ja nur die Grundsätze des Volksschulwesens fest.**"

Das ist wahr; aber ist denn die Feststellung dieser Grundsätze im Reichsrathe eine so wichtige Lebensbedingung der Schule und des Reiches, um darob den inneren Frieden zu gefährden?

Wo sind denn die reichsten Fundgruben trefflicher Schulgrundsätze? Etwa in den Gesetzbüchern großer zentralisirter Reiche, oder nicht vielmehr in den legislatorischen Arbeiten jener Länder, wo es eine Fülle selbstständiger Verwaltungsorganismen gibt, und wo die Bürger selbstthätig die Bildung der Jugend unter ihre Obhut nehmen?

Als Staatsmann hätte der Unterrichtsminister an diesen Fundorten nicht die oberflächlich liegenden Schulprinzipien auflesen, sondern aus der Tiefe derselben die Lehre heraufholen sollen: Daß der Wetteifer autonomer Gemeinwesen in Unterricht und Erziehung viel Werthvolleres geschaffen habe, als die Gesetzesschablone großer zentralisirter Staaten, und daß es nicht durch blinden Zufall geschah, wenn in alter, wie in neuer Zeit föderirte Länder vorzugsweise die Kulturstätten der Menschheit waren.

„**Aber die Slaven sind kein Kulturvolk,**" replizirt

man, „ihr Bildungsdrang ist eben so gering, wie ihre Kulturfähigkeit. Das Unterrichtswesen ganz ihren Händen anvertrauen, hieße die Bildung unserer Jugend, und mit ihr die europäische Machtstellung Oesterreichs gefährden."

In diesem oft erhobenen Einwande liegt eine Beschuldigung so schwerer Art, daß man billigerweise Anstand nehmen sollte, sie einem Volke in's Antlitz zu schleudern, ohne dafür vollgiltige Beweise zu haben. Und nicht nur fehlen diese, sondern liegen selbst Beweise des Gegentheils vor.

In Europa bestehen gegenwärtig zwei slavische Staaten: Rußland und Serbien*). Ueber das Unterrichtswesen Rußland's sprechen sich die bewährten österreichischen Schulmänner Beer und Hochegger in ihrem höchst belehrenden Werke: „Die Fortschritte des Unterrichtswesens in den Kulturstaaten Europa's" (3. Band, 1. Abtheilung) in folgender Weise aus:

„Wenn die politischen Reformen in Rußland, welche im Laufe der letzten 10 Jahre die Regierung des jetzigen Kaisers vorgenommen hat, mit Fug und Recht die Aufmerksamkeit der gesammten politischen Welt auf sich gezogen haben, so verdient die Thätigkeit derselben, das gesammte Unterrichtswesen des großen Weltreiches in einer, den Anforderungen und Bedürfnissen der Gegenwart entsprechenden Weise umzugestalten, die unbedingteste Anerkennung der gebildeten Welt. Die Grundsätze, von denen man bei der Organisation der mannigfachsten Lehranstalten ausging, die Normen, welche nach mehrfacher Berathung endgiltig aufgestellt wurden, verdienen in vielfacher Beziehung die Beachtung denkender Schulmänner, und sind als ein Sieg westlicher Kultur zu betrachten. — — — Mit großer Sorgfalt hat man die Schulinstitutionen der hervorragendsten Kulturländer studirt, und meist jene Einrichtungen adoptirt, welche von den bewährtesten Schulmännern unserer Tage befürwortet wurden."

Soviel über Rußland. Hören wir nun, wie der hervorragende deutsche Rechtslehrer Professor Lorenz Stein im fünften Theile seines umfassenden Werkes: „die Verwaltungslehre" sich über das Schulwesen Serbiens äußert:

„Es möge uns hier gestattet sein, ... einen Blick auf das Bildungswesen eines jungen Staates zu werfen, der mit großer Energie und anerkennungswerthem Verständniß in einer, wir sagen geradezu bewunderungswürdig kurzen Zeit, bei sich ein Bildungswesen entwickelt hat, das, obwohl unter dem Drucke der Verhältnisse schwer arbeitend, dennoch in bedeutsamer Weise den Nachbarländern vorangeht. Das System des serbischen Bildungswesens zeichnet sich dadurch aus, daß es alle Elemente speziell des deutschen Bildungswesens in sich aufgenommen hat, soweit seine Verhältnisse es erlauben. Es besitzt ein,

---

*) Das kaum 80 ☐ Meilen umfassende unwirthliche Gebirgsländchen Montenegro ist nicht beachtenswerth.

ziemlich über das ganze Land ausgebreitetes System der Volks- (Normal-) Schulen für die männlichen und weiblichen Schüler, das System der Gymnasien, mit der Unterscheidung in Ober- und Untergymnasien, die Realschulen und selbst Realgymnasien, dann eine Fachschule für Theologie, endlich eine Akademie, welche den Athenäen entspricht." *)

Nachdem der Verfasser noch mehrere Details angegeben, schließt er mit folgenden Worten:

„Diese Andeutungen werden genügen, um den **ersten positiven Schritt, den Deutschland in der Organisation des serbischen Bildungswesens nach dem Orient gethan hat,** zu charakterisiren."

Wir sehen hier einen jungen slavischen Staat die geistige Volksentwicklung auf das rühmlichste fördern. Die Serben bedurften keines Vormundes, um ihr Bildungswesen nach deutschem Muster einzurichten. Erscheint es glaublich, daß die ihnen an Kultur und Vertrautheit mit dem deutschen Geiste weit überlegenen Polen und Czechen ihr Schulwesen ohne die Vorsorglichkeit des Reichsraths würden verfallen lassen? Eröffnete nicht der, auf neuen staatsrechtlichen Grundlagen zusammentretende kroatische Landtag seine Thätigkeit mit der Gründung einer Universität? Sich selbst überlassen, werden — wie das Beispiel Serbiens lehrt — die Slaven in ihrer Kultur freiwillig den Spuren des deutschen Genius folgen; denn nicht gegen die **deutschen Schulgesetze** lehnen sie sich auf, sondern gegen die **deutschen Schulgesetzgeber.**

„**Selbst die Richtigkeit dieser Argumente zugegeben,**" — entgegnen die Anwälte der Zentralisation, — „**ist die unbeschränkte Autonomie im Unterrichtswesen nicht zulässig, weil sie die Deutschen in jenen Ländern, wo sie mit den Slaven gemengt wohnen, und die Minorität bilden, den rohesten Slavisirungsversuchen aussetzen würde. Man malt mit so lebhaften Farben die schmerzlichen Gefühle eines Volkes, das sein dürftiges Idiom gegen ein reiches aufzugeben genöthigt wird, ist aber ganz stumpf gegen die Seelenpein einer hochzivilisirten Nation, welcher eine in den Windeln der Kultur liegende Sprache aufgedrängt wird. Der Hinblick auf das czechische Sprachenzwangsgesetz, bei dessen Nennung schon jedem Deutschen die Zornesader schwillt, sollte hinreichen, um den föderalistischen Gedanken, als einen antinationalen, aus dem politischen Programme eines Deutschen zu verbannen.**"

Diesen Bemerkungen gegenüber muß man vor Allem fragen: Kam das czechische Sprachenzwangsgesetz im föderirten Oesterreich zu Stande? Ward es nicht im böhmischen Landtage unter Schmerling

---

*) Die Akademie enthält drei Fakultäten: die philosophische, technische und juridische; die medizinische fehlt.

votirt? Seither hat wohl die Dezemberverfassung dem Sprachenzwange vorzubeugen gesucht; aber wahrlich die nationalen Minoritäten bedürfen eines viel kräftigeren Schutzes, als der ihnen durch die Grundrechte geboten ist, und die weiteren Auseinandersetzungen werden nachweisen, daß die Gewähr, welche ein föderirtes Oesterreich gegen den Sprachterrorismus zu bieten vermag, um vieles sicherer und ausgiebiger sei.

„Die Schulen sind nicht blos Unterrichts-, sondern auch Erziehungs-Anstalten,“ — bemerken ferner die Gegner der Autonomie — „das Reich hat in denselben Interessen zu wahren, die von denen der Kronländer und der in ihnen vorherrschenden Nationalitäten verschieden sind: das Reich muß wünschen, daß die Schule der heranwachsenden Jugend, Liebe zum Gesammtvaterlande und zu seinen Institutionen einflöße und sie zu guten Oesterreichern erziehe. Die Nationalen hingegen würden, unbekümmert um Oesterreich, nur eifrig bemüht sein, die Kinder zu Czechen, Slovenen u. s. w. zu erziehen. Kann man dem Reiche zumuthen, daß es seine Bildungsanstalten in Brutstätten partikularistischer Gesinnung, und in Herde antiösterreichischer Agitationen umwandeln lasse?“

Wir müssen bei dieser Frage länger verweilen, weil sie einen Punkt berührt, der als Angelpunkt österreichischer Politik zu betrachten ist. Ihre Bedeutsamkeit möge es entschuldigen, wenn wir bei Beantwortung derselben weit ausholen.

Bevor man daran geht, über österreichische Politik zu sprechen, muß man es sich klar gemacht haben, ob im Partikularismus der Völker Oesterreichs, im Erstarken ihres nationalen Bewußtseins, eine Bürgschaft, oder eine Gefahr für Oesterreichs Zukunft liege. Um sich diese Klarheit zu verschaffen, ist es vor Allem nothwendig, die nationalen Bestrebungen der österreichischen Völker in's Auge zu fassen.

Von den Deutschen abgesehen, welche, als die Paladine der Dezemberverfassung, über jeden Verdacht der Illoyalität erhaben sind, kommen zwei nationale Gruppen in Betracht: die romanische und die slavische. In der romanischen sind die westlichen Romanen, die Italiener, wie bereits im ersten Abschnitte dieser Schrift angedeutet wurde, seit der Lostrennung Lombardo-Veneziens nur von untergeordneter Bedeutung für unsere Politik. Die Ostromanen (Rumänen, Walachen) sind wohl ein nicht zu übersehender Faktor in den Berechnungen österreichischer Politik; aber da das Gros derselben die Länder der ungarischen Krone bewohnt, so beanspruchen sie mehr die Würdigung der ungarischen, als der zisleithanischen Staatsmänner. Von nicht genug hervorzuhebender Wichtigkeit hingegen sind die Slaven, welche nahezu die Hälfte der Bewohner der Gesammtmonarchie, und die überwiegende Majorität der Bevölkerung in der westlichen Reichshälfte bilden. Nur die Unwissenheit kann ihre Bedeutung leugnen, nur die Leichtfertigkeit sie unterschätzen; die Staatsklugheit gebietet, die Strömungen der öffentlichen Meinung in der slavischen Welt zu erforschen und den Gravitationspunkt ihrer nationalen Interessen zu suchen, da Oesterreich auf's schwerste bedroht ist, sobald dieser außerhalb der Monarchie liegt.

Nun machen sich innerhalb der slavischen Völker darüber, wo der nationale Schwerpunkt ruhen solle, zwei Anschauungen geltend. Nach der einen soll jeder slavische Volksstamm seinen Schwerpunkt in sich selbst, im Mittelpunkte seines nationalen Lebens finden, während nach der zweiten Ansicht allen Slaven ein gemeinsamer nationaler, und politischer Mittelpunkt gegeben werden soll, damit die Einheit der Race auch in der politischen Einheit ihren Ausdruck finde.

Die erste dieser Anschauungen ist die partikularistische, die zweite die panslavistische.

Die Panslavisten gravitiren, dem Gesetze der Schwere folgend, nach dem großen slavischen Reiche, nach Rußland. Dieses ist somit der natürliche Förderer der panslavistischen Idee. Die Partikularisten, deren Bestrebungen sich im engen Stammeskreise bewegen, somit in einem Kreise, der innerhalb der Grenzen Oesterreichs liegt, können, staatsklug geleitet und benützt, dem Bestande der Monarchie mächtige Garantien bieten. Oesterreich ist daher, wenn es seine Interessen begreift, im Gegensatze zu Rußland, der natürliche Beschützer des slavischen Partikularismus.

Der Panslavismus ist bis jetzt nur ein phantastischer Zukunftstraum, eine nationale Utopie, ja er wird häufig nur als Popanz gebraucht, um ängstliche politische Gegner einzuschüchtern. An einer frühern Stelle dieser Schrift wurde bereits hervorgehoben, daß nur die Identität der Sprache ein Volk geistig einige und durch mächtige Sympathien häufig auch zur politischen Einheit führe, während die bloße Verwandtschaft in Sprache und Abstammung keine tiefen Herzensneigungen hervorruft, und auch politisch nur sehr geringe Anziehungskraft übt. Es wurde aber an derselben Stelle auch bemerkt, daß die Race die letzte Rückzugslinie eines hartbedrängten Volkes sei.

Völker wie Individuen gedenken, so lange sie in Wohlstand und Ueppigkeit leben, nur selten ihrer fernen Verwandten; in Noth und Bedrängniß jedoch fühlen sie sich zu ihnen hingezogen, da sie mehr Mitgefühl bei ihnen, als bei Fremden voraussetzen dürfen.

Die romanischen und germanischen Völker, die einen reichen nationalen Besitz, die ihre Geschichte, ihre Literatur und Kunst und ihr öffentliches Leben haben, und die in ihrem Volksthume sich nicht bedroht sehen, haben keinerlei Neigung, ihre fernen Stammverwandten aufzusuchen und ihre Individualität zu Gunsten einer pangermanistischen oder panromanistischen Idee aufzugeben.

Das Auftauchen der panslavistischen Idee, das Hilfesuchen der Slaven bei dem mächtigsten und reichsten Stammesverwandten, bei Rußland, deutet somit entschieden auf Dürftigkeit und Bedrängniß dieser Völker hin.

Wenn nun nationale Dürftigkeit und nationale Bedrängniß die Quellen des Panslavismus sind, kann darüber ein Zweifel obwalten, daß das Verstopfen dieser Quellen die Lebensaufgabe Oesterreichs sei?

Slavische Volksstämme, die eine kümmerliche Geschichte, eine bettelarme Sprache, ein inhaltleeres politisches Dasein haben, werden sie nicht der verführerischen Stimme dessen lauschen, der ihnen eine glorreiche nationale Zukunft unter dem mächtigen Czar verheißt? Wird aber in Oesterreich dafür Sorge getragen, daß diese Völker ihren Sprachschatz immer mehr bereichern, daß ihr politisches und nationales Leben sich stets frischer und freudiger entfalte, so werden die Stimmen jener propagandistischen Sendlinge, Stimmen in der Wüste bleiben. Nur der Besitzlose vagabundirt, den Besitzenden knüpfen alle Interessen an seine Heimat fest.

Noch ist der Panslavismus nur eine Utopie. Der im Slaven stark ausgesprochene Sinn für Familie und Gemeinde gibt sich auch als Liebe zur Stammesfamilie kund, und es widerstrebt ihm, das Eigenleben dieser in der Race aufgehen zu lassen. So lange daher die slavischen Völker hoffen dürfen, ihre Stammes-Existenz in Oesterreich durch eigene Kraft fördern zu können, werden sie den Lockungen des Panslavismus widerstehen. Und sie hoffen dieß; sie rechnen, im Bewußtsein ihres numerischen Uebergewichtes, auf den Einfluß, der ihnen, trotz alles Widerstandes, auf die Gestaltung Oesterreichs werden muß, wenn nicht der Staat den Staatsformen zum Opfer fallen soll. Und der Ungestüm, mit welchem sie die Aenderung der Verfassung fordern, ist das sicherste Zeichen ihres Interesses an dem Bestande der Monarchie. Die Venezianer ereiferten sich während der Schmerling'schen Verfassungsperiode durchaus nicht, sie blieben dem öffentlichen Leben fern, und hüllten sich in Schweigen. Sie dachten nicht daran, sich in einem Staate häuslich einzurichten, den sie jeden Augenblick zu verlassen wünschten. Die Slaven hingegen wollen in ihrer Mehrzahl ein für sie wohnlich eingerichtetes Oesterreich, weil sie darin dauernd ihren Sitz aufschlagen wollen. Man könnte fast sagen, daß die Heftigkeit des Widerstandes, den die verschiedenen slavischen Stämme der Dezemberverfassung entgegensetzen, der Gradmesser ihrer österreichischen Gesinnung sei. Die abwechselnd oppositionelle und gleichgiltige Stimmung der Polen hängt mit ihrem wechselnden Interesse für Oesterreich zusammen, das je nach der europäischen Konstellation steigt und sinkt. Die Czechen, welche, falls ihre Nationalität nicht gefährdet ist, unter allen Slaven das kräftigste österreichische Bewußtsein haben, sind auch die heftigsten Opponenten.

So lange die Slaven remonstriren und klagen, so lange hoffen sie. An dem Tage, wo sie zu schweigen beginnen, haben sie zu hoffen aufgehört, ist in ihnen jedes Interesse für Oesterreich und dessen Bestand erloschen.

Läßt die Politik unserer Staatsmänner ihnen keine andere Wahl, als entweder von den Stammesverwandten, den Russen, oder von den ihnen in Sprache und Blut völlig fremden Deutschen sich absorbiren zu lassen, so werden sie das Erstere wählen. Die Völker wie die Einzelnen ziehen das Leben in der Fremde dem Tode in der Heimat vor; ist der Tod jedoch unvermeidlich, so sehnen sie sich darnach, wenigstens im Kreise der Ihrigen zu sterben. Wenn die Polen und Czechen als solche in Rußland untergehen, so leben sie doch als Slaven fort, und für den Verlust der Stammeseigenheit entschädigt sie einigermaßen die Erhaltung der Race.

Und wehe Oesterreich, wehe dem Occidente, wenn der Ruf zum Anschlusse an Rußland durch die ganze slavische Welt geht! Wehe Europa, wenn es durch die Rivalität der Staaten in sich gespalten, oder gar in Krieg verwickelt ist, während Rußland das Banner einer großen nationalen Idee entfaltet, und über die entfesselten Kräfte urwüchsiger Stämme gebietend, seine riesigen Kolonnen nach dem Abendland wälzt, um dort die germanische Kultur zu bedrohen!

Man halte das Gesagte nicht für tendentiöse Uebertreibung, nicht für die Ausgeburt erhitzter Phantasie. Der gewaltigste Mann des Jahrhundertes hat diese Besorgniß ausgesprochen, und die hervorragendsten Staatsmänner und Publizisten haben ihr Ausdruck gegeben. Es seien hier nur die Worte eines Autors citirt, der nicht zu den Tagesschriftstellern zählte, der nicht durch die Brille der Parteileidenschaft, sondern mit dem freien Blicke des Forschers sah, die Worte des berühmten Staatsrechtslehrers K. S. Zachariä*):

„Jetzt ist nur noch ein Volk slavischer Abkunft, das russische übrig, welches seine Selbstständigkeit behauptet hat. Dieses ist aber schon jetzt zu jener Macht gelangt, welche dem germanischen Europa**) Gefahr droht, und erwägt man die Gesetze, nach welchen sich die Bevölkerung eines Landes im Verlaufe der Zeit vermehrt, so eröffnet sich die Aussicht in die Zukunft, daß die russische Nation mit den ihr einverleibten Stämmen, der germanischen Kultur und Zivilisation dasselbe Schicksal bereiten wird, welches die römische traf, als die Deutschen das weströmische Reich überflutheten."

Dieß zu verhindern ist die Mission Oesterreichs, ist die Kulturaufgabe der Deutschösterreicher. „Raceneinheit" ist die moskovitische Parole, „Stammessonderheit" sei die österreichische. Unsere Staatsmänner müßten den partikularistischen Sinn der slavischen Stämme wachrufen, falls er schlummerte; dürfen sie ihn einschläfern, da, wo er wach ist, und sich so lebendig regt? Durch Germanisirungsversuche erfüllt der Deutsche nicht seine Kultursendung, sondern

---

*) Karl Salomo Zachariä's „vierzig Bücher vom Staate", Heidelberg, Verlag von C. F. Winter. 1839. 5. Band, Seite 177.

**) Zachariä nimmt germanisch für abendländisch, da nach dem Untergang des weströmischen Reiches der größte Theil Europa's in den Händen zweier Nationen war, der Germanen und der Slaven (Sarmaten). Die Germanen theilten sich in Nationen rein germanischer und gemischter Abkunft, in welch' letzteren sich das deutsche Blut mehr oder weniger mit dem romanischen gemischt hatte, wie in den Franzosen, Spaniern und Italienern.

weckt er den Haß der Nationalitäten, fördert er die Zwecke Rußland's. Der Sache Deutschlands und den Interessen Europas dient er nur, indem er den West- und Süd-Slaven die Pfade der Selbstentwicklung ebnet, und die Kluft zwischen ihnen und den Russen immer mehr erweitert. Der Deutschösterreicher muß die Volksstämme, welche seine Ahnen im Laufe der Jahrhunderte für die abendländische Bildung und großentheils für die abendländische Kirche gewannen, diesen auch ferner erhalten. Er muß die Völker, welche er groß gezogen, nun für mündig erklären, und die Sorgen für ihre inneren Angelegenheiten ihnen selbst überlassen. Der beste Vormund würde den Dank seines Mündels verscherzen, wenn er den majorenn Gewordenen noch immer seiner Autorität zu unterstellen suchte. Nur der **mündige**, nur der **selbstbewußte** Slave wird ein vollbewußter Oesterreicher sein. In den vom zentralisirten Oesterreich bevormundeten und niedergehaltenen Slaven müssen Nationalbewußtsein und Patriotismus stets Gegensätze bleiben.

„Lasset uns," — sagte Smolka im 1848er Reichstage — „Polen und Czechen sein, und wir werden gute Oesterreicher werden; aber Ihr wollt uns gewaltsam zu guten Oesterreichern machen, und wir bleiben Polen und Czechen." — —

Ich bin auf langem Umwege zur Beantwortung der Frage gelangt, ob das Reich gestatten könne, daß die Jugend in der Volksschule zu Czechen, Slovenen u. s. w. erzogen werde. Es ergibt sich aus dem Gesagten, daß die Schule, indem sie die Herzen der Jugend für ihre Nationalität erwärmt, in dieselben auch die Liebe zu Oesterreich pflanze. Der Patriotismus läßt sich nicht, wie das A, B, C, aus der Fibel erlernen; die heilige Flamme der Vaterlandsliebe wird am häuslichen Herde angefacht. Setzt sich die Schule mit dem väterlichen Hause in Widerspruch, dann büßt sie nur ihre Autorität ein, ohne dem Staate Gewinn zu bringen.

Was in Bezug auf die Autonomie von der **Volksschule** gesagt wurde, gilt auch für die **Mittelschule**.

Steht nicht Deutschland, das viel gegliederte Deutschland, was den Reichthum und die Mannigfaltigkeit der Lehranstalten, das harmonische Ineinandergreifen derselben und die Trefflichkeit der Lehrmethode betrifft, den übrigen Staaten Europa's weit voran? Der Wetteifer der zahlreichen kleinen Regierungen war es, der die Mittelschule so reich gestaltete. Und die durch Mannigfaltigkeit der Methoden und Einrichtungen hervorgerufene Vergleichung ließ Irrthümer viel leichter erkennen, als die öde Gesetzesmonotonie, welche das Unterrichtswesen eines weiten Staatsgebiets in die Zwangsjacke eines Reglements schnürt. Nicht die zentralisirte Gesetzgebung, sondern die pädagogische Wissenschaft hat allmälig Einheit in das deutsche Schulwesen gebracht, und diese Einheit, die aus der Forschung und Erfahrung resultirt, ist, weil geistig geschaffen, auch geistig schöpferisch, während die dekretirte Einförmigkeit den produktiven Kräften beengende Schranken setzt.

In ebenso eminenter Weise, wie in Deutschland, sehen wir unter dem Einflusse der kantonalen Autonomie die Mittelschule sich in der Schweiz entfalten.

Auch die einzelnen Staaten des nordamerikanischen Bundes, deren Existenz zum großen Theile erst seit Jahrzehnten datirt, haben das Unterrichtswesen, völlig unbeeinflußt von der Zentralregierung, in großartiger Weise entwickelt.

3248 Mittelschulen (Academies and grammar-schools) besaß die Union bereits im Jahre 1840*), und wenn die Amerikaner in Folge ihres derb realistischen Wesens, ihrer aus England überkommenen Vorurtheile und bei der Jugendlichkeit ihres Staats- und Unterrichtswesens, was Lehrplan und Lehrmethode betrifft, gegenwärtig noch sehr hinter den Deutschen zurückstehen, so werden sie, bei dem allgemeinen Verständnisse des Werthes höherer Bildung, und bei der Munificenz, mit welcher sie Lehranstalten gründen und ausstatten, in nicht allzu ferner Zeit den vorgeschrittensten Staaten Europa's nicht nur nachkommen, sondern selbst voraneilen.

Welchen Gefahren der Unterricht im zentralisirten Staate ausgesetzt sei, beweisen Frankreich und Preußen. In Ersterem wurde das von Guizot und Cousin geschaffene treffliche Volksschulgesetz gar bald von der Zentralisirungssucht ihrer Nachfolger verstümmelt. Und in Preußen, welches seine trefflichen Schulen nicht seiner Großmachtstellung, sondern seine Großmachtstellung den trefflichen Schulen verdankt, ist, wie von Pädagogen konstatirt wird, unter dem Einflusse der junkerlichen und muckerischen Regierungsmänner das Bildungswesen seit längerer Zeit unverkennbar im Rückschreiten begriffen.

Ein so jäher und allgemeiner Rückgang ist im föderirten Staate kaum möglich. Das Volk wird da nicht durch das Genie, oder den guten Willen eines Einzelnen rasch vorwärts, aber auch nicht ebensoschnell rückwärts gedrängt. Es gibt da keine gleichmäßig verbreitete Helle, aber auch keine gleichmäßige Finsterniß, keine Josephinischen Toleranzedikte, aber auch kein Konkordat. Angestrengte Selbstthätigkeit bringt daselbst die Völker vorwärts, nicht sprungweise und ungestüm, sondern allgemach und stetig.

Zum Schlusse sind hier noch die Universitäten zu besprechen, in Bezug auf welche die Dezemberverfassung die volle Gesetzgebung dem Reichsrathe vorbehielt. Das Recht hiezu den Landtagen abzutreten, würden unsere deutschen Politiker als ein Attentat auf die Kultur betrachten; und doch haben sie für diese Anschauung ebenso wenig die Erfahrung für sich, als in Bezug auf die Primar- und Mittelschule.

Italien war kein Einheitsstaat, als seine Universitäten blühten,

---

*) Siehe Dr. J. E. Wappäu's Handbuch der Geographie und Statistik von Nord Amerika.

Holland war eine Föderation, als seine Hochschulen im 17. Jahrhunderte alle anderen überstrahlten, und Utrecht und Leyden sich unsterbliche Verdienste um die Wissenschaft erwarben.

Und nun vollends Deutschland! Neunzehn Hochschulen, neunzehn ruhmvolle Stätten der Lehre verbreiten das Licht deutscher Wissenschaft weit über die Grenzen des Vaterlands! Und verdanken sie ihren Ruhm etwa der Gesetzeseinheit? Nichts weniger als das! Die Rivalität der Regierungen und der Wettstreit der Lehrkörper hat die deutschen Hochschulen auf jene, von anderen unerreichte Höhe gebracht. Gerade dem Umstande, daß sie sich unabhängig von einander entwickelten, daß sie nicht durch ein für ganz Deutschland giltiges Reglement, in Unterrichtskasernen umgewandelt wurden, verdanken sie es, daß sie nicht blos Pflanzstätten des Wissens, sondern in schlimmen Tagen auch Pflegestätten nationaler Gesinnung waren, und sich stets ihre Elastizität und Frische bewahrten, während im reichen England, welches nur 12 Universitäten zählt *), die bedeutendsten: Oxford und Cambridge, noch heute unter dem Drucke der Hochkirche stehen. Der Geist der Zeit belebt nur die Londoner Universität, und diese wurde im Jahre 1828 durch liberale Männer auf Aktien gegründet.

Von den 17 Akademien Frankreichs haben nur zwei, die von Paris und die von Straßburg, die Vollständigkeit deutscher Universitäten; die anderen enthalten nur 1, 2, höchstens 3 Fakultäten. Und wenn auch die französische Jugend in diesen Akademien trefflichen Fachunterricht erhält, so wird ihr doch lange nicht jene mächtige Anregung zu umfassender Bildung, wie der deutschen. **)

Mit welch' hohem Interesse blickt das Auge auf die deutschen Hochschulen, deren jede ihre Geschichte und ihre glänzende Epoche hat, wie theilnahmslos hingegen ruht der Blick auf den französischen Akademien die sich alle auf einheitliches Kommando in demselben einförmigen Schritte bewegen.

Die kleine Schweiz; verdankt der Selbstthätigkeit seiner Kantone drei Universitäten im deutschen, und drei Hochschulen nach französischem Muster (Akademien) im französischen Theile. Sie hat für je 400,000 Einwohner eine Hochschule, während in Deutschland auf je 2 Millionen, und in Oesterreich nur auf je 5 Millionen Einwohner Eine Universität entfällt. Und obschon die Hochschulen der deutschen Schweiz von kleinen Kantonen (in Basel von einer

---

*) Von denen nur die schottischen sich den deutschen nabern.

**) Daß einsichtsvolle Franzosen dies zugestehen, geht aus folgender Bemerkung des namhaften französischen Fachschriftstellers Cournot hervor: "Es ist unmöglich, bei uns in Städten, die weit mehr Bedeutung als Bonn und Heidelberg haben, Universitäten zu organisiren, welche den deutschen glichen, wo 1000 bis 1200 Studenten zusammenströmen, um Theologie, Recht, oder Medizin zu studiren und dabei gleichzeitig einen Kursus über Philosophie, Philologie und exacte Wissenschaften zu hören, und wo die berühmtesten Gelehrten sich gerne niederlassen, weil sie sich angezogen fühlen durch die großen Emolumente, die ihnen geboten werden, durch reiche Bibliotheken, durch eine bedeutende soziale Stellung, kurz durch Alles, was sie als Gelehrte und Lehrer fördern kann."

kleinen Stadtgemeinde) legislativ geregelt und administrativ geleitet werden, wirken sie doch im Geiste deutscher Universitäten.

Ebenso zeigt sich in Nordamerika, was kleine, nur auf sich angewiesene Gemeinwesen zu leisten vermögen. Seine Einzelstaaten haben das Gebiet der Union mit höheren Unterrichtsanstalten übersäet. 239 Kollegien, Universitäten und gelehrte Fachschulen (Colleges, Universities, and Professional Schools) zählt Nordamerika. Die Universitäten haben allerdings, mit Ausnahme von zweien, welche den deutschen Hochschulen analog sind, mehr die Bedeutung unserer ehemaligen philosophischen Jahrgänge; aber, mit gelehrten Fachschulen, mit juridischen, medizinischen, technischen und theologischen Lehranstalten in Verbindung stehend, sind sie doch für die höhere Bildung von großer Wichtigkeit.

Eine Eigenthümlichkeit des höheren amerikanischen Unterrichtswesens ist, daß neben den öffentlichen Instituten zahlreiche höhere Lehranstalten bestehen, welche durch Privatassoziation gegründet, und von den Staaten mit Korporationsrechten ausgestattet, für den Unterricht in den gelehrten Fächern: in der Medizin, Jurisprudenz und Technik Sorge tragen. Wenn auch diese Anstalten nicht als mustergiltig zu betrachten sind, so zeigt doch ihre ersprießliche Wirksamkeit, bis zu welchem Grade der höhere Unterricht die Autonomie vertragen könne, und wie unbegründet die Besorgnisse unserer Politiker seien, daß ohne die Leuchte des Reichsrathes geistige Nacht über Oesterreich hereinbrechen müsse.

Lassen wir die Nationalitäten ungegängelt ihre Wege ziehen, und sie werden sich vom deutschen Geleise nicht allzusehr entfernen. Das deutsche Unterrichtswesen ist kein Treibhausgewächs, das nur unter der zarten Pflege ministerieller Hände gedeiht. Es wurzelt tief im Boden der Erfahrung und reifte langsam an der Sonne der Wissenschaft, und wie die Russen und Serben, werden auch unsere Nationalen ihre Muster in Deutschland suchen, wenn wir ihnen nicht durch Zudringlichkeit deutsches Wesen und deutsches Wissen zum Gegenstande des Widerwillens machen. Die deutsche Kultur hat in Oesterreich keine gefährlicheren Feinde, als ihre gewaltsamen Protektoren!

"Soll also" — fragt man — "die Zentralregierung die Hände ganz ruhig in den Schooß legen, und der Bewegung auf dem Unterrichtsgebiete nur als müßige Zuschauerin folgen?"

Durchaus nicht! Die kleine Schweiz geht uns auch hier mit großem Beispiele voran. Ohne der Selbstthätigkeit der Kantone irgendwie Schranken zu setzen, behielt sie sich vor, eine Universität und ein polytechnisches Institut auf Bundeskosten zu gründen, und so Musterlehranstalten zu schaffen *). Die Kreirung einer Universität unterließ sie jedoch bisher, weil die Kantonal-Universitäten und Akademien ihrem Zwecke entsprechen, und sie schuf nur ein polytechnisches Institut, welches

---

*) Auch Washington's sehnlicher Wunsch war es, daß der nordamerikanische Bund eine Muster-Universität gründe.

sie mit solcher Munifizenz ausstattete, daß es mit den besten Anstalten dieser Art zu rivalisiren vermag.

Dieses Beispiel muß Oesterreich befolgen, aber in jenem großen Style, der seiner Macht und Bedeutung entspricht. Es schaffe höhere Musterlehranstalten jeder Art im Zentrum der Monarchie, es fördere und dotire alle, die Entwicklung der Kunst und Wissenschaft bezweckenden Korporationen, Institute und Sammlungen auf das freigebigste, es konzentrire die ersten Lehrkräfte Deutschlands in Wien, mache die Metropole Oesterreichs zur Pflanzstätte der Kultur für alle seine Länder und Völker, und bilde jugendliche Talente jeder Nationalität auf Staatskosten zu tüchtigen Lehrern für höhere nationale Unterrichtsanstalten heran. So wird, angeregt durch den Wetteifer, und in richtige Bahnen geleitet durch treffliche Muster und ausgezeichnete Lehrer, sich jene Fülle geistiger Thätigkeit entwickeln, welche unsere Bureaukratie nicht nur nicht zu schaffen, sondern selbst nicht zu ahnen vermag. Der Unterrichtsminister, durch kein aufreibendes Verwaltungs-Detail von seiner großen Aufgabe abgelenkt, wird eine viel weniger extensive, aber dafür eine umso intensivere Thätigkeit entfalten und mehr durch das lebendige Beispiel, als durch todte Paragraphe wirken. Der deutsche Geist wird von Wien über das ganze Reich ausströmen, nicht um die nationale Kultur seiner Volksstämme zu überfluthen und zu ersticken, sondern um sie zu befruchten. Und die deutsche Sprache wird, jenen des Alterthums gleich, die Idiome der zu bildenden Völker nicht in Fesseln legen, sondern beschwingen.

Weder der Zuchtmeister unterworfener, noch der Krankenwärter dahinsiechender Völker, sondern der Führer von kräftigen und freien Nationen soll der Deutschösterreicher sein. Das ist seine Kulturmission, das ist sein zivilisatorischer Beruf!

Den kleinen Volksstämmen ihre Sprache **rauben**, oder **sachte und unbemerkt entwenden**, das wäre **brutale, oder feige Niedertracht**.

Was die **Kultusangelegenheiten** betrifft, so werden diese in der Schweiz, ganz so, wie die des Unterrichts, von den **Kantonen** geregelt. Selbstverständlich müssen, den Verfassungsnormen entsprechend, die **Gewissensfreiheit und die Gleichheit der Konfessionen** in der Gesetzgebung und Verwaltung respektirt werden.

Was Oesterreich betrifft, so hat das **Konkordat** daselbst so eigenthümliche Verhältnisse geschaffen, daß es geboten erscheint, die **gesetzliche Regelung der konfessionellen und interkonfessionellen** Beziehungen, das Normiren der **Stellung der Kirche zum Staate** der Zentralgesetzgebung zu überlassen.

Würden die Kultusangelegenheiten in ihrem **ganzen Umfange** den Landtagen zugewiesen, so müßte eine bedenkliche Stagnation in diesem Zweige der Legislation eintreten, denn als Reichsvertrag wäre das

Konkordat der Kompetenz der Landtage, und als Norm für die Regelung von Kultusangelegenheiten der Wirkungssphäre des Reichsraths entrückt.

Die sonstigen Gegenstände der Kultus-Gesetzgebung und Verwaltung, wie beispielsweise die Ernennung und Dotation der Kuratgeistlichen, die Kongrua- und Patronatsfragen, die Verwaltungskontrole des Kirchen- und Pfründenvermögens, die Regelung des Kultusbudgets ꝛc. gehören zur Kompetenz der Länder.

C. Oeffentliche Bauten.

Auch in diesem Zweige der öffentlichen Thätigkeit haben die sich selbst verwaltenden Kantone der Schweiz den meisten europäischen Staaten den Rang abgelaufen. Es wurde schon an einer früheren Stelle bemerkt, daß sie für ihre Armen und Leidenden und für die lernende Jugend, Paläste bauen. Mit gleich weiser Liberalität sorgen sie für Erleichterung des Handels und Verkehrs durch Herstellung ausgezeichneter Kommunikationswege. Bis in die Gletscherhöhen führen sie treffliche Straßen, kein Vicinalweg ist verwahrlost, und um Eisenbahnen anzulegen, haben kleine Kantone und Gemeinden sich mit Schulden belastet. Wie sehr die Schweiz an Sorgfalt für die Herstellung gemeinnütziger Bauten ihre kontinentalen Nachbarn übertreffe, zeigt ein Blick auf die Kantonalbudgets, in welche für diesen Zweck jährlich im Durchschnitte mehr als 8 Millionen Franken eingestellt sind, somit verhältnißmäßig eine dreimal größere Summe, als in Oesterreich, und eine zweimal so große, als in Preußen.

Den glänzendsten Beweis dafür, daß auch diese Ueberlegenheit ihren Grund in der Selbstverwaltung habe, liefert Nordamerika, in welchem, ohne alles Hinzuthun der Zentralregierung, durch die Privatthätigkeit und die Sorgfalt der Einzelstaaten, Eisenbahnen *) in der Gesammtlänge von 8.500, und Kanäle in der Länge von 800 deutschen Meilen gebaut wurden, während im vorgeschrittensten Lande Europa's, in England, die Länge der Eisenbahnen im Jahre 1865 nicht mehr als 2882, und die der Kanäle nur 624 deutsche Meilen betrug.

Die Herstellung und Erhaltung der Bundesstraßen der Schweiz besorgen, wie schon an einer früheren Stelle bemerkt wurde, ebenfalls die Kantone, aber nach Angabe und unter Kontrole der Bundesbehörde.

In Oesterreich gehören schon jetzt das Landeskommunikationswesen und alle Bauten, welche Landeszwecken dienen, in den Wirkungskreis der Landtage, und nichts wird dem hinderlich entgegen stehen, daß auch das Reich seine Bauten (mit Ausnahme der militärischen) durch die Länder ausführen und erhalten lasse, selbstverständlich auf seine Kosten, nach seiner Angabe und unter seiner Oberaufsicht.

---

*) Die 720 deutsche Meilen lange Pacific-Bahn, welche zum großen Theile Einöden durchzieht, ist der einzige Schienenweg, dessen Anlage von der nordamerikanischen Bundesregierung unterstützt ward.

D. Handel, Ackerbau und Gewerbe.

Bei der Regelung des internationalen Handels und Verkehrs, welche zu den **Bundesaufgaben** zählt, entschied sich das kleine Schweizerland für das System des Freihandels, und rief mit männlicher Entschlossenheit die ausländischen industriellen Nebenbuhler zu unbeschränkter Konkurrenz auf seinen Markt. Es vertraute hiebei der Tüchtigkeit, der Bildung und dem Fleiße seiner Bürger, deren Kraft es entfesselt und zum industriellen Wettkampfe befähigt hatte; und obgleich es von der Weltverkehrsstraße, dem Meere, entfernt, und von großen schutzzöllnerischen Staaten umschlossen ist, obgleich es an den wichtigen Hilfsstoffen der Industrie, an Kohle und Eisen Mangel leidet, gelang es ihm doch, durch angestrengte und klug geleitete industrielle und kommerzielle Thätigkeit, nicht nur die Mitbewerbung im Innern des Landes ohne Nachtheil zu ertragen, sondern auch seinen Fabrikaten überall auf dem Weltmarkte Geltung zu verschaffen. Außer England hat kein europäischer Staat verhältnißmäßig so zahlreiche Handelsverbindungen und eine so treffliche Konsularvertretung, wie die Schweiz, und ihre Ausfuhrtabellen weisen nach, daß sie durch ihre Gewerbs- und Handelsthätigkeit alle europäischen Kontinentalstaaten überflügelt. So hatten die im Jahre 1858 ausgeführten Schweizer Erzeugnisse verhältnißmäßig einen fast **vierfach** größeren Werth, als die **österreichischen** Export-Artikel im Jahre 1866, und einen **dreimal** größeren, als die im Jahre 1868*) aus **Oesterreich** ausgeführten Gegenstände. Sie überstiegen ferner verhältnißmäßig um 60% an Werth die Ausfuhrartikel des **Zollvereins** (im Jahre 1858), und um 26% die **Frankreichs** (im Jahre 1863).

Die Förderung des **Binnen-Handels und Verkehrs**, der **Industrie und des Ackerbaues** ist — die Leitung des Post- und Telegrafenwesens ausgenommen — der **Kantonal-Gesetzgebung und Verwaltung** anheimgegeben; doch hat die Bundesverfassung dafür Sorge getragen, daß kein Schweizerbürger in seinem Besitzrechte, im Handel und Verkehre, oder in der Ausübung seines Gewerbes durch etwaige **pfahlbürgerliche Engherzigkeit und Exklusivität** irgendwie beschränkt werde. Die oberste Bundesbehörde ging bei der Leitung jener volkswirthschaftlichen Institute, die ihrer Obhut anvertraut sind, den Kantonen mit gutem Beispiele voran**), und diese blieben hinter der Bundesregierung an Einsicht und Liberalität nicht zurück, und brachten durch zweckentsprechende Gesetze, Lehranstalten und Einrichtungen die

---

*) Wohl dem besten Exportjahre, das die Handelsgeschichte Oesterreichs kennt.

) Die Beförderung eines einfachen Briefes durch die ganze Schweiz kostet **vier, die eines rekommandirten **sechs** Neukreuzer, die eines Lokalbriefes ungefähr **Einen** Neukreuzer. Für die Beförderung einer einfachen Depesche durch die ganze Schweiz sind seit 1. Jänner dieses Jahres **zwanzig** Neukreuzer zu entrichten.

Bodenkultur, den Handel und die Industrie auf eine hohe Stufe der Entwicklung. Drei Ackerbauschulen*), mehr als vierzig landwirthschaftliche Armen-Erziehungsanstalten (Institute, welche der Schweiz eigenthümlich sind), dreißig landwirthschaftliche und Gartenbauvereine, welche von den Kantonen subventionirt werden**), verbreiten nützliche Kenntnisse auf diesem wichtigen Gebiete ökonomischer Thätigkeit.

Auch die Gewerbepolizei und die Gewerbs- (besonders Fabriks-)Gesetzgebung sind Gegenstand kantonaler Thätigkeit und Sorgfalt.

Kaum irgendwo auf dem Kontinente beschäftigte man sich so eifrig, wie in der Schweiz, mit der Regelung der Arbeitszeit und der Kinderarbeit in den Fabriken, mit der Sorge für eine den Sanitätsanforderungen entsprechende Einrichtung der Fabrikslokale und mit der Errichtung von Fabriksschulen. Das Züricher Fabriksgesetz vom 24. Oktober 1859, das Resultat wiederholter Prüfungen und eingehender Berathungen, kann in Bezug auf seine Bestimmungen als mustergiltig angesehen werden.

Auch für industrielle Fachschulen hat die Schweiz ausgiebig gesorgt.

Ferner sehen wir daselbst Sparkassen, Versicherungs-Anstalten und Banken, blos durch Kantonalgesetze normirt, in Fülle bestehen und segensreich auf alle volkswirthschaftlichen Zweige wirken.

Wie weit die Schweiz uns in dieser Beziehung voran ist, soll hier nur durch einige Beispiele nachgewiesen werden. Die kleine Republik hat doppelt so viel Sparkassen, als die westliche Hälfte Oesterreichs***). Die Zahl der Einleger in die Sparkassen übersteigt verhältnißmäßig um mehr als das Fünffache die unserer Reichsrathsländer, und ein Schweizer legt durchschnittlich drei- und ein halbmal so viel Sparpfennige zurück als ein Oesterreicher.

Banken besaß die Schweiz im Jahre 1866, bei einer Bevölkerung von 2½ Millionen Seelen, 66 mit einem eingezahlten Kapitale von 82 Millionen Franken = 32.800.000 fl. ö. W., während die gesammte österreichische Monarchie mit einer Bevölkerung von 35 Millionen gegenwärtig, einschließlich aller in der letzten Sturmperiode kreirten Banken, deren 32 mit einem eingezahlten Kapitale von zirka 260 Millionen Gulden öst. Währ. aufzuweisen hat. Die Schweizer Banken greifen somit, mit Rücksichtnahme auf die Bevölkerungsverhältnisse, dem Handel und der Industrie ihres Landes mit einer um 56% höheren Summe unter die Arme, als die österreichischen. †)

---

*) Allerdings nur niedere. Doch wird jetzt beantragt, daß der höhere landwirthschaftliche Unterricht einen Zweig der Lehrthätigkeit des polytechnischen Institus um so mehr bilden solle, als die Forstkultur ohnedies in den Kreis seiner Unterrichtsgegenstände einbezogen ist.
**) Das große Oesterreich zählt deren nur 48.
***) Die statistischen Daten zur Beurtheilung der ungarischen Länder stehen mir nicht zu Gebote.
†) Diese statistische Zusammenstellung fand im April dieses Jahres statt.

Zwei und zwanzig der angeführten Schweizer Bankinstitute sind Zettelbanken mit einem Notenumlauf im Betrage von 9½ Millionen Franken, und während die österreichische Regierung, ungeachtet des Bankprivilegiums, das Reich mit Papiergeld überflutete und schwere volkswirthschaftliche Kalamitäten heraufbeschwor, verstanden es die Kantone, trotz der Freigebung der Zettelbanken, durch zweckmäßige Gesetze ihre Bürger vor jenem wirthschaftlichen Ungemach zu wahren.

Was das Eisenbahnwesen der Schweiz betrifft, so berücksichtigte das Bundesgesetz vom Jahre 1852 gleichzeitig die Autonomie der Kantone und die Gesammtwohlfahrt des Landes.

Es ertheilte das Recht der Eisenbahn-Konzession den Kantonen und behielt dem Bunde nur die Genehmigung und das Recht des Bahnankaufes vor. Die übrigen Bestimmungen des Gesetzes haben nur den Zweck, engherzigen Kantonen den etwaigen Widerstand gegen Führung von Eisenbahnen durch ihr Gebiet unmöglich zu machen, den Eisenbahnverwaltungen das Gestatten des Anschlusses anderer Bahnen als Pflicht aufzuerlegen, ferner die technische Einheit des Eisenbahnwesens, so wie den Post- und Telegrafendienst des Bundes zu sichern.

Vierzehn Jahre nach Erlaß dieses Gesetzes, im Jahre 1866, war es schon der Thätigkeit und Opferfreudigkeit der Gemeinden und Kantone gelungen, die Schweiz, trotz der großen Terrainschwierigkeiten, mit einem Eisenbahnnetze zu bedecken, dessen Gesammtlänge verhältnißmäßig die der Bahnen jedes der großen europäischen Kontinentalstaaten übertrifft, so beispielsweise dritthalbmal die Länge des österreichischen Bahnnetzes. *)

Mit gleicher Rührigkeit sind die praktikablen Wasserstraßen dem Verkehre nutzbar gemacht, und werden die Seen der Schweiz von achtzig Dampfschiffen durchfurcht.

So in jeder Beziehung von den Kantonalbehörden auf das Einsichtsvollste gefördert, entwickelt sich in diesem Gebirgslande jene Fülle und Mannigfaltigkeit des volkswirthschaftlichen Lebens, welche die Bewunderung der Kenner hervorrief. Zeugnisse hiefür sind der offizielle Bericht John Bowring's an das englische Parlament, das Werk W. Baers über die Industrie der Schweiz ꝛc. ꝛc.

Wenn nun so Rühmliches durch die Selbstthätigkeit winziger Kantone vollbracht wird, sollten die Kronländer Oesterreichs, von denen Einzelne den Umfang und die Einwohnerzahl stattlicher Königreiche haben, wirklich in all diesen Dingen der Vormundschaft der Zentralgewalt bedürfen?

Angesichts der Mannigfaltigkeit der nationalen und Kultur-Verhältnisse, der Verschiedenheit, ja nicht selten des Gegensatzes in der Konfiguration und Beschaffenheit des Bodens, im Klima und in der Volksdichte der österreichischen Länder, und im Hinblick auf die hiedurch

---

*) Doch wollen wir hier nicht verhehlen, daß in neuester Zeit, in Folge mancher Uebelstände, sich das Bestreben kundgibt, durch ein Konkordat in das gesammte Eisenbahnwesen mehr Einheit zu bringen.

entstehenden zahlreichen Varietäten in der Agrikultur, im industriellen Schaffen, kurz im ganzen volkswirthschaftlichen Leben, muß man bei ruhiger Erwägung wohl zugeben, daß eine, den Verhältnissen sich anschmiegende lokale Regelung der Land- und Forstwirthschaft, der Montan-Industrie *) und der gewerblichen Thätigkeit im Allgemeinen segenbringender als eine zentrale sei, vorausgesetzt, daß — wie in der Schweiz — durch Reichsgrundgesetze jede engherzige Beschränkung und jede Beeinträchtigung der Gewerbefreiheit unmöglich gemacht wird.

Auch die Ordnung des Sparkassen-, Versicherungs- und Bankwesens kann innerhalb reichsgesetzlicher Schranken ohne Bedenken der Thätigkeit der Kronländer anheimgegeben werden.

Selbst das Freigeben der Zettelbanken, nach Herstellung der Valuta und nach Erlöschen des Bank-Privilegiums, ließe sich befürworten, wenn vorher durch ein Reichsgesetz Kautelen festgestellt würden, welche denen des amerikanischen Gesetzes vom 30. Juni 1864 analog sind **).

Daß das Handels- und Wechselrecht in der ganzen westlichen Reichshälfte einheitlich und somit die ganze Handelsgesetzgebung dem Zentralparlamente anheimzugeben sei, darüber sind meines Wissens alle nationalen Parteihäupter einig.

Auch in Bezug auf Eisenbahnen scheint es in Oesterreich, bei der ungleichen Kapitals- und Kreditsvertheilung, zur Verhinderung allzugroßer Verschiedenheit der Anlagekosten, sowie aus mannigfachen, militärischen, technischen, administrativen, national-ökonomischen und polizeilichen Gründen, geboten, die Gesetzgebung, Konzessionirung und Kontrole im Allgemeinen, wie bisher den Zentralbehörden zu überlassen; nur sollte es den einzelnen Ländern unbenommen bleiben,

---

*) Von Letzterer wären jene Zweige des Bergbaues auszunehmen, welche vom Staate monopolisirt werden.

**) Siehe: Die Finanzen und die Finanzgeschichte der Vereinigten Staaten von Amerika. Von Dr. Karl Freiherrn von Hock. Seite 731—743.

Die Hauptbestimmungen dieses Gesetzes, so weit sie die Zettelbanken betreffen, sind folgende:

„Jede Bank, welche Papiergeld ausgeben will, hat bei dem Vereinigten Staaten-Schatzamt einen entsprechenden Betrag von Vereinigten Staaten-Schuldobligationen zu deponiren und erhält dagegen 90 Perzent des Betrages in Bankzetteln."

„Der Betrag von Bankzetteln, welche überhaupt von allen Banken des Bundes ausgegeben werden dürfen, ist auf 300 Millionen Dollars festgesetzt. Diese 300 Millionen werden unter die einzelnen Staaten, je nach ihrer Einwohnerzahl und nach ihrem Handelsverkehr, vertheilt."

„Jede Zettelbank ist gesetzlich verpflichtet, stets 25 Perzent ihrer Bankzettelausgabe in Regierungs-Tresorscheinen oder Metallgold liegen zu haben."

„Die Geschäfte und die Finanzlage einer solchen Bank werden vierteljährlich durch Regierungskommissäre untersucht."

Durch diese Kautelen ist für ein einheitliches Papiergeld gesorgt und in wirksamer Weise der Ueberfluthung des Reiches mit Banknoten, sowie der Schädigung der Notenbesitzer vorgebeugt.

die Bewilligung zum Baue jener Eisenbahnen zu ertheilen, deren Führung durch kein gesammtstaatliches, wohl aber durch das Interesse des Landes geboten ist; doch müßten die Länder sich hiebei innerhalb der reichsgesetzlichen Schranken halten und die Genehmigung der Zentralbehörde einholen.

E. Das Justizwesen.

Die Justiz=Gesetzgebung ist in der Schweiz dezentralisirt. Die Politiker dieses Landes kennen wohl die zahlreichen Gründe, welche in der Justizgesetzgebung zu Gunsten der Zentralisation sprechen; sie verhehlen sich nicht, daß die Gesetzgebung im Mittelpunkte des Staates, an welcher die hervorragendsten Legisten sich betheiligen, Vollendeteres zu schaffen vermöge, als der nur aus wenigen und minder erfahrenen Fachmännern sich zusammensetzende Vertretungskörper eines kleinen Kantons; aber sie sind sich ebenso darüber klar, daß in einem Lande mit Einwohnern verschiedener Sprache und Nationalität, aus den schon auseinandergesetzten Gründen, die einheitliche Gesetzgebung überaus gefährlich sei*).

Sie beschränkten daher mit großer Einsicht die gemeinsamen Berathungen im Zentrum auf jene Gegenstände, deren gemeinschaftliche Erledigung unumgänglich nothwendig ist. Die etwaige minder vollendete Beschaffenheit der, aus den Berathungen kleiner Kantone hervorgegangenen Gesetze, und die hieraus entstehenden Unbequemlichkeiten und Nachtheile beachteten sie wenig, Angesichts der durch eine Zentralgesetzgebung heraufzubeschwörenden Gefahren.

Uebrigens ist die Rechtswissenschaft ein aufgeschlagenes Buch, und vermögen die Kantone auch nicht schöpferisch aufzutreten, so sind sie doch in der Lage, das Gute fremder Gesetzgebungen aufzunehmen. Und die Thatsache, daß die Gesetze in der Schweiz, in Holland, Belgien und Deutschland den Rechtsbedürfnissen der dortigen Bevölkerungen genügen, ist der beste

---

*) Wie empfindlich die Nationalitäten in Bezug auf ihre Sprache auch in der Schweiz seien, bewies mir eine Versammlung von hervorragenden Männern aus der französischen Schweiz, die während meines Aufenthaltes daselbst im September 1865 in Genf stattfand, und zwar aus folgender Ursache: Die Bundesbehörde, von der ihr verfassungsmäßig eingeräumten Befugniß Gebrauch machend, errichtete ein polytechnisches Institut in Zürich, eine wahre Musteranstalt, welcher Lernbegierige aus allen Theilen nicht nur der Schweiz, sondern ganz Europas zuströmen, und obschon daselbst auch in französischer Sprache gelehrt wird, so hat das Institut dadurch, daß es in einer deutschen Stadt etablirt ist, und die Mehrzahl der Studirenden Deutsche sind, einen vorwiegend deutschen Charakter angenommen, so daß die französische Sprache in den Hintergrund gedrängt wurde. Der Empfindlichkeit über die, wenn auch nur durch die Verhältnisse hervorgerufene untergeordnete Stellung der französischen Sprache und der französischen Lehrer gab jene Versammlung lebhaften Ausdruck, und es wurde der Beschluß gefaßt, dahin zu streben, daß durch Zusammenwirken der französischen Schweizer ein ähnliches Institut in der südlichen Schweiz gegründet werde. Liegt in dieser Thatsache nicht eine wichtige Lehre für unsere Staatsmänner?

Beweis der legislatorischen Befähigung kleiner Gemeinwesen. Sind doch in der letzten Zeit aus den Berathungskörpern kleiner deutscher Staaten musterhafte Gesetze hervorgegangen, wie beispielsweise die hannover'sche Zivilprozeßordnung, das sächsische bürgerliche Gesetzbuch; haben doch die meisten großen Juristen Deutschlands ihren Entwicklungsgang in kleinen Staaten gemacht, und war es das kleine, föderirte Holland, von wo die moderne Rechtsphilosophie ihren Ausgang nahm.

Die Schweiz betreffend, sagt Emminghaus im 2. Bande seines trefflichen Buches: „Die schweizerische Volkswirthschaft" Folgendes:

„Unter den neueren Kodifikationen der Schweiz findet man Arbeiten „so ausgezeichneter Art, daß man durch ihre gründliche Prüfung über „manche Bedenken, die man noch gegen die Kodifikation überhaupt haben „mag, völlig beruhigt wird."

„Das Aargauer bürgerliche Gesetzbuch und die Züricher „Zivil-Gesetzgebung, denen das Luzerner Gesetz vielleicht nicht nach„steht, sind Rechtsbücher, wohl werth, von der Jurisprudenz der gebildeten „Welt gekannt und geachtet zu werden."

Uebrigens haben die praktischen Schweizer es sich ermöglicht, die ihnen in irgend einer Sphäre nöthig erscheinende Einheit des Gesetzes, oder Gleichmäßigkeit der Administration, ohne Beeinträchtigung ihrer Autonomie, auf dem Wege freier Vereinbarung zu erzielen. Solche Vereinbarungen, die sie Konkordate nennen, werden in Konferenzen erzielt, zu denen Delegirte der theilnehmenden Kantone zusammentreten. In so kleinen Versammlungen, die fast einen diplomatischen Charakter haben, tritt das sprachliche Moment nicht hervor, und kommen selbst schwierige Fragen zur Erledigung.

Auf dem Wege des Konkordates sucht man jetzt in der Schweiz auch das erwachende Bedürfniß nach einem einheitlichen Handels- und Obligationen-Rechte zu befriedigen, wie dies aus dem ebenso lehr- als umfangreichen Berichte des Bundesrathes vom Jahre 1867 hervorgeht *).

Man wird gegen eine ähnliche Dezentralisation in Oesterreich den Einwand erheben, daß in den Kronländern gemischter Nationalität, die bei uns die große Mehrheit bilden, mit der Verlegung der Legislation in die Landtage die Schwierigkeiten nicht behoben wären, da man doch in zwei Sprachen würde diskutiren und Gesetze geben müssen.

---

*) „Nachdem die, bei Erstattung des letzten Berichtes noch rückständig gewesenen Kantone auf das Kreisschreiben vom 28. Februar 1866, betreffend die Einführung eines schweizerischen Handelsgesetzbuches, geantwortet hatten, konnte am 13. Dezember 1867 die erste Konferenz der Kantonsabgeordneten zusammentreten."

„Hier brachten nun die Abgeordneten von Bern einen neuen Antrag ein, dahin gehend, daß von einem speziellen Handelsrecht als überflüssig und unpopulär abgesehen, dagegen auf die Bearbeitung eines allgemeinen schweizerischen Obligationenrechtes, in welchem auch die Bestimmungen über spezifisch kaufmännische Verhältnisse aufzunehmen wären, angetragen werden möchte."

Nun, bei der Diskussion in den zwei Landessprachen*), deren die große Mehrzahl der Abgeordneten kundig ist, sind die Schwierigkeiten, wie die Erfahrung zeigt, nicht unüberwindlich, wohl aber bei der Verhandlung in acht Idiomen, deren jedes, mit Ausnahme des deutschen, der Majorität der Abgeordneten unbekannt ist. Die Deutschen hätten den Vortheil, daß in den Kronländern, wo sie mit den Slaven gemischt wohnen, bei der Vertrautheit der Letzteren mit dem deutschen Idiome, der deutsche Gesetzestext durch die gemischte Berathung an Schärfe und Klarheit nichts einbüßen würde.

Der wichtigste Einwand gegen das Verlegen der Justiz-Gesetzgebung in die Landtage ist wohl der, daß in der Schweiz das Sondergesetzgebungsrecht der Kantone historisch sei, und daß in Folge ererbter Gewohnheit die unangenehmen Folgen desselben vom Volke minder lebhaft empfunden werden, während bei uns, in der westlichen Reichshälfte, der Verlust der Gesetzeseinheit, welche sich in die Gewohnheiten der Bevölkerung hineingelebt hat, auf das schmerzlichste berühren müßte.

Das muß zugegeben werden; aber, wie es scheint, gibt es ein Auskunftsmittel, welches, ohne die Autonomie der Kronländer zu verletzen, eine Konformität der in Rede stehenden Gesetze herbeizuführen geeignet wäre.

Eine aus den hervorragendsten Legisten der zisleithanischen Reichsländer gebildete Zentral-Gesetzgebungs-Kommission hätte alle in diese Sphäre der Legislation gehörigen Gesetzentwürfe auszuarbeiten. Diese Entwürfe müßten von einem, aus Abgeordneten jedes Landtages bestehenden Ausschusse einer erneuerten Berathung unterzogen werden. Das Operat desselben wäre von den Landesregierungen den betreffenden Landtagen vorzulegen, welch' letztere dieses höchst wahrscheinlich unverändert, oder doch nur mit solchen Veränderungen annehmen würden, welche durch die Rücksicht auf die nationalen und Landes-Verhältnisse geboten sind, Aenderungen, die den Gesetzen mehr zum Vor- als zum Nachtheile gereichen müßten. Ist es doch von den Rechtslehrern anerkannt, daß die Nationalität nicht bloß auf die Einzelbestimmungen, sondern nicht selten auch auf die leitenden Prinzipien der Gesetzgebung von Einfluß sei.

Was die Justiz-Verwaltung und Pflege anbelangt, so ist schon vom theoretischen Standpunkte aus nicht anzunehmen, daß in kleinen Gemeinwesen für sie nicht ganz so gut Vorsorge getroffen werden könne, wie in großen. Und die Praxis sowohl in der Schweiz, als auch anderswo gibt vielfache Belege dafür, daß kleine Länder hierin sogar großen Staaten den Rang abgelaufen haben. Schon gegen Ende des 16. und im Anfange des 17. Jahrhunderts, während die Gefängnisse der übrigen Staaten in ihren Einrichtungen noch den Stempel der Barbarei trugen, waren es die niederländischen Generalstaaten und die deutschen Städte-

---

*) Nur die zwei kleinen Kronländer Schlesien und die Bukowina werden von drei Nationalitäten in beträchtlicher Anzahl bewohnt.

Republiken Hamburg und Lübeck, welche in Bezug auf einsichtsvolle Behandlung der Gefangenen mit leuchtendem Beispiele vorangingen. Der mächtige Anstoß zur Reform des Gefängnißwesens gegen Ende des vorigen Jahrhunderts ward von einem Einzelstaate der damals noch sehr jungen nordamerikanischen Union gegeben. Das pennsylvanische System der Einzelhaft, anfangs in seiner ganzen Strenge, später in der von Auburn gemilderten und schließlich in der vom Irländer Crafton kombinirten Weise, erhielt die Zustimmung der hervorragendsten Männer der Wissenschaft und Praxis. Auch in neuerer Zeit zeigt es sich in auffälliger Weise, daß auf dem europäischen Kontinente vorzugsweise kleine Länder es sind, welche die rühmlichsten Anstrengungen machen, um ihre Gefängnisse im Geiste der Wissenschaft und der Humanität einzurichten. So kam das Auburn'sche System in den Kantonen St. Gallen und Genf, in Belgien und Toskana, und das irische System im Kanton Aargau, in Holland und Oldenburg zur Anwendung.

Die große Sorgfalt der Schweizer Kantone für die Justizpflege findet auch in den Ziffern ihrer Budgets einen prägnanten Ausdruck. Vergleicht man ihren Aufwand für die Rechtspflege mit dem Oesterreichs, so ergibt sich, daß sie verhältnißmäßig um $22·6\%$ mehr ausgaben als Letzteres, daß sie somit für die Befriedigung des Rechtsbedürfnisses ihrer Bürger, für die humane Behandlung und die sittliche Besserung ihrer gefallenen Mitmenschen mehr Fürsorge treffen, als dieser Großstaat.

Es ist wohl eine Schattenseite der Schweizer Justizpflege, daß sie sich in Händen von Richtern befindet, die nicht für die Lebensdauer ernannt, sondern nur für eine bestimmte Zeit gewählt werden und nicht selten rechtsungelehrt sind. Doch sagt der genaue Kenner und unparteiische Beurtheiler der Schweiz, Emminghaus, „daß er sehr verwickelte Prozesse verfolgt und in den gerichtlichen Entscheidungen große Kenntniß des Rechtes und große Klarheit und Einfachheit des Ausdruckes gefunden habe."

Ueber das Prozeßverfahren in der Schweiz bemerkt derselbe Autor Folgendes: „Für den inneren Handel von großer Bedeutung und von großem Vortheile ist das im Allgemeinen prompte und rasche Prozeßverfahren und die Seltenheit der Verschleppung selbst großer und verwickelter Prozeßsachen, ohne daß hiebei Rechtsverkürzungen, oder Rechtsverletzungen in der Schweiz häufiger vorkämen, als anderwärts. Endlich wird man über Parteilichkeit in der Schweizer Rechtssprechung kaum je klagen hören, was umsomehr sagen will, da die Richter, ihrer ganzen bürgerlichen Stellung nach, häufig genug nicht außer dem Verkehrsleben, sondern mitten darin stehen." — — — „Sie (die Richter) wissen es, daß hier der Ruf der Gewissenhaftigkeit und Gerechtigkeit mehr wiegt und längere Dauer hat, als die Gunst Einzelner."

In Oesterreich, wo die Richter von der Krone ernannt werden, hätte bei der föderativen Umgestaltung des Reiches nur jene Aenderung Platz zu greifen, daß die Besetzung der Richterstellen nicht über

Vorschlag des Reichs-Justizministers, sondern der Justizchefs der einzelnen Kronländer stattfände.

Für die Bundes-Rechtspflege ist in der Schweiz durch Einführung eines Bundesgerichtes Sorge getragen.

Dieses entscheidet — wie schon (Seite 73) bemerkt wurde — als **Zivilgericht**, bei Zivilstreitigkeiten zwischen den Kantonen untereinander, zwischen den Kantonen und dem Bunde, so wie zwischen diesem und Privaten, oder Korporationen; ferner als **Strafgericht** bei Vergehen und Verbrechen gegen das Völkerrecht und den Bund, sowie bei solchen, die Ursache oder Folge von Unruhen in den Kantonen sind, durch welche Bundesintervention veranlaßt wird; schließlich als **staatsrechtliches Forum** bei Verletzung der durch die Bundesverfassung garantirten Rechte.

In Oesterreich ist wohl für die richterliche Entscheidung über analoge zivilrechtliche Streitigkeiten, dann über Beschwerden der Staatsbürger wegen Verletzung der ihnen durch die Verfassung gewährleisteten Rechte, endlich über sträfliche Verletzungen der Verfassung durch Minister, mittelst der verfassungsmäßigen Institutionen des Reichsgerichts und des Staatsgerichtshofes, Vorsorge getroffen. Doch müßte im föderirten Oesterreich, als Bürgschaft gegen reichsfeindliche Bestrebungen, nach dem Muster der **nordamerikanischen Bundesgerichte**, eine entsprechende Anzahl von Reichsgerichtshöfen, mit einem Reichsobergerichte im Zentrum eingesetzt werden*), denen die Kompetenz über alle Streitigkeiten auf dem der Reichsgesetzgebung vorbehaltenen Rechtsgebiete, dann über alle gegen die Sicherheit des Reiches gerichteten strafbaren Handlungen zustünde.

Selbstverständlich bliebe es auch der gemeinsamen Gesetzgebung vorbehalten, **Strafbestimmungen gegen Verletzungen des Völkerrechtes** und gegen Ueberschreitungen der Reichsgesetze zu erlassen, mögen diese auf dem Wege der Presse, oder in sonstiger Weise stattfinden.

F. Die Finanz-Gesetzgebung und Verwaltung.

Die Kosten der Bundesverwaltung werden durch das Erträgniß der Zölle, der Regalien**), der Bundesstaats-Domänen und Fonds gedeckt; nur falls dieses nicht ausreicht, wird es durch die jährlichen Beiträge ergänzt, welche von den Kantonen, nach einer für je 20 Jahre aufgestellten Skala, zu leisten sind. Das Hereinbringen dieser Beiträge und der Kosten der autonomen Verwaltung ist ausschließlich eine häusliche Angelegenheit der Kantone. Sowohl die **Steuergesetzgebung**, als auch die **Steuerverwal-**

---

*) Siehe §. 1, 2 und 3 des 3. Artikels der nordamerikanischen Verfassung.
**) Der Post- und Telegrafen-Verwaltung, des Pulver- und Zündkapsel-Erzeugungs-Monopols.

tung ist diesen völlig anheimgegeben, und wir sehen in den verschiedenen Kantonen die verschiedenartigsten Besteuerungs-Modalitäten. So bestehen in sechs Kantonen nur indirekte Steuern, während in den übrigen meistens eine Vermögens- und Einkommensteuer, eine Erwerb- oder Personalsteuer, und in der französischen Schweiz auch eine Grundsteuer eingehoben wird. Zu den indirekten Auflagen zählen: Das Salzregal, die Verzehrungs-, Dienstboten- und Luxussteuer, die Abgabe von Wirthschaften, die Stempel-Mutations-, Niederlassungs- und Bürgerrechts-Gebühren.

Die Kantone sind in ihren Ausgaben so haushälterisch und nehmen die Steuerkraft ihrer Bürger so schonend in Anspruch, daß den Schweizern unter **allen europäischen Staatsbürgern** sowohl **absolut**, als **relativ** die geringsten Staatslasten auferlegt sind. In England entfallen im Durchschn. auf den Kopf jährl. Steuern 23 fl. Oe. W.

„ Frankreich „ „ „ „ 17 fl. 50 kr.
„ der westlichen Hälfte Oesterreichs „ „ 11 fl. 50 kr.
„ Preußen entfallen im Durchschn. auf „ „ 8 fl.
„ der Schweiz „ „ „ 5 fl. 80 kr.

Und wie die Belastung der Schweizer Bürger die **geringste**, so ist auch die Verwendung der Steuern die **produktivste** in ganz Europa. Wir wollen hier nicht den Vergleich mit allen europäischen Staaten durchführen; es sei, als uns zunächst berührend, eine Parallele zwischen der Schweiz und Oesterreich gezogen.

Die **fruchtbringenden** Staatsausgaben verhalten sich bei uns zu den **unfruchtbaren**, wie $1{,}75$ zu 1, in der Schweiz, wie $2{,}75$ zu 1. Daß eine so geringe Belastung der Steuerträger und eine so nutzbringende Verwendung der Abgaben den Schweizern eine größere Wohlhabenheit sichern, eine bessere leibliche Pflege, bessere Kleidung und Wohnung und eine kräftigere Ernährung gestatten, als den meisten Völkern Europas, ist selbstverständlich. „Wissen Sie," sagte Castelar letzthin in seiner berühmten Rede, „wie hoch sich der Bruttoertrag des Bodens in der kleinen Schweiz beläuft? Auf 1500 Millionen Franken*)." ... Die Hektare Landes (1 Hektare = circa 1,₇ Wiener Joch) hat dort einen Werth, der hier unmöglich ist, und an den Ufern des Genfer See's ist sie mit 50,000 Franken bezahlt worden.... „Dort hat der Arbeiter vor seinem schneeweißen Häuschen einen Rasenplatz, und er lebt nicht, wie der Arbeiter in Paris, durch die Haußmann'sche Zerstörung vertrieben, außerhalb der Stadt in einer Art von Zelten; er lebt inmitten der freien Natur, behäbig und so zu sagen reich, weil in den letzten fünf Jahren der Arbeitslohn sich bedeutend gehoben hat."

Es könnten noch viele Daten angeführt werden; um aber die Leser nicht zu ermüden, sei hier nur als schlagendster Beweis die **mittlere**

---

*) In Oesterreich belief er sich, nach Czoerning's Angaben, zur Zeit, als es noch die reichen italienischen Provinzen besaß, auf 2037 Millionen Gulden. Im Verhältniß zur Schweiz sollte er sich auf mehr als das Vierfache, nämlich auf circa 9000 Millionen Gulden stellen.

Lebensdauer in der Schweiz und in anderen europäischen Staaten nebeneinandergestellt.

Das durchschnittliche Lebensalter betrug
in Preußen, im Durchschnitte d. J. 1816—1849, 25 Jahre 6 Monate
„ Oesterreich *) „ „ „ „ 26 „ 4 „
„ Sardinien „ „ „ „ 28 „ 6 „
„ Baiern „ „ „ „ 32 „ 9 „
„ Frankreich „ „ „ „ 33 „ — „
„ Belgien „ „ „ „ 33 „ 2 „
„ der Schweiz „ „ „ „ 34 „ 3½ „

Aus den hier mitgetheilten Daten geht unzweifelhaft hervor, daß die Kantonal-Regierungen in ihrer Finanzgebarung mit größerer Einsicht und Besonnenheit vorgehen, als die Regierungen großer zentralisirter Staaten, und die Frage tritt nun an uns heran: Kann in Oesterreich, falls dessen föderative Umgestaltung stattfinden sollte, den Kronländern in finanzieller Beziehung eine eben so große Autonomie eingeräumt werden, wie in der Schweiz den Kantonen?

In Bezug auf die Normirung der indirekten Steuern muß diese Frage unbedingt verneint werden. Die indirekten Abgaben, welche den weitaus überwiegenden Theil der Staats-Einnahmen bilden, haben bei uns eine so große fiskalische und volkswirthschaftliche Bedeutung, daß eine einheitliche Regelung derselben unumgänglich nöthig ist; und es gibt auch in der That keine politische oder nationale Partei, welche die Dezentralisirung derselben in ihr Programm aufgenommen hätte.

Anders verhält es sich mit den direkten Steuern. Daß jedes Kronland die Kosten seines eigenen Haushaltes mittelst selbst bemessener und durch seine Exekutiv-Organe hereinzubringender Abgaben decke, ist ein Postulat des Föderativstaates. — Fraglich ist nur, ob jener Theil der Gesammtstaats-Ausgaben, der nicht im Erträgnisse der indirekten Steuern seine Deckung findet, durch Beitragsquoten **) gedeckt werden solle, die nach einer bestimmten (periodisch zu revidirenden) Skala jährlich für die Kronländer zu bemessen sind, oder ob alle für die Zwecke des Gesammtstaates zu entrichtenden Steuern, die direkten, wie die indirekten, im Mittelpunkte des Reiches bemessen und überall von Reichsbeamten eingehoben werden sollen? Die erste Methode ist die im Schweizer Grundgesetze vorgeschriebene, und bietet den Vortheil der Einfachheit und Billigkeit; die zweite, in der nordamerikanischen Föderativ-Verfassung adoptirte, beugt Konflikten bei der Quotenbestimmung

---

*) Aus einer Mittheilung des Statistikers Dr. Glatter (Neue freie Presse vom 15. April d. J.) ist ersichtlich, daß die mittlere Lebensdauer, nach einer neuen Durchschnittsberechnung, sich für Oesterreich noch unerfreulicher herausstelle. Während diese in Preußen auf 26½ Jahre stieg, sank sie in Oesterreich auf 24½ Jahre herab. Nur Rußland zeigt mit 19½ Jahren ein noch ungünstigeres Verhältniß.

**) Das Quotensystem fand, wenn ich nicht irre, vor Jahren einen Vertheidiger im jetzigen Handelsminister.

vor und gewährt dem Gesammtstaate größere Sicherheit. Bei der Entscheidung dieser wichtigen Frage in Oesterreich werden die Argumente für und wider die eine, wie die andere Methode einer sorgfältigen Erwägung vom sachlichen und politischen Standpunkte bedürfen. Kein Einzelner darf es wagen, ein bestimmtes Urtheil darüber auszusprechen. Nur sei es hier gestattet, die Aufmerksamkeit auf den wichtigen Umstand hinzulenken, daß in Nord-Amerika seit dem letzten Bürgerkriege die Einhebung der Bundessteuern durch Bundesbeamte nicht ohne Gefahr für die dortigen Institutionen ist. Vor der Empörung der Südstaaten wurden die Kosten der Bundesverwaltung, im Betrage von 60—70 Millionen Dollars, zum größten Theile durch das Erträgniß der Zölle und des Ländereien-Verkaufs hereingebracht. Die einzige zeitweilig ausgeschriebene direkte Bundesabgabe war eine **Grundsteuer** von geringem Betrage, welche ganz so, wie in der Schweiz, auf die einzelnen Staaten nach einem gewissen Maßstabe repartirt, durch diese eingehoben und an den Bundes-Schatz abgeliefert wurde. Außer den bei den Zollmanipulationen Betheiligten, gab es somit nur wenige Bundes-Steuer-Beamte. Seitdem aber, in Folge der inneren Wirren, jährlich direkte und indirekte Steuern in riesigem Betrage eingehoben werden, hat sich die Zahl der Bundesbeamten und mit ihr die amtliche Schreiberei enorm gesteigert. Wie H o c k in seinem vortrefflichen Werke: „**Die Finanzen und die Finanzgeschichte der vereinigten Staaten von Amerika**" angibt, fällt, nach einer (März 1867) im Repräsentantenhause gemachten Bemerkung, der Bundesregierung fast der **dreizehnte Theil** des gesammten Papierverbrauches der Union zur Last; die Zahl der Unionsbeamten schätzt Hock auf 30,000. Werden noch die Beamten der einzelnen Staaten, Grafschaften und Gemeinden hinzu gezählt, so ergibt dieß eine bureaukratische Ueberfülle, welche **der eines europäischen Beamtenstaates** bedenklich nahe steht. Und dieses Beamtenheer ist der Freiheit und der öffentlichen Moral um so gefährlicher, als in den vereinigten Staaten, sobald ihr abtretender Präsident einen Nachfolger von anderer politischer Richtung findet, **alle Bediensteten des Bundes** den Schützlingen der siegenden Partei ihren Platz einräumen müssen.

Es kann daher nicht Wunder nehmen, wenn die Angestellten das Amt, in dessen prekärem Besitze sie sind, auf jede rechtmäßige und unrechtmäßige Weise zu ihrem Vortheile ausbeuten. Unterschleife, Bestechungen, unredliche Handlungen aller Art sind an der Tagesordnung, und die öffentliche Moral ist so lax geworden, daß man an der Zukunft der nordamerikanischen Institutionen verzweifeln müßte, wenn nicht glücklicherweise die föderative Organisation der Verbreitung des moralischen Kontagiums vom Zentrum in die Peripherie hindernd entgegenträte. Einen erfreulichen Gegensatz zu diesen betrübenden Zuständen bieten die Erscheinungen des öffentlichen Lebens in der Schweiz, wo das Prinzip der Selbstverwaltung konsequenter durchgeführt ist, als in irgend einem Staate der Welt, und wo die öffentliche Moral sich unbefleckt erhalten hat.

Die Wehrkraft der Schweiz.

Die militärische Widerstandsfähigkeit der Schweiz gehört strenge genommen nicht in den Kreis der hier beabsichtigten Darstellung. Anlaß zu ihrer Besprechung gibt nur die weitverbreitete Ansicht, daß dieses Land sein finanzielles und wirthschaftliches Emporblühen der ihm gewährleisteten Neutralität verdanke, da jene völkerrechtliche Garantie seinen Bewohnern die Sorge für ihre Wehrhaftigkeit und die unproduktiven Ausgaben für militärische Zwecke erspare. Diese Ansicht ist eine ganz irrige. Die Schweizer haben zu werthvolle physische und moralische Güter erworben, um deren Erhaltung dem Zufalle und dem guten Willen ihrer Nachbarn anheimzustellen, und sind viel zu praktischen Sinnes, um nicht den Schutz, welchen Verträge einem schwachen und wehrlosen Volke bieten, nach seinem realen Werthe zu taxiren. Weit entfernt, die Vertheidigung ihres Landes zu vernachlässigen, widmeten sie ihr vielmehr stets die vollste Aufmerksamkeit, und wenn sie dabei ihr Budget nur wenig belasteten und ihre Finanzquellen nicht gleich anderen Staaten erschöpften, so danken sie dieß nicht den Verträgen, sondern ihrem klugen haushälterischen Sinne. Dieser ermöglichte es ihnen, die Militärmacht, trotz sorgfältiger Schonung des Geld- und Menschen-Kapitals, auf eine Höhe zu bringen, welche **verhältnißmäßig die jedes anderen europäischen Staates überragt**, und ihr Wehrsystem so trefflich auszubilden, daß sie auf dem für den Defensivkrieg so geeigneten Boden ihres Landes, selbst einem mächtigen Gegner zu trotzen vermögen. Die dritthalb Millionen Schweizer können bei Ausbruch eines Krieges, innerhalb eines Zeitraumes von vierzehn Tagen, 180.000 Mann wohlausgerüstet in's Feld stellen*). Dabei verausgaben sie für ihr Heereswesen jährlich im Durchschnitte nicht mehr als circa 6½ Millionen Franken (= 2.600.000 Gulden österr. Währung). **Das gleichfalls neutrale Belgien** stellt, bei einer nur doppelt so großen Bevölkerung, jährlich das **Fünffache** ins Militärbudget ein, und ist im Kriegsfalle außer Stande, mehr als 100.000 Mann dem Feinde entgegen zu stellen.

Die österreichische Armee müßte, um der schweizerischen an Stärke und Kostenaufwand verhältnißmäßig zu gleichen, auf dem Kriegsfuße einen Effektivstand von dritthalb Millionen Mann aufweisen. Dabei dürfte der Heeresaufwand im Frieden jährlich nicht mehr als circa 37 Mill. Gulden in Anspruch nehmen. In Wirklichkeit vermochte Oesterreich zur Zeit des Krieges im Jahre 1866 nur 407.000 Mann, also nicht den **sechsten Theil** der berechneten Zahl in's Feld zu stellen, und belastet es sein bedeutend reduzirtes Kriegsbudget noch immer jährlich mit der Ziffer von circa 75 Millionen Gulden, also mit dem Doppelten

---

*) Daß diese 180.000 Mann nicht blos auf dem Papiere stehen, bewies der Sonderbundskrieg, in dessen Kämpfen, obschon das Wehrsystem damals noch weniger entwickelt war, und zwei Kantone sich neutral verhielten, fast 140.000 Mann einander gegenüber standen.

jener Summe, die nach dem Schweizer Systeme zu verausgaben wäre. Selbst unsere neue Heeresorganisation erzielt nur die Kriegsstärke von 800.000 Mann, somit verhältnißmäßig ein **Drittel** jener Heeresmacht, welche es bei Annahme der Schweizer Wehrverfassung mit der **Hälfte** der Kosten ermöglichen würde.

Das vielgepriesene und bei den jetzigen Heereseinrichtungen als Muster dienende **Preußen** vermochte während des Jahres 1866 in Gemeinschaft mit seinen Alliirten nur circa 437.000 Mann aufzubieten, somit nicht ganz ein Drittel der nach Schweizer System erreichbaren Heeresstärke, und dabei verschlingt der Friedensetat der Armee das **Dreifache** jener Summe, welche er bei Adoptirung der Schweizer Einrichtungen beanspruchen würde.

Die Eidgenossenschaft steht somit den anderen kontinentalen Staaten Europa's militärisch ebenso, wie politisch und ökonomisch voran.

Oesterreichische Experimental-Politik.

Wir haben bis jetzt den Nationalitätenstaat en miniature, die Schweiz, in's Auge gefaßt; werfen wir nun einen Blick auf das große Nationalitätenreich, auf die österreichische Monarchie, die im Jahre 1848 gleichzeitig mit dem kleinen Nachbarlande sich zu rekonstruiren begann.

Von den **einundzwanzig** Jahren, die seitdem verflossen, entfielen mehr als **dreizehn** auf das **absolutistische**, und nur der **Rest** auf das **konstitutionelle** Regime, und während der kurzen Dauer des Letzteren rief die Produktivität unserer Staatsmänner nicht weniger als **fünf Verfassungen** in's Leben*), von denen **zwei**, die Konstitution vom 25. April 1848 und die vom 4. März 1849, unbefleckt durch die Berührung mit der sündhaften Welt das Zeitliche segneten, und die **dritte**, das Diplom vom 20. Oktober, rasch dahin schied, um seither als gespensterhafter Schatten ihre Nachfolgerinnen zu umschweben. Die **vierte** in der Reihenfolge, das Februarpatent, entschlummerte sanft nach vierjährigem siechen Dasein, und die **letzte**, deren Kraft sich jetzt erproben soll, bietet dem Beschauer alle Symptome der Lebensschwäche dar.

Die konstitutionelle Aera gab den Völkern Oesterreichs auch nicht einen Tag des inneren Friedens und der Befriedigung. Im raschen Wechsel der Verfassungen war nichts dauernd, als das Mißbehagen und der Zweifel. Die Beklommenheit wollte nicht von den Gemüthern weichen. Kein frischer, freier Athemzug erweiterte die Brust der Völker, so beengt fühlten sie sich durch Institutionen, welche die

---

*) Von der Kremsierer Verfassung kann hier nicht die Rede sein, da sie nur ein Entwurf blieb.

Formen des Staatskörpers nicht schmiegsam umkleideten, sondern gewaltsam umschnürten.

Die Lenker unserer Geschicke gingen mit hergebrachten staatsrechtlichen Anschauungen an die Neugestaltung der Monarchie. Durch die Großmachtstellung Oesterreichs verleitet, blickten sie bei seiner Konstituirung nach anderen Großstaaten hin und verfielen in den Wahn, daß es, wie diese, nur als Einheitsstaat erstarken könne. Sie vergaßen, daß nur die Aehnlichkeit der ethnischen Verhältnisse und der inneren politischen Gliederung, einen Schluß auf die Zweckmäßigkeit analoger Einrichtungen gestatte, und sei die räumliche Ausdehnung der Staaten noch so verschieden. Das wäre ein seltsamer Naturforscher, der einen Elefanten studirte, um durch Erforschung desselben die Lebensbedingungen eines Haifisches zu ergründen, da beide — **Großthiere** sind. Wahrlich, die kleinste Forelle im Gebirgsbächlein gäbe ihm richtigeren Aufschluß.

Von falschen Prämissen ausgehend, und so zu falschen Schlußfolgerungen gelangend, wandelten unsere Staatslenker seit 21 Jahren stets auf Irrwegen, wurden sie der Reihe nach die Opfer ihrer Verirrungen, und ist nun auch Oesterreich nahe daran, diesen als Opfer zu fallen.

Bach trat, mit Kenntnissen und Talenten wohl ausgestattet und von liberalen Absichten geleitet, in's Ministerium; aber er gehörte der **Wiener Schule** an, jener Schule von Staatsmännern, die Oesterreich nur aus der Perspektive der Residenz kennen, und denen der josefinische Gedanke, die **Staaten Oesterreichs in einen österreichischen Staat** umzuwandeln, als politisches Ideal vor Augen schwebt. Und er ging an die Verwirklichung dieses Ideals mit einer Kühnheit, welche die seines erhabenen Vorbildes noch überbot; aber während dem großen Kaiser die Zentralisation nur das Mittel war, um seine hochherzigen Pläne, unbeirrt von ständischem Egoismus, zu verwirklichen, war seinem engherzigen Nachahmer der Einheitsstaat der Zweck, für den er die großen Ideen der Zeit schonungslos hingab. War es denkbar, daß dem mehr schematisirenden, als organisirenden Talente Bach's gelingen werde, was dem reformatorischen Geiste Josef's mißlang? War es glaubhaft, daß der kleine Nachtreter den Völkern abtrotzen werde, was der edle Monarch den Ständen nicht abzuringen vermochte? Bach hatte wohl zur Erhaltung des Einheitsstaates mächtige Schutzmittel aufgeboten: ein stehendes Heer von Soldaten, ein sitzendes Heer von Beamten, ein knieendes Heer von Priestern, und ein schleichendes Heer von Denuncianten: aber vergeblich! Zwei Tage: der Tag von Magenta und der von Solferino reichten hin, um das Werk eines Dezenniums zu vernichten. Der viel verschrieene Staatsmann sah die fata morgana des absoluten Einheitsstaates seinem Blicke entschwinden, als er ihnen am nächsten zu sein glaubte, und stand plötzlich enttäuscht und vereinsamt inmitten der politischen Wüstenei, die er geschaffen.

Bach war vom Hause aus konstitutionell gesinnt, aber dämonisch von einer falschen Idee berückt, gerieth er bald auf die Bahnen der Zwangsherrschaft. Der Irrthum im leitenden Gedanken führt in der Politik meist zum Unrechte, ja selbst zum Verbrechen; denn es ist unmöglich, der Natur des Staates Zwang anzuthun, ohne sich an den Völkern zu versündigen. Ward nicht Josef II. durch seinen zentralistischen Ungestüm von Gewaltthat zu Gewaltthat gedrängt, bis er endlich erschöpft niedersinkend, mit gebrochenem Herzen seinen Irrthum gestand? Mündeten nicht seit Bach alle zentralistischen Verfassungswege in die Gürtelstraße des Ausnahmszustandes? Wenn Bach unter den Staatsmännern der neuen Aera zu den verwerflichsten Mitteln griff, so geschah dies, weil er Oesterreich am gründlichsten verkannte, und daher am gründlichsten zentralisirte.

Seine Nachfolger, die Schöpfer des Oktoberdiploms, zum großen Theile Männer aus den Provinzen, kannten diese aus eigener Anschauung, und hatten daher eine richtigere Ansicht von deren Bedeutung und von der staatsrechtlichen Stellung, die ihnen im konstitutionellen Oesterreich werden müsse; aber junkerlich, wie sie waren, fehlte es ihnen an Verständniß für die Freiheitsbedürfnisse der modernen Welt. Ihr Werk, das Oktoberdiplom, war in Titel, Form und Inhalt so absonderlich, daß es der Bevölkerung fast nicht wie eine Schöpfung der Gegenwart, sondern wie eine Reminiscenz aus alter Zeit erschien. Die Seltsamkeit der äußeren Erscheinung und die Dürftigkeit des konstitutionellen Inhalts ließen die in ihm hervortretende, wahrhaft österreichische Staatsidee nicht zur Geltung kommen. Doch ist, bei dem steten Hinweis der Nationalitäten auf das Oktoberdiplom, nicht zu verkennen, daß es Keime in sich barg, welche, in den fruchtbaren Boden einer modernen Verfassung gelegt, die reichsten Früchte hätten tragen können. Aber der Erbe der Oktoberverlassenschaft, der von der öffentlichen Meinung auf den Ministersitz getragene Staatsmann eröffnete seine Thätigkeit damit, daß er diese Keime niedertrat, anstatt sie zeitgemäß zu entwickeln. Schmerling, wie Bach, der Wiener Schule angehörig, unterschied sich von diesem nur durch den Weg, nicht durch das Ziel. Wie sein einstiger Minister-Kollege auf absolutistischem, so hoffte er auf konstitutionellem Pfade die Völker Oesterreichs in's Kanaan des Einheitsstaates zu führen.

Als kluger Politiker konnte er über die Art des Vorgehens nicht im Zweifel sein. Er wußte, daß, mit Ausnahme der Deutschen, die Völker Oesterreichs dem zentralistischen Gedanken abhold seien, und daß eine aus der Volksmehrzahl hervorgegangene Reichsraths-Majorität sein Verfassungswerk schonungslos in Trümmer schlagen würde. Er mußte somit vor Allem darauf bedacht sein, künstlich eine parlamentarische Majorität zu schaffen, die seinen politischen Ansichten zustimmend, ihm als fester, unerschütterlicher Phalanx das Zurückweisen jedes feindlichen Angriffes ermögliche. Sein Hauptaugenmerk war daher auf die Wahlordnungen gerichtet. Und in der That ersann er diese mit einer Feinheit, der man die Anerkennung nicht versagen darf. Nie wurden parlamentarische Rechte mit größerer Eleganz und Gewandtheit aus den Taschen der Majorität in die der Minorität hinein eskamotirt. Durch überaus geschickte Wählergruppirungen verstand es Schmerling, den Deutschen, welche nur ein Dritt heil der zisleithanischen Bevölkerung bilden, die Mehrheit im Reichsrathe zu erringen. Von den Deutschen erwartete er kräftige Unterstützung, theils wegen der Hegemonie, die ihnen aus ihrer Majorität erwuchs, theils weil der liberalen deutschen Bureaukratie, den deutschen Juristen und Professoren, welche ein stattliches Kontingent von Abgeordneten zu liefern hatten, der Einheitsstaat als Ideal erschien, und der Dualismus, wie der Föderalismus, tief widerstrebte.

Nur der unmittelbare Eintritt der ungarischen Abgeordneten hätte seine Einheitspläne zu durchkreuzen vermocht; denn ein Wahlgesetz, welches den Deutschen in einer gesammtösterreichischen Vertretung die Majorität hätte sichern können, war selbst bei der durchdachtesten Wahlgruppirung nicht zu ermöglichen; aber Schmerling rechnete mit Sicherheit auf das Fernbleiben der zähe an ihrem Rechte festhaltenden Magyaren, die er erst später durch allmälige Isolirung zum Eintritt in den Reichsrath hoffte nöthigen zu können.

Um aber selbst für den äußersten Fall Vorsorge zu treffen und sich gegen die etwa anstürmenden Nationalen völlig sicherzustellen, wußte er als geschickter politischer Stratege die Februarverfassung so einzurichten, daß sie den Gegnern weder innerhalb, noch außerhalb des Parlamentes eine haltbare Angriffs- oder Vertheidigungsposition bot, während sie die Regierung zur Defensive, wie zur Offensive gleich sehr befähigte. Er stattete den Reichsrath mit parlamentarischen Rechten nur dürftig aus und schwächte dessen Einfluß auf den Gang der Staatsgeschäfte dadurch ab, daß er im Februarpatente über die Ministerverantwortlichkeit schweigend hinwegging. Er gab durch §. 13 der Regierungsgewalt einen Spielraum, wie im absoluten Staate, indem er ihr die Mittel bot, die Verfassung durch die Verfassung zu eludiren. Die außerparlamentarischen Waffen zum Schutze gegen Uebergriffe der Regierung: das Vereins- und Versammlungsrecht, die Preßfreiheit u. s. w. wurden den österreichischen Staatsbürgern gar nicht, oder nur sehr abgestumpft in die Hände gegeben.

Schmerling sah ganz wohl ein, daß die nur durch eine erkünstelte Majorität aufrecht zu erhaltende Zentralisation mit wahrhaft liberalen Institutionen nicht vereinbar sei. Sein Plan war somit ebenso schlau entworfen, als geschickt und konsequent in der Verfassung durchgeführt. Der scheinkonstitutionelle Apparat leistete auch anfangs ganz treffliche Dienste. Die Majorität folgte unbedingt den Winken ihres Herrn und Meisters, ja sie war oft plus royale que le roi, schmerling'scher, als Schmerling. Und nicht nur diesseits, sondern auch jenseits der Leitha lächelte dem Staatsminister das Glück. Er hatte mit richtiger Erkenntniß alle seine Kräfte zunächst in Siebenbürgen konzentrirt, dessen sächsische Vertreter als Verstärkung des deutschen Elements ihm sehr nützlich waren, und dessen rumänische ihm nicht unbequem werden konnten, da sie im Reichsrathe national isolirt blieben und überdieß sich nicht allzustolzer Unabhängigkeit erfreuten. Der Tag, an welchem die Siebenbürger in den Reichsrath traten, war auch der festlichste seiner ministeriellen Thätigkeit. Doch der Verfall seiner Macht sollte nur zu bald eintreten! Er war außer Stande, das Verfassungsleben zu vertiefen, da jedes neue konstitutionelle Recht zum gefährlichen Angriffsmittel seiner nationalen Gegner wurde, und er vermochte es auch nicht auszubreiten und den Reichsrath durch neue Zuzüge aus Ungarn und Kroatien zu verstärken. Er vermochte dieß nicht, wahrscheinlich wollte er es auch nicht. Ihm mußte davor grauen, durch Heranziehen der ungarischen Slaven die föderalistische Partei im Reichsrathe zu verstärken und die Vertreter von 8½ Millionen Deutschen denen von 16 Millionen Slaven gegenüberzustellen, ohne diesen in den Magyaren ein Gegengewicht zu geben. Er hoffte den zähen Widerstand der Letzteren durch gleiche Zähigkeit zu überwinden. Er glaubte warten zu können, und stand wartend stille; aber die öffentliche Meinung wurde des Harrens bald müde und drängte ungestüm vorwärts. Der Reichsrath fühlte sich beengter, seitdem er als **weiterer** figurirte. Das Mißverhältniß zu den Völkern, die er repräsentiren sollte, trat nun viel greller hervor, und die leeren Bänke erinnerten ihn nur zu oft daran, daß er ein Rumpfparlament sei. Seine Bedeutungslosigkeit und seine Ohnmacht erschienen ihm stets demüthigender, und die Gefahren, welche der §. 13 in sich schloß, immer beunruhigender. Auch außerhalb der Volksvertretung wurde die Dürftigkeit der politischen Rechte täglich schmerzlicher empfunden, und gestaltete sich die Lage um so bedrohlicher, als der **politische** Stillstand auch zur **volkswirthschaftlichen** Stagnation geführt hatte. Eine immer größere Kluft trennte die öffentliche Meinung und die parlamentarische Majorität von Schmerling. Der Boden unter seinen Füßen wankte, und da er auch von oben nicht mehr gehalten ward, mußte er stürzen.

Sein Werk, das Februarpatent, konnte ihn nicht lange überdauern: denn es war **unsittlich in der Grundlage, gleißnerisch im Wesen**. Unsittlich in der Grundlage, weil es sich auf **Wahlordnungen** aufbaute, in denen die **Majorität** ihrer legitimen Rechte beraubt wurde, gleißnerisch im Wesen, weil es unter **konstitutionellen Formen die Willkür** barg.

Das Scheitern des mit so großem Raffinement angelegten Schmerling'schen Planes zeigte, daß **die Zentralisation in Oesterreich ebensowenig durch Scheinkonstitutionalismus zu erlisten, als durch Absolutismus zu ertrotzen sei.**

Der Besitzergreifer des Schmerling'schen Portefeuilles, der **Staatsminister der Sistirungsperiode**, unterschied sich nicht minder durch Charakter, als durch Anschauungen von seinem Vorgänger. Während uns in Schmerling eine scharf ausgeprägte staatsmännische Physiognomie entgegentritt, bietet **Belcredi** nur vage, verschwommene Contouren dar. War jener des Zieles und der Wege sich klar bewußt, so steuerte dieser ohne Kompaß auf stürmisch bewegter See. Ohne positiven und schöpferischen Geist vermochte er nur ein negatives Programm zu entwerfen, wagte er es wohl die Februar-Verfassung zu sistiren, aber nicht sie abzuändern. Sein Vorleben in der Provinz und die Ansichten seiner Standesgenossen weckten in ihm föderalistische Anschauungen, seine vieljährigen bureaukratischen Gewohnheiten machten ihn zentralistisch befangen, die Lage der Dinge nöthigte ihn zum Paktiren mit dem Dualismus, und so abwechselnd von Standesneigungen, Amtsgewohnheiten und den politischen Anforderungen des Tages hin- und hergedrängt, kam er nie zu einem festen Entschlusse, verdarb er es gründlich mit den Deutschen, ohne sich warme Anhänger in Ungarn, oder in den Reihen der Nationalen zu verschaffen. Als er nach der Katastrophe von Königgrätz das Rechtsgefühl und die Langmuth der Deutschen durch Einberufung des **außerordentlichen Reichsrathes** auf eine zu harte Probe stellte, fegte ihn der aus den Landtagen heranbrausende Sturm von seinem Ministersitze hinweg.

Wenn **Beleredi** auch nichts Positives schuf, so hatte seine Sistirung doch eine große historische Bedeutung, da sie es dem jetzigen Reichskanzler ermöglichte, mit einer an österreichischen Staatsmännern ungewohnten Entschlossenheit und Gewandtheit die österreichische Verfassungsfrage durch den Ausgleich mit Ungarn zu vereinfachen. Der ordentliche Reichsrath wurde einberufen, um die mit Ungarn getroffene Vereinbarung zu genehmigen und die Verfassung zu revidiren. Er unterzog sich beiden Aufgaben mit gleich großem Eifer und schuf, nachdem er das Werk **Beust's** acceptirt hatte, sein eigenes: die Verfassung vom 21. Dezember.

Niemand wird dieser die Anerkennung versagen, daß sie von einem frischen, modernen Geiste durchweht sei und in Bezug auf freiheitlichen Inhalt den besten kontinentalen Verfassungen sich anreihen dürfe; aber andererseits wird auch kein Unparteiischer leugnen wollen, daß sie, weit entfernt, den inneren Frieden herzustellen, die Kluft zwischen den Deutschen und den anderen Nationalitäten nur erweitert und die Erbitterung der Gemüther nur noch gesteigert hat.

Es lassen sich aus diesen Thatsachen nur zwei Schlüsse ziehen: Entweder, daß Oesterreich als Nationalitätenstaat in **gar keine Verfassungsform**, oder daß es in **keine zentralistische Verfassungsform** gezwängt werden könne.

Daß der **erste** Schluß keine Berechtigung habe, ersehen wir aus dem Beispiele der Schweiz, welche unter viel ungünstigeren MachtVerhältnissen sich als freier Nationalitätenstaat zu einem der blühendsten Gemeinwesen Europas entwickelt hat. Es erübrigt somit nur der Schluß, daß man Oesterreich nicht als zentralisirten Verfassungsstaat aufbauen könne.

Die Resultate der Dezembergrundgesetze gestatten hierüber keinen Zweifel mehr. Den Mißerfolg **Bach's** konnte man dem Absolutismus, die Niederlage **Schmerling's** dem Scheinkonstitutionalismus aufbürden; das Mißlingen der Dezember-Verfassung jedoch läßt den Zentralisten keinen Trost, keine Ausflucht. Der Bauriß wurde von der Volksvertretung selbst entworfen, und der Bau nach diesem Plane von ihr ganz allein ausgeführt; das konstitutionelle Baumaterial ward mit großer Sorgfalt ausgesucht und nach den erlernten staatsarchitektonischen Regeln gewis-

9

senhaft aneinander gefügt. Wenn nun das Gebäude trotz alledem der Mehrzahl derer, die es beherbergen soll, völlig unwohnlich erscheint, so kann der Fehler kaum anderswo, als im falschen Bauplane liegen.

Wie konnte auch ein Bauplan richtig sein, der nur auf die Wünsche und Bedürfnisse einer Wohnpartei Rücksicht nahm, unbekümmert darum, ob das projektirte Gebäude auch den anderen Parteien bequem und genehm sei?

Die Dezembergrundgesetze hätten in einem anderen Staate, dessen innerste Natur der Zentralisation nicht widerstrebt, die Grundlage eines freien und glücklichen Gemeinwesens bilden müssen. Bei uns jedoch waren sie nur dazu angethan, den bestehenden staatsrechtlichen Konflikt noch zu verschärfen, und zwar nicht trotz, sondern gerade wegen des in ihnen klar sich aussprechenden Liberalismus, gerade ob der Fülle von Rechten, die sie der Volksvertretung einräumen; denn je schärfer ausgeprägt die Formen sind, in welchen ein falscher Grundgedanke zum Ausdrucke gelangt, desto klarer treten auch seine Fehler hervor, desto rascher und verderblicher seine Folgen. Je imposanter in Oesterreich eine zentralistische Verfassung aufgebaut und je reicher mit liberalen Ornamenten sie geschmückt ist, desto gefährlicher und desto gefährdeter ist sie. Im armseligen Baue der Februarverfassung waren die begünstigten Deutschen so kümmerlich untergebracht, daß die außenstehenden Nationalitäten wenig Ursache zum Neide hatten. Die parlamentarische Majorität war von geringem Einflusse; an der Spitze der Verwaltung standen großentheils Männer aus der Bureaukratie, ohne scharf ausgeprägten politischen und nationalen Charakter, und die Freiheit war allen Völkern auf das knappeste zugemessen. Im prächtigen Gebäude der Dezemberverfassung hingegen sind die Bevorzugten in höchst beneidenswerther Weise untergebracht. Unter der Herrschaft der jetzigen Grundgesetze diktirt die deutsche Reichsrathsmajorität der westlichen Reichshälfte ihre Gesetze, stehen die Männer dieser Partei an der Spitze der Regierung, geben sie der ganzen inneren und äußeren Politik ihre nationale und politische Färbung. Eine so ausgesprochene Herrschaft des deutschen Elementes über die anderen, ein so vollständiges Besitzergreifen der Rechte der Volksmajorität durch die Vertreter der Volksminorität muß die Nationalitäten auf das Tiefste erbittern; und da den Erbitterten das ganze konstitutionelle Arsenal geöffnet ward, so ist es ganz natürlich, daß sie die ihnen gebotenen Waffen gegen eine Verfassung kehren, welche sie in ihren Rechten kränkt, in ihrer nationalen Existenz bedroht.

Wenn Regierung und Reichsrathsmajorität nicht rasch Umkehr machen, werden die durch die Freiheit entfesselten Kräfte sich immer heftiger gegen den Bestand Oesterreichs kehren, werden die Nationalitäten jedes ihnen eingeräumte Recht, mit ihrem Hasse vergiftet, als Pfeil gegen das Reich schnellen und der Regierung keine andere Wahl lassen, als entweder müßige Zuschauerin zu bleiben, während die Freiheit den Staat unterminirt, oder dafür Sorge zu tragen, daß der Staat die Freiheit untergrabe. Und so wird im Kampfe um die Form gar bald das Wesen zu nichte werden, ja, gar bald; denn immer kürzer

wird die den zentralistischen Experimenten eingeräumte Frist. Das
Bach'sche Regiment dauerte ein Dezennium, dem Februarpatente
waren nur vier Lebensjahre gegönnt, und zweifelsohne sind der
Dezemberverfassung die Tage der Existenz noch knapper
zugemessen. Ganz natürlich; der Bach'sche Absolutismus entwaffnete
Alle und konnte Alle ungestraft verletzen, so lange ihm die Gewalt nicht
von außen her entrissen ward. Der Schmerling'sche Scheinkonstitutionalis=
mus mußte viel schneller erliegen; denn, gab er auch den Völkern nur
stumpfe Waffen in die Hand, so ersetzte doch die Quantität der Bewaff=
neten bald die Qualität der Waffen. Und nun gar die Dezemberverfassung,
wie lange noch kann sie ihr Dasein fristen? Sie bedroht mit der einen
Hand die Nationalitäten und reicht ihnen mit der anderen auf das
freigebigste alle konstitutionellen Defensiv= und Offensivmittel, die Preß=
freiheit und die Jury, das Vereins= und das Versammlungsrecht; sie
bietet ihnen überdies durch die neue Heeresorganisation Gelegenheit, ihre
ganze männliche Bevölkerung militärisch auszubilden und sie im gegebenen
Momente als trefflich geschulte Soldaten in die Cadres unserer Feinde
einzureihen. Muß ein so naives Spielen mit der Gefahr
nicht rasch zu einer Katastrophe führen? Das Bach'sche
Vorgehen war, vom konstitutionellen Standpunkte aus betrachtet —
verbrecherisch; das jetzige ist von jedem Gesichtspunkte aus, als
thöricht zu bezeichnen. Und der Erfolg krönt nicht selten politische
Verbrechen, aber niemals politische Thorheiten!

―――――

Die Schmerling'schen Wahlordnungen und die Deutsch= Oesterreicher.

Eine der schlimmsten Folgen des verfehlten architektonischen Planes
war, daß der schwere Quaderbau der Dezemberverfassung auf jenem
Sumpfboden der Schmerling'schen Wahlordnungen aufgeführt werden
mußte, der kaum das leicht gezimmerte Februarpatent zu tragen ver=
mochte, daß somit dem Gebäude ein um so rascherer Einsturz droht,
je massiver und gediegener das Material ist, aus dem es konstruirt wurde.
Die Politiker der neuesten Aera, indem sie die westliche Reichs=
hälfte, im Widerspruche mit den Wünschen der Völker-Majorität, rekon=
struirten, mußten sich ebenso, wie der Schöpfer des Februarpatents, auf
eine künstlich geschaffene parlamentarische Mehrheit stützen, und somit das
Gruppenwahlsystem beibehalten. Aber, während der klug berechnende
Schmerling keinen Augenblick darüber in Zweifel war, daß die Herrschaft
einer Schein=Majorität sich nur durch eine Schein=Konstitution
aufrechterhalten lasse, gaben sich unsere jetzigen Regierungsmänner der
staatsverderblichen Illusion hin, daß eine wahrhafte Ver=
fassung und eine fiktive Mehrheit, daß die Freiheit und das
Unrecht, die Dezembergrundgesetze und die Februar-Wahlordnungen ver=
einbar seien.

9 *

Die Wahlgesetze, als die fundamentalen Bestandtheile einer jeden Verfassung, sind von wesentlichem Einflusse auf das gesammte öffentliche Leben eines Staates. Da die Wähler nur gleichgesinnten Bewerbern ihre Stimmen geben, so drücken sie dem gesetzgebenden Körper und indirekt auch der Gesetzgebung ihr politisches und nationales Gepräge auf. Die Fälschung der Wählermajoritäten durch die Künsteleien eines Wahlgesetzes ist daher ein den Konstitutionalismus schwer bedrohender Vorgang. Die ganze Legislation wird dadurch in ihrem Wesen alterirt; denn die Gesetze bringen anstatt des Geistes der **Volksmajorität**, den der **Minorität** zum Ausdrucke.

Man motivirte wohl diese schwere Versündigung am Rechte mit der Nothwendigkeit, den Gebildetsten bei den Wahlen einen Vorzug einzuräumen. Aber diese Bevorzugung fand in einer Weise statt, welche den Anforderungen der Gerechtigkeit und allen Regeln politischer Klugheit Hohn sprach.

Nichts gefährdet, wie der berühmte Staatsrechtslehrer **Zachariä** mit Recht bemerkt, die Fortdauer eines **Völkerstaates** so sehr, als wenn seine Verfassung mit der **relativen Macht** der einzelnen unter dem Vereine begriffenen Theile im Widerspruche steht.

Und nach dem Ausspruche **John Stuart Mill's**, der in seinem klassischen Werke: „**Ueber die Repräsentativverfassung**," für die **Bevorzugung der Gebildeten** beim Ertheilen des Stimmrechts plaidirt, „darf man die Mehrertheilung der Stimmen unter keinen Umständen so weit treiben, daß die, welche dadurch bevorzugt werden, oder die Klasse, zu der sie gehören, mit Hilfe dieses Stimmenzuwachses den ganzen Ueberrest des Gemeinwesens überstimmen. Der Unterschied zu Gunsten der Erziehung ist dadurch kräftig empfohlen, daß er die Gebildeten gegen die Klassenherrschaft der Ungebildeten schützt; aber er muß genau dort aufhören, wo er anfangen würde, sie in den Stand zu setzen, die Klassengesetzgebung zu ihren Gunsten auszuüben."

Dieß die Worte eines Mannes, dem nach **Buckle's** Ausspruch eine Jury der größten Denker Europa's den ersten Platz unter den lebenden Forschern einräumen würde *).

Hat man bei unseren Wahlgesetzen so weise Maß gehalten? Diese Frage soll hier durch Ziffern beantwortet werden:

In **Mähren** beispielsweise sind **drei Viertheile** der Bevölkerung **Slaven**, während auf die Deutschen nur **ein Viertel** entfällt, und in den jetzigen mährischen Landtag wurden **sechs und sechzig** Abgeordnete der deutschen, und nur **vier und dreißig** der slavischen Partei gewählt. Somit haben diejenigen, welche drei Viertheile der Bewohner ausmachen, nur ein **Drittheil** der Vertretung im Landtage, während die Deutschen, welche ein Viertel der Population bilden, **zwei Drittheile** der mährischen Vertretung besitzen.

---

*) Siehe: Henry Thomas Buckles Essay: „Mill on liberty".

In Dalmatien entfallen auf die Slaven 87% und auf die Italiener nur 13% der Einwohnerschaft, und nichts desto weniger bilden Letztere im dalmatinischen Landtage die Majorität, und ist die slavische Bevölkerung zu politischer Nullität verurtheilt.

So grelle Mißverhältnisse und der innere Friede können im konstitutionellen Staate für die Dauer unmöglich neben einander bestehen*); und wenn es nicht Zweck der Verfassung ist, die Mehrzahl der Staatsbürger mit Neid, Haß und Ingrimm zu erfüllen, darf den Nationalitäten das Ertragen so schwerer Unbill nie und nimmer zugemuthet werden.

Es ward bisher dargethan, daß die zur Durchführung der zentralistischen Idee angewandten Mittel mit der Gerechtigkeit im Widerspruche standen, ja im Widerspruche stehen mußten, da naturwidrige Staats-Einrichtungen ihr prekäres und kümmerliches Dasein nur durch das Unrecht fristen. Es läßt sich aber auch nachweisen, daß diese **unsittlichen Mittel**, diese **ungerechten Wahlgesetze** den beabsichtigten Zweck nur in höchst unverläßlicher Weise erfüllen.

Um dieß klar zu machen, muß vorausgeschickt werden, daß es vorzugsweise vom **Resultate der Landtagswahlen in Böhmen und Mähren abhängt, ob die Deutschen oder die Slaven im Reichsrathe die Majorität erlangen, ob deutsche oder slavische Hände die Geschicke Oesterreichs leiten.** Schmerling richtete daher in den Wahlstatuten das Hauptaugenmerk auf jene zwei Kronländer. Aber wie vorsorglich er auch in den städtischen und ländlichen Wahlbezirken Böhmens und Mährens auf die Deutschen Bedacht nahm, so konnte er doch bei der großen Ueberzahl der Slaven daselbst, keine andere Wirkung erzielen, als daß Teutsche und Czechen einander nahezu das Gleichgewicht hielten. Er trug daher ernstlich dafür Sorge, daß die böhmischen und mährischen Großgrundbesitzer, bei deren Mehrzahl er deutsche Gesinnung voraussetzte, in den betreffenden Landtagen das entscheidende Gewicht in die Wagschale legen. Da der Großgrundbesitz sowohl in Böhmen, als auch in Mähren **mehr als den vierten Theil der Gesammtzahl der Deputirten** in den Landtag entsendet, da er ferner, mit Ausnahme der Fideikommißbesitzer, alle seine Abgeordneten als **Ein Wahlkörper und in Einem Akte wählt**, so gelangen ausschließlich Angehörige seiner Majorität als ein fest geschlossener Phalanx in den böhmischen und mährischen Landtag, und sichern der Partei, der sie sich anschließen, das Uebergewicht nicht nur in der Landesgesetzgebung, sondern auch die weitaus überwiegende Vertretung im Reichsrathe.

Und da es, wie schon bemerkt wurde, von der Nationalität der Reichsraths-Abgeordneten der genannten Länder abhängt, ob die Teutschen oder die Slaven die Majorität im Reichsrathe erlangen, so **ruht das Schicksal der Deutsch-Oesterreicher und des Gedankens, welcher der Verfassung zu Grunde liegt, in den Händen der böhmischen und mährischen Großgrundbesitzer.**

**) Der Aufstand in Dalmatien ist die blutige Exemplifikation dieses Satzes.

Doch das wäre das Schlimmste nicht. Weit schlimmer ist, daß gegen die Erwartungen Schmerling's auch im Großgrundbesitze Böhmens und Mährens die nationalen Parteien an Zahl einander nahe kommen, und daß die Mehrheit im Schooße desselben von wenigen Stimmen abhängt, welche zu gewinnen, für jede eben am Staatsruder befindliche Partei ein Leichtes ist.

So wählten die Großgrundbesitzer unter Belcredi, zur Zeit der Einberufung des außerordentlichen Reichsrathes, nur czechisch Gesinnte in den böhmischen und mährischen Landtag, während wenige Wochen später unter Beust, als einige Stimmen des Großgrundbesitzes durch hohe Einflüsse für die deutsche Partei gewonnen waren, ausschließlich deutsche Kandidaten aus der Wahlurne hervorgingen. Hätten die Czechen damals sich zur Wahl in den Reichsrath entschlossen, so würde dieser mit seiner slavischen Majorität einen eben so frappanten Wechsel der parlamentarischen Szenerie, wie die Landtage, geboten haben.

Somit entscheidet das Votum einiger Edelleute darüber, ob die Herrschaft im böhmischen und mährischen Landtage, und folgeweise die im Reichsrathe, den Deutschen, oder den Slaven zufalle. Es bedarf nur der Schwenkung weniger Kavaliere, und alle Künste des Wahlgesetzes sind zu Schanden gemacht, alle Vortheile der Zentralisation werden zu nichte. Ein kaum merklicher Wechsel in der politischen Strömung der höheren Regionen, ein leichter Hauch in der Hof-Atmosphäre, und die deutsche Hegemonie ist umgeblasen, wie ein Kartenhaus, und die Slaven bemächtigen sich des zentralistischen Apparates, der geschaffen wurde, um sie niederzuhalten, und üben dann Vergeltung an jenen, die ihn so schön vorsorglich aufgebaut.

Welch' eine Politik, die das Schicksal der Deutschen, ja der Monarchie in die Hände einiger Junker legt, welch' eine Staatsweisheit, für die es nur ein heute gibt, kein gestern und kein morgen, keine Erfahrung und keine Voraussicht! — —

Und das sind nur die Gefahren, durch welche die Stellung der Deutschen unter dem Schutze des Gruppenwahlsystems jeden Augenblick bedroht werden kann. Um wie Vieles noch würden die Chancen der Deutschen sich verschlimmern, wenn, bei Aufrechterhaltung der Dezemberverfassung, die Wahlordnungen eine Abänderung im Geiste der Zeit erführen. Und sie werden diese Abänderung gar bald erfahren; denn weder das Gruppenwahlsystem, noch die jetzigen Wahlbeschränkungen sind aufrecht zu erhalten in einer Zeit, wo Amerika Neger zur Wahlurne zuläßt, wo in England das Wahlrecht immer weiter ausgedehnt wird, und fast in ganz Europa demokratische Wahlgesetze bestehen, wo Frankreich und der norddeutsche Bund allgemeines Stimmrecht besitzen, und in unserer östlichen Reichshälfte ein überaus niedriger Zensus festgestellt ist. Immer ungestümer werden die vom Wahlrechte ausgeschlossenen Volksmassen, Einlaß verlangend, an den Pforten des Parlamentes pochen, und die Deutschen, falls sie nicht jene Allianz mit den Feudalen eingehen wollen, die sie den Slaven so sehr zum Vorwurf machen, werden nachgeben müssen, und da sie nur ein **Drittheil der Bevölkerung** bilden, sich anstatt wie bisher, in **prekärer Majorität**, künftighin in **unzweifelhafter und permanenter Minorität** befinden und durch traurige Erfahrung zur Einsicht gelangen, daß die zentralistische Verfassung nicht der Schild der Deutschen, sondern die Waffe sei, welche jeder Mehrheit zum beliebigen Gebrauche gegen die Minderheit in die Hand gegeben ist, gleichviel, ob sie eine **germanische** oder eine **slavische** sei*).

Wenn somit die Deutschen nicht die flüchtigen und problematischen Vortheile des Moments, sondern die dauernden und wahren Interessen der Zukunft im Auge behalten, müssen sie in der **Zentralisation ihre gefährlichste Gegnerin** erblicken. Und es wäre ein Akt vorausfichtiger Politik, den Mitnationen **heute** jene föderativen Einrichtungen als **Begünstigung** zu gewähren, die man vielleicht schon **morgen** als **Konzession** für sich würde in Anspruch nehmen müssen.

Die Föderation und der Schutz der nationalen Minoritäten**).

Man sagt: „**Das Aufgeben der Zentralisation würde nicht nur nutzlos, sondern selbst schädlich**

---

*) Der Fenereifer der zentralistischen Wortführer könnte durch Nichts so rasch abgekühlt werden, als wenn die Slaven anstatt der Föderation „**die Dezemberverfassung und das allgemeine Stimmrecht**" auf ihre Fahne schrieben.

**) Folgende Tabelle möge dem Leser das numerische Verhältniß der nationalen Minorität zur nationalen Majorität in den gemischten Ländern approximativ vor Augen stellen.

Land	Die dasselbe bewohnenden Nationalitäten	Name der, in der Minorität befindlichen Nationalität	Numerisches Verhältniß der nationalen Minorität zur nationalen Majorität des Landes
Böhmen	Deutsche, Czechen	Deutsche	wie 2 : 3
Mähren	do. do.	do.	„ 1 : 3
Galizien	Polen, Ruthenen	Polen	fast „ 1 : 1
Steiermark	Deutsche, Slovenen	Slovenen	„ 1 : 2
Kärnten	do. do.	do.	„ 1 : 3
Krain	do. do.	Deutsche	„ 1 : 11
Küstenland	Italiener, Slovenen	Italiener	„ 1 : 2
Dalmatien	do. Serben	do.	„ 1 : 7
Tirol	do. Deutsche	do.	„ 2 : 3
Schlesien	Deutsche, Polen, Czechen.	Polen, Czechen	fast „ 1 : 1 (60% der Minorität sind Polen)
Bukowina	Deutsche, Ruthenen, Rumänen	Deutsche	wie 1 : 9. (Von dem Reste der Bevölkerung entfällt die größere Hälfte auf die Ruthenen.)

sein. Die Föderation könnte den Uebelständen abhelfen, wenn die Sprachgrenzen mit denen der Provinzen zusammenfielen, wenn man durch die Autonomie dieser auch die der Nationalitäten zu sichern vermöchte; da aber in den meisten Ländern der Monarchie die Völker gemischt wohnen, so würden die nationalen Minoritäten durch die föderative Gliederung nur dem verstärkten Drucke der Majoritäten ausgesetzt werden. Und sollen die Deutschen ihre in der Minorität befindlichen wackeren Stammesgenossen in Böhmen und Mähren der Vergewaltigung durch jene czechische Majorität preisgeben, die in der kurzen Zeit ihres Regimentes ihnen das Sprachenzwangsgesetz auferlegte?"

Es wurde eben nachgewiesen, wie prekär der Schutz sei, welchen die jetzige Verfassung den Minoritäten der gemischten Landtage im Allgemeinen, und den Deutschen insbesondere zu gewähren vermag.

Weit größere Sicherheit bietet unter gewissen Cautelen die Föderation, welche den in die Minorität gedrängten Nationalitäten gegen die Uebergriffe der jeweiligen deutschen oder slavischen Reichsraths-Majorität dadurch Schutz verleiht, daß sie der Kompetenz der Länder all' jene inneren Angelegenheiten zuweist, deren gemeinsame Regelung nicht unbedingt durch das Reichsinteresse geboten ist. Damit jedoch der Kriegsschauplatz nicht vom Reichsrathe in die Landtage verlegt werde, und das Hegemoniegelüste nicht nur Vieles gehässiger und gewaltsamer in jedem einzelnen Kronlande hervortrete, müssen der nationalen Minorität allerorts ausreichende Garantien gegen den Druck der Majorität geboten werden.

Obenan in der Reihe dieser Garantien stünde ein sorgfältig ausgearbeitetes Nationalitätengesetz. Der Reichsrath, der mit rühmlichem Eifer die konfessionellen Minoritäten durch ein interkonfessionelles Gesetz unter seinen Schutz nahm, hat es bisher unterlassen, die noch tiefer in das Staatsleben eingreifenden nationalen Verhältnisse durch ein internationelles Gesetz*) in gerechter und dauernder Weise zu regeln.

Wohl spricht die Verfassung vom 21. Dezember im §. 19 der Grundgesetze die nationale Gleichberechtigung aus; aber während bei den anderen grundrechtlichen Bestimmungen auf ein bestehendes, oder auf ein zu erlassendes Gesetz hingedeutet wird, sucht man in diesem Paragraphe vergeblich nach einem solchen Hinweise. Vage Zusicherungen haben aber keinen Werth; die Nationalitäten bedürfen genau umschriebener Rechte; denn nur die Grenzen bestimmen die Größe eines Besitzes, und nur die genaue Umschreibung derselben schützt sie vor den Eingriffen der Willkür.

---

*) Es wird hier das Wort „internationell" gebraucht, weil das Wort „international" nach dem Sprachgebrauche eine andere Bedeutung hat.

In einem solchen Gesetze müßte die Gleichberechtigung der Sprachen jedes Kronlandes in **Schule, Kirche, Verwaltung, Justiz** und **Gesetzgebung** so klar und unzweideutig normirt werden, daß die nationalen Minoritäten vor jedem Uebergriffe der Majoritäten völlig sicher gestellt wären. Der größte Nachdruck wäre auf Bestimmungen zu legen, welche zur Sicherung der nationalen Minoritäten in **den Landtagen** dienen; denn ohne diesen ausgiebigen Schutz in der **Gesetzgebung** wird der nationale Friede nie hergestellt, gibt es in Oesterreich nur herrschende und unterdrückte Völker.

Und die **Minoritäten** müßten in den Stand gesetzt werden, sich selbst zu schützen. Die Vertheidigungsmittel den Majoritäten anvertrauen, hieße Festungsmauern durch eine feindliche Besatzung hüten lassen.

„Wie kann nun dieser Schutz geboten werden?"

Auf zweierlei Art. Die Eine bestünde darin, daß in den gemischten Kronländern das **nationale Zweikammersystem** eingeführt würde, daß man beispielsweise in Böhmen eine **deutsche** und eine **czechische Kammer** bildete. Das Zweikammersystem ist fast in allen konstitutionellen Staaten aus **politischen** Gründen adoptirt, es wäre somit gar nicht absonderlich, es in Ländern mit gemischter Bevölkerung aus **nationalen** Rücksichten einzuführen. Wenn den Häuptern der großen Adelsgeschlechter eine gesonderte Vertretung eingeräumt ist, warum sollte sie nicht für eine ganze Nationalität in Anspruch genommen werden?

Wenn hier gleichwohl das Zweikammersystem nicht empfohlen wird, so geschieht dies aus keinem anderen Grunde, als weil es in Oesterreich nicht minder gefährlich ist, den parlamentarischen Kontakt der Völker absolut zu verhindern, als ihn ohne Noth zu vervielfältigen. Die Nationalitäten völlig von einander ferne halten, hieße sie gänzlich einander entfremden, und das Wiedererwachen gegenseitigen Wohlwollens unmöglich machen*).

Weit empfehlenswerther erscheint die **zweite Art**, den nationalen Uebergriffen vorzubeugen, welche darin besteht, daß die Vertreter in den gemischten Landtagen wohl **gemeinsam berathen**, aber **gesondert in nationalen Kurien abstimmen**, und daß nur jene Gesetze, respektive nur jene Gesetzes-Bestimmungen als angenommen zu betrachten sind, für welche die **Majorität in jeder Kurie gestimmt hat****).

---

*) Auch der Umstand würde der Ausführung hindernd in den Weg treten, daß die zwei kleinen Länder Schlesien und die Bukowina, je von drei Nationalitäten bewohnt werden.

**) Ich habe das Kuriatvotum schon vor zwei Jahren in einem Nationalitäten-Gesetz-Entwurfe vorgeschlagen, der privatim politischen Freunden mitgetheilt und vom Journale: „Die Politik." im Auszuge veröffentlicht wurde. Ich ersehe aus den Blättern, daß diese meine Idee jetzt in czechischen Kreisen Zustimmung findet.

Ist das Kuriatvotum im Prinzipe angenommen, dann muß festgestellt werden, ob es bei allen Abstimmungen, oder nur bei jenen stattfinden solle, durch welche über Fragen von nationalem Interesse entschieden wird.

Wichtige Gründe sprechen für Letzteres. Es kann, wie wir aus trauriger Erfahrung wissen, dem Gemeinwesen nicht frommen, wenn man die natürlichen Verhältnisse ohne dringende Nothwendigkeit verrückt und politische Parteibildungen durch eine scharfe nationale Scheidung permanent verhindert. Die politische Klugheit erheischt somit, daß in allen Fragen, bei denen die Parteien nicht nach nationalen, sondern nach politischen, ökonomischen, Standes-, Berufs- oder lokalen Interessen sich scheiden, gemeinsam (viritim) abgestimmt werde.

Es ist allerdings sehr schwierig, durch ein Gesetz festzustellen, welche Fragen nationale Interessen berühren; aber man kann mit Recht behaupten, daß das Gebiet der Schul- und Sprach-Gesetzgebung der Haupttummelplatz nationaler Leidenschaften und Herrschergelüste sei. Die Kuriatabstimmung hätte somit in Schulfragen und bei Bestimmungen jedes Gesetzes stattzufinden, welche auf Sprache Bezug haben. Ferner müßte das Kuriatvotum bei allen Abänderungen der Landesverfassung und des Landes-Wahlgesetzes Platz greifen. Doch hätte das Kuriatvotum selbst da, wo es zur Anwendung gelangt, nur dann stattzufinden, wenn die nationale Minorität es verlangt.

Hoffentlich wird diese Abstimmungsweise, nach wieder hergestelltem inneren Frieden, allmälig ganz außer Uebung kommen und das bloße Vorhandensein der empfohlenen Cautel ihre Anwendung mit der Zeit überflüssig machen. In der Schweiz bedarf es einer solchen Vorsichtsmaßregel nicht. Man hat eben dort in einer langen Schule der Erfahrung jedes nationale Recht achten gelernt, das fremde, wie das eigene.

Sollte in jenen Kronländern, wo das gegenseitige Mißtrauen der Volksstämme ein tiefgehendes ist, wie beispielsweise in Böhmen und Mähren, die nationale Minorität sich mit einem beschränkten Kuriatvotum nicht zufrieden geben, so könnte man dieses auch bei Abstimmungen über andere Fragen zugestehen, aber nur, falls drei Viertheile der nationalen Minorität es verlangen. Dieses Zugeständniß sollte jedoch vorläufig nur für eine kurze, genau zu bestimmende Zeit gemacht werden, nach deren Ablauf die Reichsgesetzgebung auf Grundlage gemachter Erfahrungen über dessen Fortdauer zu entscheiden hätte.

In ähnlicher Weise wie in den Landtagen, müßte auch in den Vertretungs- und Verwaltungs-Körpern gemischter Orts- und Bezirksgemeinden, bei Entscheidungen über Schul- und Sprachfragen und bei Ernennung von Lehrern curiatim abgestimmt werden*).

---

*) Auch im Landesschulrathe und in den Schulräthen gemischter Bezirks- und Ortsgemeinden müßte der Minorität das Kuriatvotum gesichert werden.

Die föderativen Einrichtungen mit der Beigabe des Kuriatvotums gestatten einerseits der nationalen Majorität jedes gemischten Kronlandes, ihre häuslichen Angelegenheiten selbstständig zu ordnen, und hindern sie andererseits daran, die in der Minorität befindlichen Hausgenossen hiebei irgendwie in ihren nationalen Interessen zu schädigen. Das Kuriatvotum macht die Geschicke der Nationalitäten unabhängig von den Wechselfällen der politischen Parteien, es stellt die Minorität und die Majorität in den Landtagen, bei Entscheidungen über nationale Fragen, als **gleichberechtigte Paciszenten** neben einander. Es ist die Schutzwehr der Schwachen, der feste Schild, mit dem jede Nationalität sich selber deckt.

Doch der Schutz in der Gesetzgebung allein ist nicht ausreichend; **auch in der Verwaltung muß die nationale Minorität vor Uebergriffen möglichst sichergestellt werden.**

Damit die aus der nationalen Majorität hervorgegangene Regierung eines autonomen Kronlandes nicht durch ihre Verwaltungsorgane die besten nationalen Sicherheitsgesetze illusorisch mache, wären vor Allem die **Bezirke in sprachlich gemischten Kronländern möglichst national zu arrondiren, und ihre autonomen Rechte bedeutend zu erweitern.** Ich habe in meiner kleinen Schrift: „**Zur Erweiterung der Munizipalautonomie**" *) einen detaillirten Entwurf veröffentlicht, der sich seiner Zeit der Zustimmung der verschiedensten Parteiorgane zu erfreuen hatte. Ich muß die Leser, was die Motivirung und das Detail betrifft, auf diese Schrift verweisen, und will hier nur die Grundzüge des Planes mittheilen:

„Der **Bezirk** bildet in politisch-administrativer Beziehung ein Ganzes: „die **Bezirksgemeinde.**"

„Dieser Bezirksgemeinde ist außer der ihr gesetzlich zugewiesenen Thätigkeit, unter Auflassung des gegenwärtigen politischen Bezirksamtes, die ganze politische Administration des Bezirkes zu übertragen, so daß sie in politicis die erste Instanz ist. Sie hat, unter Solidarhaftung, die Steuereinnahme und Steuerverwaltung im ganzen Umfange des Bezirkes zu besorgen, und eventuell die auf den Bezirk entfallende Steuerquote auf die Ortsgemeinden desselben umzulegen. In ihr und durch sie ist für die Geschäfte des nicht streitigen Richteramtes, in Verlassenschafts-, Waisen- und Kuranden-Angelegenheiten zu sorgen; somit ist auch die Führung des kumulativen Waisenamtes an sie zu übertragen. Ebenso sind das Kirchen-, Schul- und Armenwesen, die Geschäfte der Konskription, der Rekrutirung und alle sonstigen, in das Bereich der politischen Verwaltung und zur Ausübung der Lokalpolizei gehörigen Funktionen an die Bezirksgemeinde zu übertragen" **).

---

*) Wien, Wallishausser'sche Buchhandlung (Joseph Klemm) 1868.
) Falls die Bezirksgemeinden für die Ausübung dieser Funktionen zu klein befunden würden, könnte man mehrere Bezirksgemeinden zu einer **Kreisgemeinde zusammenlegen.

„Entsprechend dem Mehrbetrage der hieraus erwachsenen Verwaltungsauslagen, wird die von dem Bezirke an den Staat zu entrichtende Steuer ermäßigt."

„In der Ausübung ihrer Funktionen ist die Bezirksgemeinde streng zur Einhaltung der Reichs- und Landesgesetze verpflichtet."

„Das berathende, beschließende und die Verwaltung überwachende Organ der Bezirksgemeinde ist die Bezirksvertretung."

„Die Bezirksvertretung wählt:

1. Aus ihrer Mitte den **engeren Ausschuß** zur Kontrolirung der Verwaltung.

2. Das verwaltende und vollziehende Organ der Gemeinde, den **Bezirksmagistrat**, und seinen Vorstand, den **Bezirksverweser.**"

„Zur **Ueberwachung**, sowohl der **autonomen**, als auch der **übertragenen Thätigkeit** der Bezirksgemeinde steht an der Spitze des Bezirkes ein **von der Krone ernannter Bezirkspräsident**, welcher das Organ der Regierung in der Bezirksverwaltung ist. Ohne selbst zu administriren, hat er die pünktliche Ausführung der Gesetze und der behördlichen Anordnungen zu überwachen, die Interessen des Staates zu wahren, die Autorität der Regierung aufrecht zu erhalten, ungesetzliche Beschlüsse der Bezirks- und Gemeindevertretungen, sowie gesetzwidrige Akte der Magistrate hintanzuhalten, und ebenso die fehlerhafte Anwendung der Gesetze zu verhindern" *).

„Zur Präsidentenstelle wird, womöglich, ein Mann berufen, der im Bezirke **angesessen** ist und ebenso sehr das Vertrauen der Krone, wie die Achtung der Bevölkerung genießt" **).

Auf diese Weise wäre ohne Beeinträchtigung der Staats- und Landes-Interessen die Verwaltung in den Bezirksgemeinden Männern anvertraut, welche, der Sympathie der Bevölkerung sich erfreuend, in der Administration allen gehässigen Uebergriffen der nationalen Majorität einen Damm entgegensetzen würden.

Damit es auch ein **Forum zur Austragung nationaler Streitigkeiten** gäbe, wäre im Zentrum des Reiches ein **Schiedsgerichtshof** einzusetzen, in welchen jede Nationalität aus ihrer Mitte in gesetzlich vorgeschriebener Weise eine gleiche Anzahl von Schiedsrichtern und Stellvertretern zu wählen hätte.

Im Entscheidungsfalle würde das Schiedsgericht sich konstituiren, indem je zwei Schiedsrichter jeder Nationalität, welcher die streitenden Parteien angehören, zusammenträten, und sich als Obmann einen Schiedsrichter beigesellten, der einer neutralen Nationalität angehört. Bei Stimmengleichheit gäbe das Votum des Obmanns den Ausschlag.

---

*) Der **Bezirkspräsident** stellt den Zusammenhang zwischen den vom Volke gewählten, und den von der Regierung ernannten Verwaltungs-Beamten her, und bildet so den verbindenden Ring in der Kette der Administration.

) Da diese Umgestaltung nur allmälig stattfinden kann, so wäre vielleicht bis zum Zeitpunkte der durchgeführten Reform, den Bezirksgemeinden in Bezug auf die von der Regierung einzusetzenden **politischen Bezirksbeamten, das **Recusationsrecht** einzuräumen.

Das nationale Schiedsgericht hätte über Klagen von Individuen, Korporationen und Gemeinden wegen Verletzung der ihnen verfassungsmäßig zustehenden **nationalen** Rechte zu urtheilen, ferner bei Kollisionsfällen in den national gemischten Landtagen und kleineren Vertretungs- und Verwaltungskörpern darüber zu entscheiden, ob eine Frage als solche zu betrachten sei, bei welcher ein Kuriatvotum stattzufinden habe oder nicht. Seinen Entscheidungen wäre nöthigenfalls der Vollzug durch Reichs-Exekution zu sichern.

Alle diese Bestimmungen zum Schutze der nationalen Rechte müßten einen **integrirenden Bestandtheil der Verfassung bilden.**

Wären die Minoritäten vorerst in der bisher angegebenen Weise sichergestellt, dann könnten auch die Majoritäten ohne Gefahr in ihre legitimen Rechte eingesetzt werden, und zeitgemäße Wahlstatuten an die Stelle der Schmerling'schen Wahlordnungen treten. Die in ihrer Autonomie nicht mehr bedrohten Länder werden ebenso wenig, wie die Kantone der Schweiz, oder die einzelnen Staaten Nordamerika's, sich gegen direkte Wahlen in's Zentral-Parlament sträuben. Außer den vom Volke unmittelbar in's Abgeordnetenhaus zu wählenden Deputirten müßte, analog den obgenannten Föderativstaaten, jedes Land, ob groß oder klein, aus der Mitte seines Landtages eine **gleiche Zahl von Vertretern in's Herrenhaus** entsenden, welches dadurch auch zum **Länderhaus** würde *). Dieses **Länderhaus** hätte nicht blos für die Wahrung des föderativen Charakters der Monarchie, sondern auch für die Sicherheit der Deutschen hohe Bedeutung; denn von den **siebzehn** Kronländern der westlichen Reichshälfte sind **acht****) ausschließlich oder überwiegend deutsch; ihre Vertreter würden daher vereint mit den Repräsentanten der hohen Adelsfamilien ein ausreichendes Gegengewicht gegen die etwaige Präponderanz der Slaven im Abgeordnetenhause um so mehr bilden, als nach den Bestimmungen des zu erlassenden Wahlgesetzes, aus den Landtagen gemischter Länder eine **proportionale Zahl von Vertretern jeder heimischen Nationalität ins Länderhaus** zu entsenden wäre.

Vergleichen wir nun die Stellung der Völker im föderativ konstruirten Reiche mit jener im zentralisirten, und fragen wir uns dann, welche die vortheilhaftere sei.

Halten wir Umschau im Reichsparlamente des zentralisirten Oesterreichs, so sehen wir heute den Widerstand der Nationalitäten gegen die deutsche Majorität. Sind einst die Wahlgesetze im demokratischen Sinne abgeändert, dann begegnen wir der Renitenz der Deutschen gegen die slavische Uebermacht. Und werfen wir einen Blick auf die Zustände in den Landtagen und Ländern, so tritt uns vollends ein Jammerbild entgegen, ein chaotisches Gewirre, eine tief erschreckende Unnatur der Zustände!

---

*) Die Ernennung von Herrenhaus-Mitgliedern für die Lebensdauer müßte künftighin unterbleiben.
**) Tirol, Vorarlberg, Salzburg, Oesterreich ob der Enns, Oesterreich unter der Enns, Schlesien, Steiermark, Kärnten.

Aus Böhmen und Mähren ertönt der Klageruf der czechischen Majorität gegen die Herrschaft der deutschen Minorität. In Galizien setzen sich die Ruthenen gegen die Suprematie der Polen zur Wehre. In Steiermark und Kärnten grollen die Slovenen wegen Zurücksetzung von Seiten der deutschen Majorität. Dafür üben sie reichlich Vergeltung an den Deutschen in Krain. Im Küstenlande und in Dalmatien kämpft die slavische Mehrheit gegen den von der italienischen Minderheit ausgeübten Druck, während in Tirol die Italiener sich gegen die Herrschaft der Deutschen sträuben. Kurz, wohin wir das Auge richten, erblicken wir Zwietracht und Hader, den Krieg Aller gegen Alle, die Verdüsterung nicht blos der politischen, sondern auch der bürgerlichen und sozialen Verhältnisse. Und wie in den Provinzen durch die aufgedrängte Reichsverfassung das Gelüste zur Secession vom Reiche, so erwacht allgemach in den unterdrückten Nationalitäten jedes Kronlandes der Drang zum Ausscheiden aus demselben. Ist es denkbar, daß Oesterreich so fortbestehe?

Wie ganz anders müßten die Dinge sich im föderirten Oesterreich gestalten. Im Zentrum würde durch Ueberweisung des größten Theiles der inneren Angelegenheiten an die Länder die feindliche Berührung der Nationalitäten möglichst hintangehalten, und den etwaigen Uebergriffen der Slaven im Abgeordnetenhause durch das Länderhaus Schranken gesetzt. In den Landtagen wäre, bei Aufrechthaltung der größten Autonomie, durch das Kuriatvotum der Unterdrückung der Minorität wirksam vorgebeugt. Die nationale Arrondirung der Bezirke hielte Sprach-Konflikte möglichst hintan, und in jenen Bezirks- und Orts-Gemeinden, deren gemischte Bevölkerung administrativ nicht zu trennen ist, wäre die nationale Minorität gleichfalls durch das ihr in den lokalen Vertretungs- und Verwaltungskörpern eingeräumte Kuriatvotum in den Stand gesetzt, jeden Angriff auf ihre nationalen Rechte abzuwehren. Ferner wäre durch das Recht der Bezirksgemeinden, ihre Funktionäre und Beamten selbst zu wählen, auch in der Exekutive eine Barriere gegen Ausschreitungen der Majorität errichtet, und ermöglichte schließlich das nationale Schiedsgericht die friedliche und unparteiische Austragung nationaler Streitigkeiten.

Entzöge man durch Institutionen, wie die eben angedeuteten, dem Völkerhader den Boden, dann würde unser öffentliches Leben gar bald gesunden. Wenn die nationalen Interessen von der jeweiligen parlamentarischen Majorität unabhängig sind, werden bei den Wahlen nicht mehr wie jetzt, Stamm und Sprache, sondern das politische Bekenntniß das Schiboleth sein, wird die Nationalität sich nicht mehr wie ein Keil zwischen die Anhänger einer und derselben politischen Partei hineinschieben. Gibt es doch kein untrüglicheres Symptom unseres politischen Siechthums, als die Permanenz unnatürlicher Partei-Allianzen und Gegnerschaften, das Hineingedrängtwerden Aller in falsche Positionen, wo der Freund den verwundenden Pfeil abschnellt gegen die Brust des Freundes, und politische Gegner, Schulter an Schulter stehend, in denselben Reihen kämpfen.

Einwendungen gegen die föderative Umgestaltung Oesterreichs.

Man wendet, wenn von der föderativen Umgestaltung Oesterreichs die Rede ist, gewöhnlich ein, daß das große Oesterreich nicht nach dem Muster der kleinen Schweiz konstituirt werden könne. Die Schweiz sei in Folge der ihr zugesicherten Neutralität von Außen her nicht bedroht. Die Kantone und deren Bevölkerung haben nicht die zentrifugale Richtung der Kronländer und Nationalitäten Oesterreichs, und Letzteres bedürfe überdies als großes Reich einer größeren Konzentration der Regierungsgewalt, als die kleine Nachbarrepublik.

Alle diese Einwendungen sind völlig haltlos; denn die Nachbar-Staaten des Schweizerlandes tragen nicht minder Gelüste nach seinen Kantonen, als die Oesterreichs nach dessen Kronländern. Und ist Letzteres etwa bedrohter und gefährdeter, weil es eine Großmacht ist?

Die Verträge von 1815 würden die Schweiz vor dem Bruche der gewährleisteten Neutralität während eines europäischen Krieges ebenso wenig schützen, als sie Oesterreich vor dem Verluste von Provinzen wahrten; und in der That haben die Schweizer sich militärisch so eingerichtet, als ob diese Verträge gar nicht existirten.

Was das zentrifugale Streben betrifft, so müßte es in den schweizerischen Kantonen und Völkern hervortreten, sobald man sie nach österreichischem Muster regierte, und würde es in Oesterreich gar bald aufhören, wenn man ihm Einrichtungen wie die der Schweiz gäbe; denn die zentrifugale Tendenz, die Neigung zum Abfalle, entsteht in einem Volke, wenn die Verwaltung seiner werthvollsten nationalen Güter in fremden Händen liegt; und das ist im zentralisirten Staate der Fall. Hingegen haben die Völker nicht die mindeste Veranlassung, aus einem Reiche zu scheiden, unter dessen Aegide sie selbstthätig für ihr nationales Gedeihen sorgen, wie ihnen dies der Föderativstaat ermöglicht.

Bei der Behauptung, daß dem großen Staate eine konzentrirtere Regierungsgewalt, als dem kleinen, Noth thue, verwechselt man offenbar den **Machtapparat** mit dem **Machtumfange**, und anstatt zu sagen: Die Zentralgewalt eines großen Staates bedürfe im Vergleiche zu der eines kleinen der **proportionalen Verstärkung aller Machtmittel**, stellt man den irrigen Satz auf, daß sie der **Erweiterung der Macht- und Kompetenz-Sphäre** bedürfe.

Es wäre einfältig, zu behaupten, daß Oesterreich, als Großmacht, keiner stärkeren Heeresmacht, und keines größeren diplomatischen Aufwandes, als die Schweiz, bedürfe. Es wäre aber nicht minder thöricht zu sagen, daß Oesterreich, weil es eine Großmacht ist, keine so weit gehende Autonomie, wie die Schweiz, zugestehen könne. Hängt denn seine europäische Stellung wirklich davon ab, daß die Schulgrundsätze im Reichsrathe, und bei Leibe nicht in den Landtagen berathen werden, oder daß die, über ein Vergehen oder ein Verbrechen verhängte Strafe in allen Kronländern, wie mit dem Zirkel gleich bemessen sei?

Die Gesetze der politischen Statik gelten im Großen ganz so, wie im Kleinen. Das beweist die nordamerikanische Union, deren Flächeninhalt jenen Oesterreichs fünfzehnmal übersteigt, und deren Bevölkerung der unsrigen an Zahl gleichkommt, und wo die Staatsgewalten einander ganz gut das Gleichgewicht halten, obgleich die Kompetenzvertheilung zwischen der Zentralregierung und den Regierungen der einzelnen Bundesstaaten der schweizerischen ganz analog ist.

Eine ebenfalls sehr häufige Behauptung ist die, daß föderative Einrichtungen sich wohl für die Republik, aber nicht für die Monarchie eignen.

Auch diese Behauptung ist ganz und gar unrichtig. Die monarchische Regierungsform wäre nur dann ein Hinderniß, wenn die Rechte der Krone durch föderative Institutionen, oder wenn letztere durch erstere beeinträchtigt würden. Aber keines von beiden ist der Fall, wenn, wie dies selbstverständlich ist, die Bundeseinrichtungen der monarchischen Regierungsform angepaßt werden.

Daß die Krone im Bundesstaate an ihren Rechten keine Einbuße erleide, geht daraus hervor, daß in diesem, ganz so, wie in zentralisirten Ländern Alles, was die Sicherung seiner internationalen Stellung betrifft, in den Händen der Zentralgewalt ruht, daß somit die wichtigsten Kronrechte: das Verfügungsrecht über die gesammte Wehrkraft, das Recht Krieg zu erklären, Frieden zu schließen und internationale Verträge einzugehen, geradeso im Mittelpunkte ausgeübt werden, wie im zentralisirten Staate. Auch im föderirten Oesterreich wird es die Krone sein, welche die Richter einsetzt, die Beamten ernennt, das Begnadigungsrecht und das Recht des absoluten Veto übt. Der Unterschied würde nur darin liegen, daß die Krone einen größeren Theil des Gesetzgebungsrechtes, als bisher, mit den Landtagen, anstatt mit dem Reichsrathe theilen müßte; da aber $^{17}/_{17}$ ein Ganzes, bilden, und der Kaiser von Oesterreich Nichts von dem verlieren würde, was er an den König von Böhmen oder an den gefürsteten Grafen von Tirol abgäbe, so würden seine Kronrechte hiebei nicht die mindeste Schmälerung erfahren.

Ebenso wenig werden die Zwecke des Bundesstaates durch die monarchische Spitze vereitelt. Die Völker sträuben sich ja nur gegen die Bevormundung durch eine fremde Nationalität und wünschen föderative Einrichtungen, um ihre häuslichen Angelegenheiten im eigenen Hause zu ordnen, und das können sie im monarchischen Bundesstaate ebenso gut, wie im republikanischen.

Die innere Sicherheit des Föderativstaates ist sogar in der

Monarchie weit besser gewahrt, als in der Republik; denn in letzterer, wo die leitenden Behörden der Bundestheile nicht von der Bundesregierung ernannt, sondern vom Volke gewählt sind, findet der Gesammtstaat die Bürgschaft für die Unterordnung der Theile nur im Bewußtsein dieser, daß ihr Wohl mit dem seinen identisch sei. Falls ihnen dieses Bewußtsein abhanden kommt, stehen der Zentralbehörde nur die Mittel der Gewalt zur Verfügung. Die Monarchie hingegen besitzt im Rechte der Krone, die Gesetze zu sanktioniren, die wichtigeren Verwaltungsmaßregeln zu genehmigen und die Beamten zu ernennen, ein verfassungsmäßiges Korrektiv gegen etwaige Ausschreitungen des Partikularismus.

Daß der gedeihliche Bestand des monarchischen Bundesstaates möglich sei, bestätigt auch die Erfahrung. Der deutsche Nordbund ist eine monarchische Föderation, und hat seit der kurzen Zeit seines Bestandes den Nachbarstaaten hinreichend Respekt eingeflößt. Das Frankfurter Parlament, an welchem hervorragende Staatsrechtslehrer und Männer von unzweifelhaft monarchischer Gesinnung sich betheiligten, war im Jahre 1848 bestrebt, den lockeren deutschen Staatenbund in einen monarchischen Bundesstaat umzuwandeln. — England steht jetzt zu den drei großen Kolonien in Australien, am Kap der guten Hoffnung und in Kanada im Verhältnisse einer ganz lockeren Föderation, und die Königin Viktoria theilt das Gesetzgebungsrecht in diesen überseeischen Ländern mit fünf Parlamenten, deren jedem eine abgesonderte verantwortliche Regierung gegenübersteht. Als dasselbe England im Streben, die Machtsphäre der Zentralgewalt auszudehnen, die autonomen Rechte seiner nordamerikanischen Besitzungen im Jahre 1774 zu schmälern versuchte, verlor es den schönsten Kolonialbesitz, den je ein Reich besaß, während es jetzt in den sich selbst Gesetze gebenden und sich selbst verwaltenden Kolonien nicht im entferntesten von einer zentrifugalen Tendenz bedroht ist.

Und was Oesterreich betrifft, so war es von jeher ein Staatenkomplex, ein föderatives Reich, und stand es als solches stets in der vordersten Reihe der europäischen Mächte.

Bis zur Annahme des österreichischen Kaisertitels durch Franz II. im Jahre 1804 hatten die österreichischen Regenten keinen Gesammttitel als Herrscher ihrer Erblande. Kaiser waren sie nur als die gewählten Regenten Deutschlands. So konnte Maria Theresia während der ersten Regierungsjahre, als ihr Gemal Franz I. noch nicht die römische Kaiserkrone trug, im diplomatischen Verkehre nur als Königin von Hungarn, oder als Königin von Hungarn und Böhmen titulirt werden. Um den österreichischen Länderkomplex zu bezeichnen, sprach man von den österreichischen Erblanden, von der österreichischen Hausmacht.

Noch in der ersten Hälfte des vorigen Jahrhunderts bestanden in Wien nicht weniger als acht Verwaltungszentralstellen, und zwar sechs Hofkanzleien: die ungarische und siebenbürgische, die böhmische (für Böhmen, Mähren und Schlesien), die n i e d e r ö st e r r e i ch i s ch e (für Oesterreich) unter und ob der Enns), die i n n e r ö st e r r e i ch i s ch e (für Steiermark, Kärnten und Krain) und die o b e r ö st e r r e i ch i s ch e (für Tirol); ferner der i t a l i e n i s ch e Rath (für das Mailändische) und die n i e d e r= l ä n d i s ch e n R a t h s b e h ö r d e n und T r i b u n a l e (für den belgischen Besitz). Jedes Land hatte seine Verfassung, seine eigene Vertretung und Verwaltung, seine Gewohnheiten, seine Landrechte und seine Zolllinie. Die direkten Steuern wurden von den Landständen votirt, vertheilt und eingehoben. Die Justizpflege lag heimischen Richtern ob, die theils von den Ständen gewählt, theils von der Krone ernannt wurden. Die Rekrutenbewilligung, die Werbung und Aushebung der Kriegsmannschaft, und in Friedenszeit auch die Verpflegung und Dis= lozirung derselben innerhalb des Landes, fand durch den Landtag und durch die autonomen Landesbehörden statt. Wegen der so wichtigen staatsrechtlichen Frage der Thronfolge mußte Karl VI. mit den Ständen jedes Landes einzeln unterhandeln.

Nur nach außen trat Oesterreich als Einheit auf; seine D i p l o m a t i e war e i n h e i t l i ch; seine A r m e e, wenn auch aus Kontingenten der einzelnen Länder gebildet, war im K r i e g e e i n e e i n h e i t l i ch e, und die von den Landtagen votirten K o n t r i b u t i o n e n für gemeinsame Zwecke floßen in e i n e n g e m e i n s a m e n S ä ck e l. Rechnet man hiezu die Kronprärogative, welche der Regent in jedem seiner Erblande besaß, so zeigt sich, daß, obgleich die Beziehungen der Erblande zu einander, st a a t s r e ch t l i ch nicht geordnet waren, dennoch im Mittelpunkte des Reiches ungefähr das konzentrirt war, was im moder= nen Bundesstaate verfassungsgemäß der Zentralgewalt zugewiesen ist.

Und wie locker auch das Band war, welches die Bestandtheile Oesterreichs umschlang, so vermochte doch Maria Theresia, die bei ihrem Regierungsantritte einen leeren Reichssäckel und eine höchst unzulängliche Heeresmacht vorfand, einer Koalition entgegen zu treten, welche von Frankreich, Preußen, Spanien, Sardinien, Neapel, Baiern, Sachsen und der Churpfalz gebildet ward, und rang die muthige Kaiserin s i e b e n J a h r e lang mit dem größten Feldherrn der Zeit um eine kleine Provinz, während im Jahre 1859 ein Feldzug von ungefähr s i e b e n W o ch e n genügte, um dem zentralisirten und dadurch in seinem Inneren zerrütteten Oesterreich eine seiner schönsten Provinzen zu entreißen, und im Jahre 1866 sogar ein s i e b e n t ä g i g e r Kampf hinreichte, um ihm die Verzichtleistung auf V e n e z i e n und auf die S t e l l u n g i n D e u t s ch l a n d aufzunöthigen.

Die staatskluge Maria Theresia reorganisirte wohl Oesterreich im Geiste der Zeit und suchte größere Einheit in die Gesetzgebung, und mehr Gleichförmigkeit in die Verwaltung zu bringen. Aber sie war hiebei stets dessen eingedenk, daß sie nicht einen S t a a t, sondern ein R e i ch beherrsche. Sie schonte mit weiblicher Feinfühligkeit die Nationalgefühle und das provinzielle Bewußtsein, und jede Reform, die sie unternahm, ließ sie als eine spezielle Wohlthat für jedes ihrer Erblande erscheinen. „Aus dem besonderen Bedürfnisse des bestimm=

ten Landes," sagt Perthes*), „zu einer bestimmten Zeit und aus der besonderen, durch Zusammensetzung und Geschichte des Landes eigenthümlich bestimmten Natur der Kräfte, welche das Bedürfniß befriedigen konnten, gingen bis zum Tode Kaiser Franz I. die Anordnungen hervor, durch welche Maria Theresia ihren deutschen Erblanden eine neue Einheit und der Regierung neue Macht verschaffen wollte."

Sie beschränkte mit großer Einsicht diese ihre Anordnungen auf jene Lande, in denen sie Erfolg versprachen, und zog das mailändische Gebiet, Ungarn und die Niederlande nicht in den Kreis derselben. Bei ihren Umgestaltungen ging sie kaum je weiter, als für ihre Zwecke unbedingt nöthig war. So entzog sie den Landtagen nicht das wichtigste der konstitutionellen Rechte, das der Steuerbewilligung**), aber sie erwirkte durch den Dezennalrezeß von den Ständen die Bewilligung der Kontributionen zur Erhaltung der Armee für zehn Jahre im Vorhinein. Sie ließ die Landesregierung, eine halb ständische, halb landesfürstliche Behörde, mit administrativen und richterlichen Funktionen wohl fortbestehen, beschränkte sie aber auf judizielle Thätigkeit und übergab die Landesverwaltung einer ausschließlich landesfürstlichen Behörde (anfangs Deputation, später Repräsentation, und schließlich Gubernium benannt). Sie beseitigte nicht den ständischen Ausschuß, sondern beschränkte nur seine Verwaltungsthätigkeit. Sie zog den ständischen Domestikalfonds nicht ein, ließ aber die Steuern immer reichlicher in die landesfürstliche Kammer fließen.

Schonend und sachte wollte die einsichtsvolle Regentin ihre Völker verbrüdern***), ihre Staaten in ein föderatives Reich, aber nicht in einen Staat umgestalten.

„Sie hatte," sagt Perthes, „Verständniß für die geschichtlich überlieferte Sonderung der Erblande, und für die Berechtigungen der Gemeinden und Korporationen; aber es sollte die böhmische, die tirolische und die steirische Besonderheit, es sollten die Städte, die Dörfer, die Ritter und Prälaten sich von dem Bewußtsein ihres gemeinsamen Vaterlandes, von einem österreichischen Gesammtgefühle durchdringen."

Ihr großer Sohn Josef II. hatte schon seit 1765 als Mitregent auf die Staatsgeschäfte Einfluß genommen, und durch seinen Ungestüm wiederholt Konflikte mit der besonnenen Kaiserin herbeigeführt, Konflikte, in welche der Briefwechsel zwischen Mutter und Sohn einen tiefen Einblick gestattet†).

*) Politische Zustände und Personen in Deutschland zur Zeit der französischen Herrschaft, 2. Bd.: die deutschen Länder des Hauses Oesterreich. Gotha 1869.

**) Nur das Recht, die Kontributionen (die direkten Abgaben) zu votiren, hatten die Stände. Die Regelung der Kameraleinkünfte (der Regalien und indirekten Steuern) war von ihrer Zustimmung nicht abhängig.

***) Das Wort Verbrüderung ward von Maria Theresia selbst gebraucht. So sagte sie bei der Promulgation des Strafgesetzes, daß nichts billiger sei, „als daß zwischen verbrüderten Erblanden unter einem nämlichen Landesherrn ein gleiches Recht festgestellt werde."

†) Es waren schwere Seelenkämpfe, welche Maria Theresia als Mutter und Regentin während Josef's Mitregentschaft durchzumachen hatte. So schrieb

Er hatte den Thron kaum bestiegen, als er mit der ihn charakterisirenden Hast daran ging, Oesterreich nach seinem Plane umzugestalten. Ungleich seiner Mutter, begnügte er sich nicht damit, den österreichischen Länderkomplex organisch zu einem großen Reiche zu verbinden, sondern strebte er darnach, **alle seine Staaten in einen Staat, alle seine Völker in ein Volk, alle Idiome in eine Sprache zu verschmelzen.** Sein Staatsideal vor Augen, übersah er die realen Verhältnisse seiner Länder; im unablässigen Bemühen für das Glück seines Volkes verletzte er die Gefühle seiner Völker; der hohen Ziele sich bewußt, und von Engherzigkeit und Egoismus umringt, suchte er das Heil seiner Unterthanen ausschließlich in der Allmacht des Staates, in der unumschränkten Herrschaft des Souverains *).

Nie schlug ein Regentenherz wärmer für das Volkswohl, aber nie hatte auch ein Regent weniger Verständniß für Volksrechte.

Die kluge Vorsicht Maria Theresia's außer Acht lassend, dehnte er seine Zentralisationsbestrebungen über das ganze Reich aus. Belgien und Italien, die neu erworbenen polnischen Landestheile und Ungarn, die deutsch-slavischen Provinzen und die deutschen Alpenländer, sie alle sollten nach derselben Schablone regiert werden. Rücksichtslos schlug er alle Landes-Verfassungen in Trümmer; selbst der Beirath der Stände wurde von ihm verschmäht und jeder Antheil an der Verwaltung ihnen entzogen. Anfangs machte er den Ständen noch Steuervorlagen, wies aber jede Vorstellung derselben energisch zurück. Im Jahre 1782 beseitigte er

---

sie am 13. März 1769 (am Geburtstage Josef's) folgende Zeilen an ihren Sohn: „Wer hätte vor 28 Jahren geglaubt, daß wir beide so lange leben und diesen Tag so hinbringen würden, wie wir es thun. Es ist demüthigend, traurig und unbegreiflich, wenn uns das bis ans Ende geleitet werden soll. Zum Glücke ist Alles zu ertragen. Mein Loos, mein Leben ist so sonderbar, so niederschlagend! Ich erwarte mein Ende mit mehr Ungeduld, als Furcht!"

*) Kaiser Josef folgte hierin allerdings nur der politischen Strömung jener Tage. Enthielt ja das um jene Zeit erschienene preußische Landrecht den Satz: „Alle Rechte und Pflichten des Staates vereinen sich in dem Oberhaupte desselben." Welch' seltsame Dinge dem Staate von den Männern zugemuthet wurden, die damals in Oesterreich die Aufklärung verbreiteten, mögen folgende Worte Sonnenfels' beweisen: „Der Staat soll dafür sorgen, daß Niemand ohne besondere Erlaubniß nutzbares Erdreich in Lustgebäude, Teiche, Thiergärten, Fasanerien, Baumreihen vor den Häusern oder in sonstige Ergötzungsörter umwandle und dadurch zu verlorenem Erdreich mache. Der Staat soll allen seinen Bürgern als Würze des Lebens Fröhlichkeit und angenehmen Genuß verschaffen." — —

„Der Staat muß die Freigeisterei, weil sie dem Staate die Mittel raubt, seine Bürger auf das Vollkommenste zu leiten, als politisches Verbrechen ansehen und bestrafen, und einen jeden allenfalls auch mit Gewalt zwingen, bei dem öffentlichen Gottesdienste und anderen Religionsgeschäften zu erscheinen."

„Der Staat soll," nach dem Ausspruch eines der Hauptförderer der damaligen Aufklärung in Oesterreich, nach dem Ausspruche Martini's, „den einzelnen Bürgern ihren Lebensunterhalt sichern; daher darf der Staat nicht zugeben, daß Jemand einen Beruf ergreift, der bereits überfüllt ist; daher muß der Regent den Müßiggang, die unnützen Künste und Pfuschereien, die Kleiderpracht, den üppigen Aufwand bei Hochzeiten, Taufen und Begräbnissen verbieten, den Preis der Lebensmittel und die Höhe des Arbeitslohnes festsetzen!"

die ständischen Ausschüsse; drei Jahre später entschlug er sich selbst der Postulate und schrieb die Steuern ohne Bewilligung der Stände aus.

Zur Vernichtung des letzten Restes parlamentarischer Thätigkeit dekretirte er 1788, daß sich die Landtage nur dann zu versammeln haben, wenn der Landesherr es für nothwendig erachte, ihnen Vorlagen zu machen.

Und wie mit den ständischen Rechten, so wurde auch mit den Verfassungen der Städte aufgeräumt, und um der Verwaltung auch sprachlich den Einheitscharakter aufzudrücken, die deutsche Sprache zur Staatssprache erhoben*).

Parallel mit diesen Gewaltakten liefen die edelsten Anordnungen, die hochherzigsten Maßnahmen, aber auch diese meist so überhastet, daß sie die Gemüther wohl mit Bewunderung und Verehrung, aber zugleich auch mit Unruhe und Besorgniß erfüllten. Die überstürzte und gewaltsame Reform auf allen Gebieten ließ die Bevölkerung nicht zu Athem kommen: Alles umstoßend, verletzte sie Alle, die **Einen** in ihren Interessen, die **Anderen** in ihren Gefühlen, Anschauungen und Vorurtheilen.

Der Rückschlag konnte nicht ausbleiben. Die innerste Natur des Reiches lehnte sich auf gegen die ihr angethane Gewalt, gegen die ganz wohl gemeinten, aber übel angebrachten Zentralisationsbestrebungen. Belgien war im Jahre 1789 im vollen Aufstande und hatte die österreichischen Truppen aus dem Lande gedrängt; in Ungarn streifte die Widersetzlichkeit hart an die Grenze der Empörung, und auch in den übrigen Ländern stieg die Gährung von Tag zu Tag. Josef II. mußte mit eigener Hand niederreißen, was er durch ein Jahrzehent mühsam aufgerichtet, und ein Herz, wie kein edleres je unter dem Purpur schlug, mußte brechen vor Gram und bitterer Enttäuschung!

Es war ganz natürlich, daß unter seinem Nachfolger Leopold II. das gewaltsam niedergehaltene provinzielle Eigenleben sich wieder mächtig regte. Die Verhandlungen in den ungarischen Komitaten gemahnten an die Reden des Jakobinerklubs. Der ungarische Reichstag forderte die Wiederherstellung jener Bestimmung der goldenen Bulle Andreas II., welche die Rebellion gegen eidbrüchige Fürsten für gesetzlich erklärt. Die böhmischen Stände führten **ganz die Sprache der heutigen Deklaranten**, und auch in den übrigen Landtagen ertönte der Ruf nach Wiederherstellung der alten Autonomie so laut und ungestüm, daß die

---

*) „Wie viele Vortheile," heißt es im Reskripte vom 11. Mai 1784, „dem allgemeinen Besten erwachsen, wenn nur eine einzige Sprache in der ganzen Monarchie gebraucht wird, und in dieser allein alle Geschäfte besorgt werden, wie dadurch alle Theile der Monarchie fest unter einander verbunden, und die Einwohner durch ein stärkeres Band der Bruderliebe verknüpft werden, wird Jedermann leicht einsehen, und durch das Beispiel der Franzosen, Engländer und Russen davon überzeugt werden."

Josef und alle seine zentralistischen Nachahmer übersahen den mächtigen Unterschied, der zwischen Oesterreich und den angeführten National-Staaten besteht, in welch' letzteren allerdings die Verwaltung durch den Gebrauch der Sprache der weitaus überwiegenden Mehrheit der Bevölkerung populär ward, während in Oesterreich, wo drei Viertel der Population Nichtdeutsche sind, die Verwaltung durch die deutsche Amtssprache den Völkern immer mehr entfremdet wird.

durch Kaiser Josef's Zentralisation hervorgerufenen Gegenströmungen eine Katastrophe herbeizuführen drohten. Glücklicherweise ernüchterte die höchst bedenkliche Stimmung der Landbevölkerung in den deutsch-slavischen Erblanden, die Martinovics'sche Aufwiegelung und die magyarenfeindliche Gesinnung der Illyrier (Serbien) in Ungarn, und ganz besonders der Charakter, den die französische Revolution annahm, die aristokratischen und klerikalen Stände so sehr, daß sie schließlich ihre Forderungen auf ein sehr bescheidenes Maß herabstimmten. Höchst bemerkens- und beherzigenswerth ist die Thatsache, daß durch den Josefinischen Sprachenzwang die nationalen Bestrebungen geradeso hervorgerufen wurden, wie die zentrifugalen Tendenzen durch seine politischen Gewaltakte. Es war der böhmische Landtag des Jahres 1793, an welchen dreiunddreißig Originalböhmen (so nannten sich die Czechen jener Zeit) eine Beschwerdeschrift richteten, in der sie über die gewaltsame Germanisirung bittere Klage führten und mit Hinweis auf die glückliche und ruhmvolle Zeit, in welcher König und Stände sich der böhmischen Sprache bedienten, bei fortgesetztem Drucke mit Nachakten drohten. Ebenso accentuirte der Gesetzesartikel XVI des ungarischen Reichstages vom Jahre 1790/91 die Ausbildung der ungarischen Sprache, und trat im selben Jahre die nationale Opposition der Serben gegen die Magyaren hervor. Und das einmal wach gewordene nationale Bewußtsein ließ sich nicht mehr einschläfern; langsam, aber stetig verbreitete sich die slavische Nationalidee, bis sie endlich als Illyrismus durch Gaj, als Panslavismus durch den slovakischen Pfarrer Kollar und als Czechismus durch die literarischen Führer der Czechen in die weitesten Volkskreise drang.

Leopold II. regierte nur kurze Zeit. Unter Kaiser Franz, der nach ihm den Thron bestieg, stagnirte das öffentliche Leben völlig in den deutsch-slavischen Erblanden. In der ersten und größeren Hälfte der langen Regierung dieses Souverains hatten die Drangsale des Krieges die Bevölkerung politisch abgestumpft, und in der zweiten die Behaglichkeit der Ruhe und der Genuß der lange entbehrten Segnungen des Friedens die Gemüther schlaff gemacht. Und der allen selbstständigen Regungen abholde Monarch sorgte unabläßig dafür, daß die Völker aus ihrer Ruhe nicht aufgescheucht wurden, daß der Widerspruch verstummte und die Landtage völlig zur Nullität herabsanken. Nur die Ungarn drängten den bald sachte, bald gewaltsam ihre Rechte antastenden Kaiser immer wieder höchst unsanft in's Geleise der Verfassung zurück.

Daß Kaiser Franz, wie absolutistisch gesinnt er auch war, sich nicht als den Herrscher eines Einheitsstaates fühlte, beweist die wichtige staatsrechtliche Akte des Jahres 1804, welche der Bevölkerung seine Annahme des österreichischen Kaisertitels zur Kenntniß brachte, und in der er nicht von seinem Staate, sondern von seinen Staaten, vom vereinigten Staatenkörper, somit von der österreichischen Föderation sprach.

Wenn das föderative Gepräge der westlichen Hälfte Oesterreichs während des letzten Jahrhunderts immer undeutlicher wurde, so hat dies seinen Grund darin, daß im Laufe dieser Zeit die früher **ständisch regierten** deutsch-slavischen Lande in **absolutistisch beherrschte** umgestaltet wurden, und das Gesetzgebungs- und Verwaltungsrecht ausschließlich in die Hände des Landesfürsten gerieth*). Die Identität des unumschränkten Gesetzgebers in allen deutsch-slavischen Erblanden mußte nothwendig zu jener Einheit in der Gesetzgebung und Verwaltung führen, welche der westlichen Reichshälfte den **trügerischen Schein des Einheitsstaates** gab. In Wirklichkeit übten die Herrscher Oesterreichs das Gesetzgebungsrecht in jedem einzelnen Reichstheile nur als Landesfürsten. Ein allgemeines österreichisches Staatsrecht, kraft dessen sie in den einzelnen Ländern hätten Gesetze geben können, bestand nicht, da es, wie schon oft betont wurde, keinen österreichischen **Staat**, sondern nur österreichische **Staaten** gab.

Dort, wo der Absolutismus nur ein wenig in den Hintergrund trat, in all' jenen Einrichtungen, durch welche in den deutsch-slavischen Erbländern dem absoluten Willen des Herrschers noch einige Schranken gesetzt waren, trug Oesterreich selbst in neuerer Zeit ein unzweifelhaft föderalistisches Gepräge. So wurden die kümmerlichen Ueberbleibsel der alten Verfassungsrechte von Land- und nicht von Reichs Ständen geübt. Ebenso bewiesen die Krönungen und Huldigungen, daß selbst das westliche Oesterreich kein Einheitsstaat sei.

In der östlichen Reichshälfte, wo die Verfassung intakt geblieben war, gab sich der föderative Charakter noch viel deutlicher kund. Nicht nur war Ungarn in Verwaltung und Gesetzgebung von den deutsch-slavischen Erblanden getrennt, sondern hatte auch, innerhalb seines Krongebietes, **Siebenbürgen** legislativ und administrativ eine völlig gesonderte Stellung.

Die Sonderheit der Länder und die nationale Eigenbewegung der Völker in Oesterreich traten, ungeachtet alles Dämpfens und Niederhaltens, schon unter **Kaiser Franz** und weit entschiedener noch unter **Kaiser Ferdinand** hervor. Die Unruhen in Italien, die Schlächtereien in Galizien, die leidenschaftliche politische und nationale Agitation in Ungarn und Kroatien, die ständische Bewegung in Böhmen und Niederösterreich waren die Vorboten der Ereignisse des Jahres 1848.

In jenem Revolutionsjahre unternahmen wir eine Argonautenfahrt, um das goldene Vließ eines **befriedigenden Staatsrechtes** aufzufinden, und noch sind wir auf offener, stürmischer See.

Bemerkenswerth ist, daß auf allen staatsrechtlichen Kreuz- und Querfahrten, in allen Versuchen und Verfassungsentwürfen das Provinzialbewußtsein den deutschen Staatsmännern, ungeachtet ihrer zentralistischen

---

*) Es muß bemerkt werden, daß die Landstände in ganz Deutschland mit wenigen Ausnahmen das Gesetzgebungsrecht nicht besaßen. Sie hatten nur das jus gravaminum et desideriorum (das Recht der Beschwerden, Wünsche und Anträge). In den deutsch slavischen Erblanden Oesterreichs war seit Ferdinand II., der auch die böhmischen Stände des Gesetzgebungsrechtes beraubte, dieses ausschließlich in den Händen des Landesfürsten.

Ideale, so sehr imponirte, daß keiner derselben die Landtage aufzuheben den Muth hatte. Ja, in der Entwicklung unseres Verfassungslebens sahen wir, wie die leitenden Politiker, wenn auch widerwillig, die Länder-Autonomie immer mehr erweiterten. Wurde doch in der Dezember-verfassung ganz so, wie in der schweizerischen und nordamerikanischen, taxativ normirt, was der Kompetenz der Gesammtvertretung anheimfällt, und dadurch stillschweigend anerkannt, daß das Gesetzgebungsrecht in den Landtagen ruhe, und daß nur jener Theil desselben dem Reichsrathe zufalle, den man ihm ausdrücklich zugewiesen. Diese, wenn auch nicht ganz freiwillig ausgesprochene Anerkennung, schließt die An-nahme des Föderativprinzipes in sich, wie engherzig dieses auch bei den zentralistischen Gewohnheiten und Neigungen unserer Politiker durchgeführt wurde.

Betrübend hiebei ist, daß unsere Staatsmänner, anstatt frei-willig und entschlossen den Spuren der österreichischen Reichsnatur zu folgen, sich Schritt für Schritt von ihr vorwärts drängen lassen.

Gegen die föderative Konstruirung Oester-reichs wird auch die Größenverschiedenheit der Kronländer als Einwand geltend gemacht. Man fragt, wie sollen das winzige, kaum 45 ☐Meilen umfassende Vorarlberg und die unansehnliche Bukowina in ihren Landtagen dieselben Rechte üben, wie die großen Königreiche Böhmen und Galizien?

Ich könnte die Frage umkehren, doch unterlasse ich dies und bemerke nur, daß in Nordamerika, in der Schweiz und im norddeutschen Bunde nicht nur eben so große, sondern noch größere Differenzen zwischen den einzelnen Bundesländern bestehen, ohne daß die Föderativeinrichtungen dadurch auch nur im mindesten bedroht wären. Der kleine Staat Rhode-Island im nordamerikanischen Staatenbunde hat nur 61 deutsche ☐Meilen im Umfange und zählt nicht mehr als 175.000 Einwohner, während der Staat New-York, bei einer Gebietsausdehnung von 2164 deutschen ☐Meilen, beinahe 4 Millionen Einwohner in sich faßt. Der Staat Delaware ist fast um die Hälfte kleiner, als die Bukowina, während der Staat Kalifornien ein Gebiet um-faßt, dessen Umfang den der zisleithanischen Reichshälfte um 3.000 deutsche ☐Meilen übersteigt. In der Schweiz hat der Kanton Bern eine Ausdehnung von 123 ☐Meilen, und zählt fast eine halbe Million Einwohner, während die Area des Kantons Appenzell-Inner-Rhoden nicht mehr als 3 ☐Meilen beträgt, und seine Gesammteinwohnerschaft sich auf ungefähr 12.000 Seelen beläuft. Noch grellere Zahlen- und Größen-Differenzen bestehen im nord-deutschen Bunde. So hat Preußen circa 6.400 ☐Meilen im Umfange und 23.6 Millionen Einwohner, während das Fürstenthum Schaum-burg-Lippe, bei einem Umfange von circa 8 ☐Meilen, 31.000 Ein-wohner zählt. Und die kleinen Bundestheile dieser Föderativstaaten erfüllen die Pflichten gegen ihre Bürger und den Gesammtstaat verhältnißmäßig so, wie die großen. Kein noch so winziges Bundesländchen findet die ihm aufgebürdete Last zu groß, keines derselben hat je den Wunsch ausgesprochen, sie mit einem anderen gemeinschaftlich zu üben. Im Gegentheile haben einzelne Kantone der Schweiz, deren Bürger in Unfrieden lebten, sich in zwei Halbkantone getheilt, so **Appenzell und Unterwalden** in alter, so **Basel** in neuerer Zeit. Ein ähnlicher Scheidungsprozeß, wie zwischen Baselstadt und Baselland, scheint jetzt in Nordamerika zwischen dem Staate und der Stadt New-York sich vorzubereiten.

Uebrigens mag es im Falle einer föderativen Gestaltung Oesterreichs den Kronländern unbenommen bleiben, die ihnen eingeräumten Rechte unter Zustimmung der Reichsgewalt **ganz**, oder **zum Theile mit anderen gemeinsam** auszuüben.

Zu Gunsten der Zentralisation wird auch häufig geltend gemacht, daß aus dem Zentrum eines großen Staates die Kultur und das volkswirthschaftliche Gedeihen der Bevölkerung kräftiger und wirksamer gefördert werden könne, als aus den Mittelpunkten kleiner unansehnlicher Kronländer.

Die Erfahrung der Jahrtausende lehrt gerade das Gegentheil.

Das größte Handels- und Kolonisirungsvolk des Alterthums, die Erfinder des Alphabets, die Phönizier, hatten föderative Institutionen.

Die wichtigste Kulturnation der Menschheit, die Griechen, bildeten ein föderatives Gemeinwesen. "Der Glanz von Athen" — sagt Heeren — "vermochte so wenig Korinth und Syrakus, wie Milet zu verdunkeln. Jede Stadt hatte ihr Leben, hatte ihre Art zu sein und zu handeln. Weil sich jede als Etwas fühlte, war jede Etwas."

"Durch die Föderation besiegten die Römer die Welt," sagt Montesquieu und durch sie behaupteten sie auch lange Zeit ihre geistige Ueberlegenheit.

Die Zeit der italienischen Städtebünde war die Blüthezeit italienischer Kunst und Wissenschaft.

In neuerer Zeit war es das föderirte Holland, dessen Universitäten alle europäischen überstrahlten, waren es seine Gesetzgeber, welche mit der humanen Reform der Gefängnisse, mit der Befreiung der Gewissen, der Gleichstellung der Religionsbekenntnisse den übrigen Nationen vorangingen.

Von der zivilisatorischen Bedeutung und dem wirthschaftlichen Gedeihen der **deutschen Bundesstaaten**[*], der nordamerikani-

---

[*] Von Deutschland sagt der berühmte Nationalökonom Carey: „Da lokale Attraktions-Centren stets in Ueberfluß existirten, so war es unmöglich, eine große Stadt als Beherrscherin des Gedankens und der That zu gründen, und diesem Umstande muß man es zuschreiben, **daß Deutschland sich zum intellektuellen Zentrum Europas, ja der ganzen Welt, emporschwingen wird**."

schen Union und der Schweizer Eidgenossenschaft zu sprechen, bot sich vielfach Gelegenheit in dieser Schrift.

Und diese höhere Kulturstufe ist nicht etwa das Werk des Zufalls, sondern hat ihren Grund darin, daß der Föderativstaat nach richtigeren Grundsätzen, als der zentralistische aufgebaut ist, bei welch' Letzterem die Konstruktoren von der Anschauung geleitet sind, daß die vortheilhafteste Methode, die Volkskräfte staatlich zu verwerthen, auch die beste Art, sie zu entwickeln, sei, während eine ernste Prüfung des Völkerlebens lehrt, daß die staatliche Verwerthung der Volkskräfte allerdings deren Konzentration erheische, daß aber ihre Entwicklung mit weit liebevollerer Sorgfalt, weit klarerem Ueberblicke und viel intensiverer Wirkung in zahlreichen kleineren Kreisen stattfinde. Ist nicht die Familie der wichtigste Kulturfaktor des Staates?

Wie üppig und mannigfaltig die geistigen Kräfte in den zahlreichen Entwicklungsherden kleiner rivalisirender Gemeinwesen, selbst unter den ungünstigsten Verhältnissen, sich entfalten, dafür liefern eben die genannten italienischen Städtebünde den eklatantesten Beweis. Trotz immerwährender Unruhen und blutiger Fehden, ja inmitten des Wüthens der Pest und der Auflösung fast aller staatlichen Bande, schwangen sich Malerei, Plastik, Architektur, Wissenschaft, Gewerbe und Handel in Italien zu einer Höhe empor, welche die Nachwelt mit Bewunderung erfüllt.

Wenn unsere Staatsmänner den Lehren der Geschichte ihr Ohr nicht verschließen, werden sie dem föderalistischen Gedanken sich freundlicher, als bisher erweisen

Auch die Ungleichheit der Kulturzustände wird als Hinderniß der Föderation in Oesterreich bezeichnet. In der Schweiz, heißt es, sind die drei Nationalitäten an Kultur einander ebenbürtig, und die gleiche Bildung gestattet daselbst eine gleiche Vertheilung der autonomen Rechte.

Gerade die Verschiedenheit der Kulturentwicklung in den einzelnen Kronländern sollte ein Grund mehr für die autonome Gesetzgebung sein. Ist bei uns vorerst, wie in der Schweiz, jeder provinziellen Engherzigkeit und jeder retrograden Richtung in den wichtigsten Gesetzgebungs-Zweigen der einzelnen Kronländer durch Bestimmungen der Gesammt-Verfassung vorgebeugt, dann ist es für die Deutschen geradezu ein bedeutender Gewinn, sich autonom zu konstituiren, und nicht mehr in ihren inneren Angelegenheiten legislatorisch und administrativ mit Völkern zusammengekoppelt zu sein, denen sie in der Kultur weit voranstehen. Erst wenn sie nicht mehr die so schwer beweglichen Völkerschaften ins Schlepptau nehmen müssen, wird es ihnen möglich sein, mit Leichtigkeit fortzuschreiten, sich ihre Superiorität zu wahren und den Mitnationen als Muster zu dienen. Wie ein Lehrer seinen Unterricht bei einem gemischten Auditorium den minderbegabten Schülern, so muß der Legislator seine Gesetze den minder kultivirten Völkern anbequemen, und wie der talentvolle Schüler bei einem Spezial-Unterrichte, so käme das kultivirteste Volk bei einer Sondergesetzgebung viel besser fort.

In vier Kronländern bilden die Deutschen die Gesammtheit der Bevölkerung, in anderen vier, die überwiegende Mehrzahl. Böhmen und Mähren sind die zwei einzigen Länder, in denen die kompakt wohnenden Deutschen die Minorität sind, und da stehen glücklicherweise die Czechen an Volks- und höherer Bildung den anderen Slaven so weit voran, daß sie mit den Deutschen ziemlich gleichen Schritt zu halten im Stande sein werden.

Ein Umstand, der häufig als Argument gegen die Föderation in Oesterreich geltend gemacht wird, ist die geringe Kraft der vereinzelten Landtage, etwaigen reaktionären Tendenzen der Zentralregierung Widerstand zu leisten. „Die im Reichsrathe versammelten Kapazitäten sämmtlicher Königreiche und Länder," heißt es, „können mit viel mehr Autorität wirken, und der Druck, den die mächtige öffentliche Meinung einer großen Metropole übt, vermag die Nachgiebigkeit selbst hartnäckiger Regierungen zu erzwingen."

Dieser Behauptung widersprechen die Thatsachen. Allerdings wird in zentralisirten Staaten die Freiheit im Sturme genommen, aber ebenso im Sturme verloren. Auf den 24. Februar folgte nur allzurasch der 2. Dezember. Das zentralisirte Frankreich hat seit 80 Jahren zehn Regierungen gestürzt, Einen Monarchen hingerichtet, Einen in Gefangenschaft und Zwei im Exil sterben gesehen, es hat vier Staatsstreiche durchgemacht, achtmal seine Verfassung geändert, und dabei kaum je im friedlichen, unbestrittenen Genusse der Freiheit gelebt, ja es würde, nach Carey's scharfsinniger Bemerkung, seine Macht ganz so, wie seine Freiheit eingebüßt haben, wenn nicht glücklicherweise in der Revolutionszeit der politischen Zentralisation die Dezentralisation des Grundbesitzes parallel gelaufen wäre, durch welch' letztere die nachtheiligen Wirkungen der ersteren ausgeglichen wurden. In welchen politischen Krämpfen Spanien lebt, das, anstatt die Fueros zeitgemäß zu entwickeln, sich zentralisirte, ist Jedermann bekannt. Preußen mußte innerhalb der letzten 20 Jahre die Manteuffel'sche und Bismarck'sche Reaktion über sich ergehen lassen; die Wandlungen des zentralisirten Oesterreichs wurden schon oben geschildert, und in Italien, das zu seinem Nachtheile sich mit allzu geringer Rücksichtnahme auf die frühere Selbstständigkeit seiner Länder konstituirte, ist jetzt die Regierung zur Einsicht gelangt, daß sie, trotz der nationalen Einheit, das Land mehr provinziell gliedern und die Autonomie der Theile erweitern müsse.

Im föderirten Staate wird zwar die Freiheit vom Volke nicht rasch durch einen Handstreich erobert: aber dafür wird sie ihm auch nicht ebenso rasch durch einen Staatsstreich entwunden.

„Der zentralisirte Staat gleicht einer Festung, die nur eine Ringmauer hat; ist diese genommen, hört jeder Widerstand auf. Der

Föderatiwstaat hingegen hat mehrere Umwallungslinien und detachirte Forts, in denen die Besatzung sich Schritt für Schritt vertheidigen, durch hartnäckigen Widerstand den Gegner ermüden und zum Rückzuge nöthigen kann."

„In konstitutionellen Staaten, die zentralisirt sind, kann die Verfassung im Handumkehren eskamotirt werden; das Niederwerfen der französischen Freiheit war die Arbeit eines kurzen Wintertages; Fürst Schwarzenberg steckte mit dem Schlüssel des Reichstagssaales den Konstitutionalismus Oesterreichs in die Tasche für so lange, als es ihm eben beliebte. Im zentralisirten Staate hat das Volk nur Ein Auge, das wacht, nur Einen Mund, der spricht: das **Parlament**. Ist dieses Auge, ist dieser Mund geschlossen, dann wehe dem Volke, es ist ohne Vertheidigung in die Hände seiner Dränger gegeben. Dort aber, wo viele autonome Körperschaften sind, hat das Volk zahlreiche Observatorien, auf denen es seine Rechte überwacht, zahlreiche Tribunen, von denen aus es für seine Freiheit plaidirt" *).

Schmerling widerstand lange den Angriffen seiner Gegner im Reichsrathe und fiel weniger in Folge derselben, als durch die Intriguen im Schooße seines Kabinetes, aber dem Unisono der deutschen Landtage konnte **Belcredi** keinen Augenblick widerstehen. Die Majorität **eines** Parlamentes ist leicht korrumpirt. Erklärte ja im vielgepriesenen England ein Minister **) den Preis jedes Parlamentsmitgliedes zu kennen, und ist doch in neuerer Zeit das Korruptionsarsenal der Regierungen durch Konzessionen von Eisenbahnen, Banken 2c. wesentlich bereichert worden. Die Majorität von 17 Landtagen zu korrumpiren wird aber selbst der gewandtesten Regierung schwer gelingen.

Uebrigens vergißt man, wenn von der Ohnmacht der kleinen Vertretungen gegenüber der Regierung gesprochen wird, daß im Bundesstaate der Zentralregierung auch die Vertretung des ganzen Reiches und des gesammten Volkes gegenübersteht, und daß den kleineren Parlamenten der einzelnen Bundesländer auch nur kleine Landes-Regierungen verantwortlich sind.

Daß kleine Gemeinwesen ihre Freiheit besser bewahren, als große, lehren auch die vor uns liegenden Beispiele Hollands, Belgiens, Dänemarks, der Schweiz, und der kleinen Staaten Deutschlands, in welch' letzteren während der schlimmsten Bundestags-Zeiten das konstitutionelle Leben nie völlig erlosch.

Die Föderation und die Zukunft Oesterreichs.

Es ward in den bisherigen Auseinandersetzungen auf die wohlthätigen Folgen hingewiesen, die für die Freiheit und den Frieden im Inneren des Reiches aus föderativen Einrichtungen resultiren würden. Ich darf aber diese Betrachtungen nicht schließen, ohne auch die großen

---
*) Aus meiner Schrift: „Zur Erweiterung der Munizipal-Autonomie."
**) Robert Walpole.

Vortheile anzudeuten, welche diese Institutionen der äußeren Politik des Reiches böten.

Oesterreich muß, seiner geschichtlichen Entwicklung entsprechend, als Missionär des Abendlandes gegen Osten vordringen. Seine europäische Bedeutung liegt in dieser Sendung, die es aber nur als föderatives Reich zu erfüllen vermag. Bliebe es zentralisirt, so entspräche ein Machtzuwachs an der unteren Donau, im illyrischen Dreiecke, weder den Interessen seiner, noch denen der anzufügenden Länder; denn die zuwachsenden halb zivilisirten Völker würden sich unseren höher entwickelten wie ein Bleigewicht an die Ferse hängen, jeden Fortschritt in der Gesetzgebung und Verwaltung erschweren und Oesterreich daran hindern, sich mit den übrigen Staaten Europa's auf gleicher Kulturhöhe zu erhalten; aber auch die Nachbarvölker, deren Anschluß stattfinden soll, würden sich scheu von einem zentralisirten Staate fernhalten, der nur e i n e m Volksstamme auf Kosten der anderen Raum zur nationalen Entwicklung gönnt. Sie müßten es vorziehen, einem Reiche anzugehören, das ihnen sprachlich und konfessionell mehr verwandt ist. Im föderirten Oesterreich hingegen fänden sie, unter Wahrung ihrer Selbstständigkeit in Gesetzgebung und Verwaltung, an dessen kräftigem Arme eine sichere Stütze. Hiefür brächten sie dem Reiche, ohne seine Kulturentwicklung zu beeinträchtigen, eine Erhöhung der Wehrkraft, sowie unserer Industrie und unserem Handel ein weites Gebiet für die Entfaltung ihrer Thätigkeit. Mit Rußland rivalisirend, würde ein föderirtes Oesterreich bei weitem größere Chancen des Erfolges haben, da es nicht, wie jenes, die Völker gewaltsam absorbiren, sondern als Genossen in den freien Bund seiner Nationen einreihen würde.

Dem föderirten Oesterreich sich anzuschließen, würde selbst P o l e n, falls dessen Regeneration in Zukunft gelänge, in seinem Interesse finden. Wie Ungarn einst vor der Uebermacht der Türken unter den Fittigen Oesterreichs Schutz suchte, so würde im Hinblick auf die gefahrdrohende moskowitische Nachbarschaft, Polen gerne dem österreichischen Staatenvereine sich beigesellen.

Auch der, von den Deutsch-Oesterreichern so sehnlich herbeigewünschte Anschluß an Deutschland würde im föderirten Oesterreich nicht, wie bisher, auf den hartnäckigen Widerstand der Nationalitäten stoßen. Sind diese in ihrer Existenz gesichert, dann werden sie zu einer näheren volkswirthschaftlichen und später selbst zu einer militärischen Verbindung, die ihrem Wohle entspräche, gerne die Hand bieten. Und diese Anknüpfung kann, nach völlig beseitigter Furcht vor Germanisirung, allmälig zur m i t t e l e u r o p ä i s c h e n F ö d e r a t i o n führen.

Ich habe bisher die Bedeutung der Föderation für Oesterreich nachzuweisen und die Einwürfe gegen dieselbe zu entkräften gesucht. Es wurde hervorgehoben, daß die Föderation der Macht und dem Ansehen der Krone keinen Eintrag thue, daß sie dem Reiche durch den inneren Frieden eine imponirende Stellung nach Außen sichere, und die Perspektive auf eine glorreiche Zukunft eröffne. Eines Beweises, daß die nichtdeutschen Nationalitäten ein föderirtes Oesterreich wünschen, bedurfte es nicht, aber angesichts der herrschenden Vorurtheile, mußte dargethan werden, daß die jetzige Verfassung mit Einschluß der Wahlgesetze den Deutschen die Majorität im Reichsrathe nicht sichere, und daß die Waffe der Zentralisation unter geänderten Verhältnissen sich gegen sie kehren werde, während die Föderation sie nie und nirgends bedroht; denn in jenen Ländern, wo die Deutschen ungemischt wohnen, oder wo sie die Majorität bilden, könnten föderative Einrichtungen ihnen keinerlei Nachtheil bringen. Dort, wo sie sich in der Minderheit befinden: in Böhmen und Mähren, würden sie allerdings auf ihre Suprematie verzichten und mit der Parität sich begnügen müssen; aber sind sie denn ihrer Suprematie auch nur einen Augenblick lang froh geworden? Gleichen sie mit ihrer Herrschaft nicht jenem Soldaten, der zwei Gefangene gemacht zu haben vorgab, und als man ihn zur Herbeiführung derselben aufforderte, im Jammertone ausrief: „Sie lassen mich nicht los!"

Und bedürfen denn die Deutschen einer gesetzlichen Suprematie? Sie sind im Besitze so großer Vortheile, daß sie auf jedes Vorrecht verzichten können. Sie lehnen sich, wenn auch politisch getrennt, geistig, moralisch und in letzter Linie auch physisch an vierzig Millionen Stammesgenossen, ihre Sprache ist denen der anderen Nationalitäten weit voran. Sie sind vorzugsweise im Besitze der Industrie und des Handels. Der Großgrundbesitz in den von Deutschen und Slaven gemeinschaftlich bewohnten Kronländern ist vorwiegend in den Händen eines deutsch gesinnten Adels, die Dynastie ist deutsch, die Metropole des Reiches ist eine deutsche Stadt; im Zentralparlamente wird, ohne daß Zwang geübt wird, durch die Macht der Verhältnisse ausschließlich ihr Idiom gesprochen. Durch eine große Anzahl von Kapazitäten in ihrer Mitte, fällt ihnen die parlamentarische Führerrolle zu; im politischen Wettlaufe haben sie somit einen ungeheuren Vorsprung; ist es ihrer würdig, den ihnen mühsam nachfolgenden kleinen Nationalitäten Hindernisse in den Weg zu legen? Eine Verfassung kann den Deutschen das numerische Uebergewicht in Oesterreich nicht geben, aber sie vermag auch nicht, ihnen das moralische Uebergewicht zu nehmen; denn nur die Gleichberechtigung läßt sich gesetzlich feststellen, aber nicht die Gleichbefähigung, und dem Fähigsten bleibt die Führung an allen Orten, und zu allen Zeiten.

Zur Verständigung.

„Man verlangt von uns die weitgehendsten Konzessionen," höre ich sagen, „sollen wir überdies noch durch das taudinische Joch czechischer Deklarationen gehen? Sollen unsere Grundgesetze unter den Trompetenstößen ungeberdiger Fanatiker zusammenbrechen, wie die Mauern von Jericho?"

Nimmermehr. Wer hiezu den Rath ertheilte, der müßte stumpf sein gegen deutsche Ehre, gegen die Interessen des Reiches und die

Stabilität unseres Verfassungslebens. Die Dezemberverfassung, wie groß auch ihre Fehler, hat doch den Vorzug, nicht oktroyirt, sondern zwischen Volk und Souverän vereinbart zu sein. Sie umschreibt klar und bestimmt die Rechte der Krone und die der Volksvertretung, sie verleiht den Bürgern aller Kronländer und Nationalitäten werthvolle Rechte. Wenn die Deutschen diesen Besitz preis gäben, ohne eines größeren sich versichert zu haben, begingen sie einen Akt unverzeihlicher Thorheit; aber auch den Czechen könnte es nimmer frommen, durch einen Verfassungsbruch das gewünschte Ziel zu erreichen. Welche Aussicht auf Dauer hätte ein Verfassungsgebäude nach ihrem Plane, das auf den **Trümmern der beschworenen ungarischen, und der zwischen Krone und Volk vereinbarten zisleithanischen Verfassung sich erhöbe?**

Wird der Ausgleich von beiden Seiten nur ernstlich gewünscht, so kann er stattfinden, ohne daß die Konstitution in ihrem Bestande, oder eine der unterhandelnden Parteien in ihren Rechtsanschauungen verletzt werde. Man vermeide es nur, große Interessen durch kleine Empfindlichkeiten zu gefährden.

Die Deutschen müssen allerdings unerschütterlich fest auf dem Boden der Verfassung stehen; aber sie dürfen dem Gegner nicht zumuthen, daß auch er ihn betrete, noch bevor die Auseinandersetzung begonnen; denn das hieße nicht eine Unterhandlung wünschen, sondern Unterwerfung fordern. Eine parlamentarische Verständigung müßte, da sie das Aufgeben des czechischen Rechtsstandpunktes zur unerläßlichen Vorbedingung hat, schon an der Vorfrage scheitern. Der Ausgleich ist somit nur auf außerparlamentarischem Wege in einer freien Konferenz der hervorragenden Männer beider Parteien zu ermöglichen. In einer solchen Berathung bedarf es keines gemeinsamen staatsrechtlichen Ausgangspunktes, und ließe sich auch, da man durch Formalismus nicht gehemmt ist, viel leichter ein gemeinschaftlicher Zielpunkt gewinnen.

Wird auf diesem Wege eine Einigung nicht herbeigeführt, so hat die Verfassung mindestens keine Schädigung erlitten. Sind aber die Parteiführer glücklich zu einer Verständigung gelangt, und haben sie sich der Zustimmung der Parteigenossen versichert, so kann die parlamentarische Aktion beginnen.

Der Reichsrath schafft ein Nationalitätengesetz, modifizirt unter Sicherung aller Reichs- und Freiheits-Interessen, die Verfassung im Sinne des Ausgleichs und die Wahlgesetze im Geiste der Zeit. Hat der Reichsrath seine Aufgabe erfüllt, dann werden die Landtage einberufen, um die Länderverfassungen, innerhalb der durch das revidirte Reichsgrundgesetz gezogenen Schranken, umzugestalten; dann ist auch der Moment gekommen, wo eine die Revision der böhmischen und der mährischen Landesverfassung betreffende und im Sinne der Verständigung abgefaßte königliche Proposition an die Landtage Böhmens und Mährens gelangt und von diesen berathen und angenommen wird.

Durch die Krönung des Königs von Böhmen in Prag, können dann die Landesrechte innerhalb des Staatsrechts ihre letzte Weihe erhalten.

Noch eine Frage tritt an uns heran: Welche Regierung soll die Initiative bei der Revision der österreichischen Verfassung ergreifen? Eine aus der deutschen Partei hervorgegangene, eine feudale, oder eine aus nationalen Elementen zusammengesetzte?

Eine feudale Regierung würde das Vertrauen in unsere Institutionen auf das tiefste erschüttern; eine exklusiv aus nationalen Elementen zusammengesetzte müßte die Erbitterung der Deutschen hervorrufen, deren Haß, ja deren Gleichgiltigkeit verhängnißvoll wäre, da die Deutschen den Kitt des Reiches bilden.

Die Physiognomie Oesterreichs, schon jetzt trübselig genug bei der den Slaven aufgedrängten Zentralisation, würde geradezu hippokratisch werden bei einer, den Deutschen aufgezwungenen Föderation. Es ward schon im Eingange dieser Schrift bemerkt, daß destruktiv in Oesterreich wohl jeder Volksstamm einzeln wirken könne, daß aber konstruktiv vorzugehen nur Alle vereint im Stande seien, da im Nationalitätenstaate nur jene Verfassung die Bürgschaft der Dauer in sich trägt, die aus einem Kompromisse hervorgeht und bei der jede Nationalität sich beruhigt. Unsere staatliche Umgestaltung muß somit ein Akt des Entgegenkommens aller Volksstämme sein, und den Deutschen muß die Ehre der Initiative bleiben. Nicht Sieger und Besiegte soll die Föderation schaffen, sondern, wie ihr Name andeutet: Verbündete.

„Soll etwa den Führern der deutschen Partei zugemuthet werden, daß sie, mit sich und ihren Prinzipien in Widerspruch tretend, bei der Revision der Grundgesetze die Initiative ergreifen?"

Ich antworte hierauf, daß die Führer der Deutschen durch diese Initiative mit ihren Grundsätzen durchaus nicht in Kollision geriethen.

Die vorgeschlagenen Verfassungs-Modifikationen sind nicht der Gegensatz, sondern die weitergehende Ausführung eines Prinzipes, welches von der gegenwärtigen Reichsraths-Majorität anerkannt wurde. Sie hat den Dualismus, die allerlockerste Form der Föderation, acceptirt, sie hat — wie schon oben bemerkt wurde — in der Dezemberverfassung durch taxative Aufzählung der Reichsrathsbefugnisse das Föderativ-Prinzip anerkannt. Einen neuen Weg hat somit der Reichsrath nicht zu betreten. Es genügt, auf dem allzu ängstlich betretenen Pfade entschlossen vorwärts zu schreiten.

Waren denn alle die Abgeordneten, welche den §. 11 des Grundgesetzes über die Reichsvertretung annahmen, von der Ueberzeugung durchdrungen, daß die darin bezeichnete Grenzlinie der Autonomie die einzig richtige sei, und daß man sie nicht um eines Haares Breite nach vor- oder nach rückwärts verschieben dürfe? Waren nicht im Gegentheil gar Manche der Ansicht, man gehe zu weit, oder man gewähre zu wenig? Waren nicht, um nur Ein Beispiel anzuführen, die Konzessionen, welche der Verfassungs-Ausschuß in der Schulfrage machte, dem jetzigen Finanzminister zu gering, während sie dem gegenwärtigen

Unterrichtsminister als zu weitgehend erschienen? — Brachte nicht jeder Deputirte von seinen subjektiven Anschauungen einen Theil dem allgemeinen Wohle zum Opfer? Und wenn es sich nun herausstellt, daß man, um das Ziel zu erreichen, resolut vorschreiten müsse, werden diese patriotischen Männer hartnäckig auf halbem Wege stehen bleiben, selbst auf die Gefahr hin, einen verhängnißvollen Rückschritt in den öffentlichen Angelegenheiten herbeizuführen? Haben sie etwa Scheu davor, ihr eigenes Werk so rasch umzugestalten? Nun, so mögen sie durch die erhabenen Vorbilder Washington's, Franklin's und Madison's sich ermuthigt fühlen, welche Männer die Verfassung, die sie selbst geschaffen, nach kurzer Zeit umbildeten, da sie das Vaterland zu gefährden drohte.

That man denn überhaupt bei uns wohl daran, den schwer bildsamen staatlichen Stoff gleich in Erzformen zu gießen, welche, falls das Geformte mißlang, zerschlagen oder umgegossen werden mußten, anstatt das plastische, leicht umzugestaltende Modell längere Zeit dem prüfenden Blicke auszusetzen, und alles Mißlungene, Unharmonische und Störende mit Leichtigkeit umzubilden? *) Unsere leitenden Politiker stellten seit 1848 mit unerhörtem Leichtsinn das erst zu Erprobende wie ein Erprobtes hin und umgaben es mit Garantien, als ob es die Jahrhunderte überdauern sollte, und wenn das mit so großer Zuversicht als unerschütterlich fest Hingestellte rasch zusammenbrach, so glaubte Europa nicht an die Ungeschicklichkeit der Bildner, sondern an die Unhaltbarkeit des Stoffes.

Armes Oesterreich, wie schwer trafen dich die Irrthümer derer, die deine Geschicke lenkten!

Seit zwanzig Jahren legte kein leitender Staatsmann sein Portefeuille nieder, ohne seinen staatsmännischen Ruf und die Interessen Oesterreichs geschädigt zu haben. Wollen die jetzigen Lenker unserer Geschicke gleich Schmerzliches erfahren? Es ist kaum glaublich, daß die Männer, welche an der Spitze der deutschen Partei stehen, aus Besorgniß, der Inkonsequenz geziehen zu werden, vor einer Aenderung der Verfassung zurückschrecken.

Wer unter uns will einen Anderen der Inkonsequenz beschuldigen? Politische Konsequenz der Ansichten über die staatsrechtliche Gliederung Oesterreichs, wäre thörichte Verstocktheit. Nur wer Nichts gelernt und Alles vergessen hat in Oesterreich, nur wer gedankenlos die Ereignisse an sich vorüberziehen ließ, kann sagen, daß er konsequent geblieben sei. Wer aber denselben prüfenden Blickes gefolgt ist, wird bei einer retrospektiven Musterung seiner Ansichten gar sehr verwundert sein über die Wandlungen, welche in denselben vorgegangen.

Eines noch sei an dieser Stelle hervorgehoben. Die mächtigste Idee der Neuzeit, die der Nationalität, wird bei uns in bedrohlichster Weise ausgebeutet, und zwar auf der einen Seite von den natio-

---

*) Bei jenen Verfassungsbestimmungen, durch welche die Kompetenz des Reichsraths und der Landtage umschrieben wird, hätte man jedenfalls die Abänderung durch eine einfache Majorität für eine bestimmte Zeitdauer gestatten sollen.

nalen Ultras, um das Reich zu zertrümmern, und auf der andern Seite von den Feudalen, um Stamm und Sprache, wie einen Keil, zwischen die zusammengehörigen demokratischen Elemente hinein zu schieben und diejenigen auseinanderzuhalten, in deren Interesse einträchtiges Zusammenwirken läge. Somit kommt unser Völkerkonflikt zwei Parteien zu Gute, von denen die Eine Oesterreich mit **Bewußtsein** und direkt, die andere **unbewußt** und mittelbar dem Ruine entgegenführt.

Finden es unsere hervorragenden deutschen Männer nicht ihrer patriotischen Absicht entsprechender, den nationalen Gedanken mit dem der Freiheit in Einklang zu bringen, als im unerquicklichen und unrühmlichen Widerstande gegen die Bestrebungen der Mitnationen sich abzumühen, alle Schaffenslust einzubüßen und endlich enttäuscht und erschöpft die Leitung des Staates einer Fraktion zu überlassen, aus deren unheilvollen Händen Oesterreich den Todeskelch würde entgegennehmen müssen?

Der gegenwärtige Moment ist ein geschichtlicher. Unsere Politiker stehen am Scheidewege; sie können auf dem bisherigen breit getretenen Pfade österreichischer Staatskunst fortwandeln und das altehrwürdige Reich an den Rand des Abgrundes führen, oder die von der Natur vorgezeichnete Bahn verfolgend, eine **staatsrechtliche Aufgabe lösen, an deren Größe keine unseres Jahrhunderts reicht**.

An ihnen ist es, zu wählen!

Druck von Carl Finsterbeck in Wien.